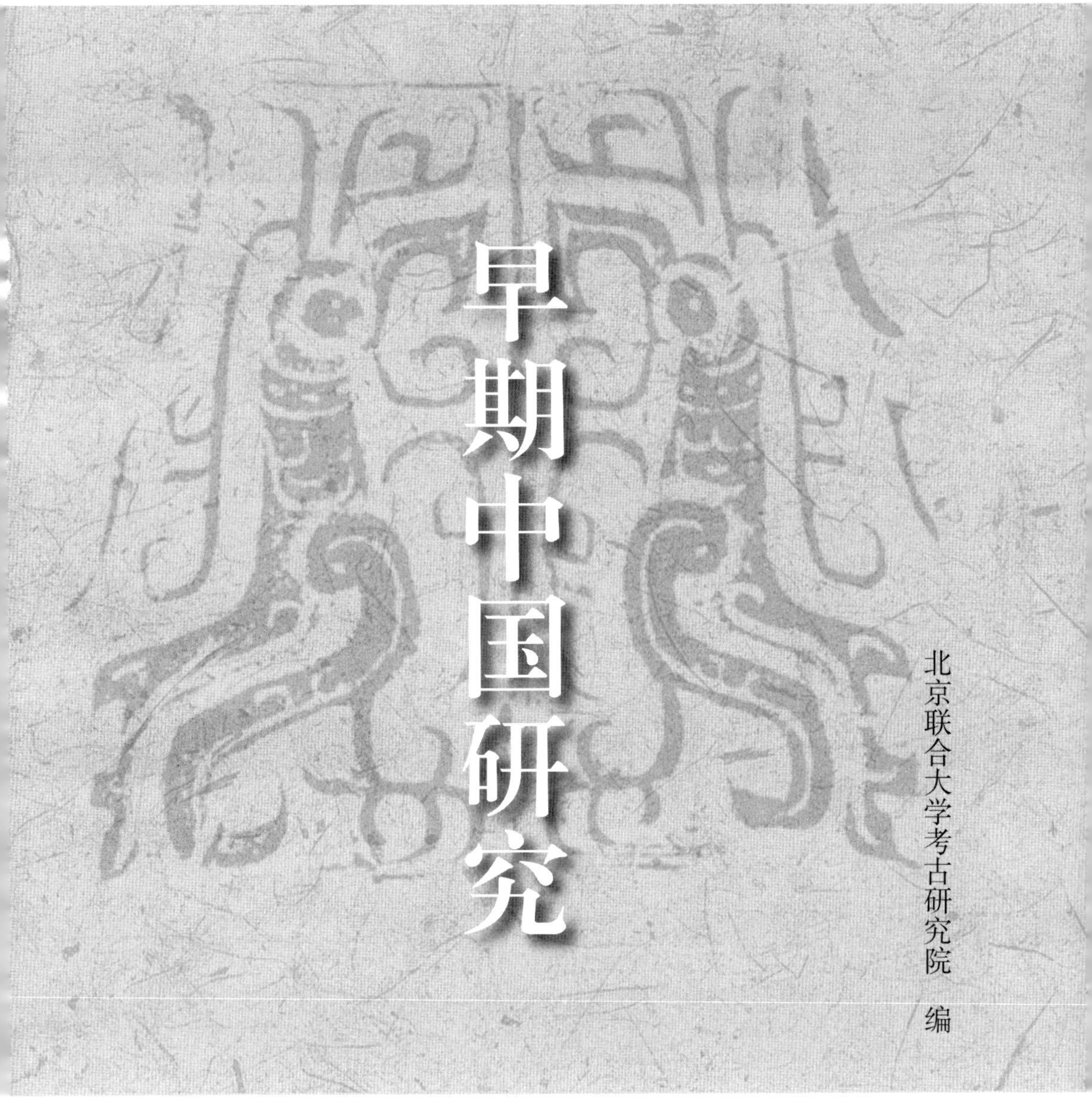

早期中国研究

北京联合大学考古研究院 编

第4辑

图书在版编目(CIP)数据

早期中国研究.第4辑／北京联合大学考古研究院编.—上海：上海古籍出版社，2021.3
 ISBN 978-7-5325-9859-5

Ⅰ.①早… Ⅱ.①北… Ⅲ.①考古学—中国—文集 Ⅳ.①K870.4-53

中国版本图书馆 CIP 数据核字(2021)第 029301 号

早期中国研究(第4辑)
北京联合大学考古研究院　编
上海古籍出版社出版发行
(上海瑞金二路 272 号　邮政编码 200020)
(1)网址：www.guji.com.cn
(2)E-mail：guji1@guji.com.cn
(3)易文网网址：www.ewen.co
浙江临安曙光印务有限公司印刷
开本 710×1000　1/16　印张 15.25　插页 4　字数 235,000
2021 年 3 月第 1 版　2021 年 3 月第 1 次印刷
ISBN 978-7-5325-9859-5
K·2951　定价：88.00 元
如有质量问题,请与承印公司联系

《早期中国研究》编辑委员会

顾　　问：严文明

主　　任：陈悦新

委　　员（以姓氏笔画为序）：

　　　　　冯小波　李若水　宋　蓉　陈悦新　张　经
　　　　　张俊娜　张登毅　林怡娴　赵静芳　贾昌明
　　　　　黄可佳

本辑主编：张　经

编者语

我们这里所谓"早期中国",实即"文化上的早期中国"的简称,是指秦汉以前中国大部分地区文化彼此交融联系而形成的相对的文化共同体,也可称为"早期中国文化圈"。

早期中国以中原为核心,并且至少自五帝以来就基本前后相承、连续发展,这是中国传统史学的基本认识。但自晚清以来,随着中西文化的碰撞和中国弱势地位的显现,疑古思潮在国内外渐成风气,这一认识受到前所未有的挑战,这在顾颉刚等主编的《古史辨》中有集中体现。当然随着甲骨文的发现和研究,王国维、徐旭生等对古史的研究整理,以及20世纪20年代以来殷墟等重要遗址的考古发现和研究,极端的疑古思潮已经淡出史学领域,商代晚期以来的中国史基本为信史、中华文明的起源在商代晚期以前等观点已成学术界共识,但商代晚期以前是否存在文化意义上连续发展的早期中国,或者这个早期中国有着怎样的文化格局、特质和发展过程,都还没有定论或者不很清楚。即便是商代晚期和周代,其作为"早期中国"的范围和格局也都还歧义纷呈。

在20世纪80年代以来对中国文明起源的热烈讨论中,主要由中国学者进行的绝大部分研究都直接论述中国古代文明或国家起源的时间、标志、过程等,到处冠以"中国"而恰恰对"中国"概念不加深究,对"中国"的范围不加界定,由此自然会引起一些敏感的西方同行的非议。只有少数学者注意到早期或古代的"中国"这个概念本身需要加以研究。这当中,严文明认为中国史前文化具有统一性与多样性特点,并且存在"重瓣花朵式的格局";张光直提出在公元前4000年前已经形成"中国相互作用圈",中国文明具有连续性和整体性特征等,可以说已经初步搭建了早期中国文化格局的基本框架。但这些认识还远未能成为学术界的共识,还需要深入广泛的讨论。

　　围绕着早期中国,值得探索的重大问题还有很多:早期中国形成和发展的环境背景是什么,机制动因是什么?文化上的早期中国对此后文化上中国的连续发展有何影响,又是从何种意义上影响到政治上中国的"合久必分,分久必合"?影响到世界文明体系中"中国模式"的形成?认识清楚文化上早期中国数千年的连续发展经验,对于看清中国未来发展方向,选择适合中国的发展道路,对于全球人类的可持续发展,有着什么样的启示作用?

　　解决这些问题自然当以考古学为基础,同时也需要多学科协作。正如严文明在《古代文明》(第1卷)的"发刊辞"中所说:"我们不但希望考古学家和历史学家通力合作,还希望人类学、民族学、社会学、语言学、生物学、地质学和其他有关自然科学技术方面的学者积极参与。"这也同样是我们编辑《早期中国研究》的宗旨。希望这个辑刊能得到学界的支持和爱护,在早期中国研究方面发挥越来越大的作用。

目　录

编者语 ……………………………………………………………（ⅰ）

中国地区现代人起源研究的考古学进展 ……………… 高　星（1）

试论邓家湾的陶制"列祖"祭祀遗存

　　——筒形器遗迹解析 ……………………………… 武家璧（12）

殷墟甲骨文中所见的豕牲 ……………………………… 刘　源（33）

中国古代的草原式兵器与一对一单兵作战的意义 …… 杰西卡·罗森（66）

社会学视角下的西周王年制度及其应用（者）………… 夏玉婷（124）

从金文看宗妇在祭祀活动中的地位 …………………… 张　经（151）

汉帝国与希腊化世界的交往

　　——再议海昏侯墓金器中的花丝装饰 ……………… 刘　艳（161）

山形枝灯与钱树：考古所见汉代神仙观念的地域性表达 …… 宋　蓉（189）

玉石器管钻技术的动态模拟实验研究 ………… 黄可佳　王　雪（208）

苏美尔文明与中原文明的比较探索 …………………… 何　驽（221）

后记 ………………………………………………………………（233）

中国地区现代人起源研究的考古学进展

高 星[①]

(中国科学院古脊椎动物与古人类研究所)

一 引 言

自1987年三位西方遗传学家提出所有现代人的直接祖先都起源于非洲的"近期出自非洲说"(Recent out of Africa)后,[②]现代人起源与演化成为一个炙手可热的学术问题和社会关注的焦点,学术界围绕此问题形成两大理论阵营,分别主张现代人类"非洲单一地区起源"[③]和"多地区进化",[④]两者发生着激烈的论辩,并各自寻找证据强化论述。随着新材料的发现和新成果的产生,学术界对此问题的研究进一步深化,相关假说也得到发展或修正。人类化石发现与研究表明,在晚更新世并存几个不同的"形态人种"或"基因人种",包括尼安德特人、丹尼索瓦人、弗洛里斯人、吕宋人、马鹿洞人和早期现代人等。这些人群(至少是其中的部分)之间存在形态的混合与镶嵌,早先被

[①] 本项研究得到国家自然科学基金项目(41672024)、中国科学院战略性先导科技专项(B类,项目编号 XDB26000000)、国家科技基础性工作专项(2014FY110300)的资助。
[②] Cann R. L., Stoneking M., Wilson A. C.. "Mitochondrial DNA and human evolution". *Nature*, 1987, 325: 31 – 36.
[③] Stringer, C., Andrews, P.. "Genetic and fossil evidence for the origin of modern humans". *Science*, 1988, 239: 1263 – 1268.
[④] Wolpoff, M. H., J. Hawks, and R. Caspari. "Multiregional, not multiple origins". *American Journal of Physical Anthropology*, 2000, 112(1): 129 – 136.

提出的"同化说"①得到重视;近年来对早期现代人、尼安德特人、丹尼索瓦人之间的遗传关系研究获得突破,提取到三者混血的 DNA 证据,由此引发对"人种"、"人群"概念及其关系的反思。一些主张"现代人类出自非洲说"的学者也逐渐从"完全替代论"向"同化说"调整。考古学研究表明,早先部分学者所提出的早期现代人行为标志的清单(包括精美的石叶工具,磨制骨器,装饰品,原始艺术创作,刻划符号,墓葬,远距离材料获取或交换,复杂的空间使用方式,狩猎大型动物的能力……),在很大程度上无法区分特定的人群,原以为现代人独有的"现代人行为"或"行为现代性"出现在不同的时间与地区,与化石证据和遗传证据并非一致,"行为现代性"与现代人并无一一对应的关系。

在此背景下,中国地区有关现代人起源、演化材料的发现与研究也取得重要进展,对该重大学术问题研究的贡献度越来越大,越来越受到国际学术界的关注。② 对陕西"大荔人"、贵州盘县"大洞人"、广西崇左智人、河南灵井许昌人等古人类化石的研究表明,早期现代人的一些体质特征已经在本地区距今 30 万-10 万年间的一些古老型人类化石上有清晰的表现,这些化石人类显示出向"现代"方向连续演化和形态镶嵌的特点;在湖北黄龙洞、湖南福岩洞等遗址新发现的人类化石表明,具有毋庸置疑的现代人特征的化石人类于约距今 10 万年前后即在中国南部和中部出现。③ 遗传学研究从"田园洞人"化石上提取到线粒体 DNA 与核 DNA,证明东亚现代人和美洲印第安人的直接祖先于 4 万年前即生活在北京周口店地区,并且在遗传上已经与同期的欧亚古人群有所分异;④考古学证据则表明,中国乃至东亚本土的石器技术及其反映的人群生存方式一脉相承,没有发生过中断或替代,距今 10 万-5 万年间没有发生过本土古人群的大灭绝。这些新发现与新成果,尤其是学科交叉研究所取得的进展,使该地区现代人起源与演化的脉络变得清晰起来,过

---

① Smith, F., Falsetti, A., Donnelly, S.. "Modern human origins". *Yearbook of Physical Anthropology*, 1989, 32: 35-68.
② 高星、彭菲、付巧妹、李锋:《中国地区现代人起源问题研究进展》,《中国科学:地球科学》2018 年第 48 卷第 1 期,第 30-41 页。
③ 刘武、邢松、吴秀杰:《中更新世晚期以来中国古人类化石形态特征的多样性》,《中国科学:地球科学》2016 年第 46 卷第 7 期,第 906-917 页。
④ Qiaomei Fu, Matthias Meyer, Xing Gao. "Udo Stenzel, Hernán A. Burbano, Janet Kelso, and Svante Pääbo. DNA analysis of an early modern human from Tianyuan Cave, China". *PNAS*, 2013, 110(6): 2223-2227.

程与细节正在不断被揭示,吴新智先生所提出的中国乃至东亚地区人类演化的"连续进化附带杂交"①假说正在得到越来越多的支持。

二 从考古学角度对本土人类连续演化的研究和论述

在对现代人起源问题讨论的初期,中国的考古工作者很少参与其中。随着分子生物学家提出中国地区距今10万-5万年间缺乏人类生存的证据,以此推断该地区人类演化曾发生过中断,古人类学者寻求旧石器时代文化材料对其进行反驳,考古学家开始投身到对这一学术问题的探讨中。考古学材料对该地区现代人起源研究的贡献体现在两个方面:中国旧石器时代考古文化序列支持"连续进化附带杂交"的假说;中国旧石器时代文化遗存丰富了人类行为现代性的内涵,揭示了其多样性。

人类自更新世早期就出现在中国及东亚地区,随着时间的推移,该地区旧石器时代文化遗存越来越丰富,并显示出一脉相承、连续发展的特点,②主要体现在如下方面:

1. 石器原料特点及开发利用方式:在旧石器时代的大部分时间内,这里的古人类广泛采用脉石英、石英岩、砂岩、火山角砾岩等劣质原料制作工具,开发方式为就地取材,因陋就简,对多种材料皆加以开发利用。

2. 石器制作技术:在剥片技术上的总体特点是随意性和机动性,表现为应用锤击法、砸击法、碰砧法、摔碰法、压制法等多种方法,并能根据石料特点采用适合的方法,例如北京猿人用砸击法开发脉石英材料,三峡地区的先民用摔碰法应对高度磨圆的卵石。在加工技术上表现出简单、随意、对坯材改造程度浅的特点,缺乏系统性和规范性;两面器技术、勒瓦娄哇技术、石叶技术等只在局部区域和特定时段才短时出现。

3. 石制品类型、形态与组合特点:中国乃至东亚的旧石器时代石器组合经

---

① 吴新智:《从中国晚期智人颅牙特征看中国现代人起源》,《人类学学报》1998年第17期,第276-282页。
② 高星:《更新世东亚人群连续演化的考古证据及其相关问题论述》,《人类学学报》2014年第33期,第237-253页。

常被西学者描述为"砍砸器传统"或"简单的石核-石片工业",工具类型主要是用砾石或石片加工的刮削器、砍砸器,辅之以尖状器、手镐、石锥、石球等;像手斧、薄刃斧这样在非洲和欧亚大陆西部旧石器时代早期居于主体地位的器类在东方的大多数遗址中缺失;一些器类分化不明显,同一类型内个体变异大,规范性较差。这样的局面只在旧石器时代晚期北方的一些遗址方得以改变。

4. 区域文化传统的传承:张森水先生提出旧石器时代的中国南、北方长期存在有明显区别的技术体系,即南方的"砾石石器主工业"和北方的"小石片石器主工业",而在各自的区域内存在着地方性文化变体。① 这样的划分当然不是绝对的,例如北方的一些遗址也出土大型砾石工具,南方的云贵高原则流行石片石器,但这些区域存在继承性强并稳定持久的旧石器时代文化体系是明确的。

5. 不存在距今 10 万-5 万年的空白时段:"出自非洲说"对东亚人类演化的一个重要假设是这里存在距今 10 万-5 万年间的化石证据空白,说明本土人群在那一期间演化中断,原因是末次冰期的恶劣气候导致原住民灭绝,直至从非洲起源、经过长距离迁徙的"现代人"到达这里。从考古遗存的角度看,这一假设完全不成立。河北与山西交界处的许家窑-侯家窑遗址,洛阳北窑遗址,甘肃杨上遗址和大地湾遗址,河南织机洞遗址,陕西洛南盆地、汉中盆地和蓝田地区的多处遗址,重庆的井水湾、枣子坪、池坝岭、冉家路口等遗址,湖北的黄龙洞遗址等,都存在距今 10 万-5 万年间的文化层位和人类遗存。古环境分析也不支持末次冰期导致本土人群灭绝的假设。

对郑州地区织机洞、老奶奶庙、赵庄、黄帝口等多处旧石器时代晚期遗址的发掘和研究表明,这里的石器技术仍然保留华北小石片石器的传统,但出现复杂的空间利用、远距离开采原料等被认为具有现代人特点的行为方式或行为现代性特点;赵庄遗址出现大象的头骨被放置在用褐红色石英砂岩块堆砌的基座上这样具有祭祀特点的遗迹,更是现代人行为的表征,这说明本土人群经过演化进入了现代人的序列。② 同样的情况发生在宁夏水洞沟遗址,

---

① 张森水:《管窥新中国旧石器考古学的重大发展》,《人类学学报》1999 年第 3 期,第 193-214 页。

② 王幼平、汪松枝:《MIS3 阶段嵩山东麓旧石器发现与问题》,《人类学学报》2014 年第 3 期,第 304-314 页。

这里在距今 4 万－3 万年间出现具有西方文化特点的勒瓦娄哇-石叶技术,但在 3 万年以后回归华北长期流行的小石片技术体系,出现简单的石核、石片和用石片加工的刮削器、尖状器组合,同时出现磨制骨器、装饰品、对居址复杂利用、对石料热处理和采食、加工植物性食材等被认为是现代人行为标志的文化遗存与现象,当地的原住民也已演化为现代人。[①] 在这里,虽然可能发生过外来人群的迁入,但并未发生对本土人群及其文化的替代,相反,本土人群连续演化并向"现代"方向发展是主旋律。

三 考古学资料对早期现代人群"北方迁徙路线"的辨识与解读

旧石器时代考古研究表明,本土人群连续演化并非是对中国乃至东亚地区现代人起源的完整、准确表述;外部人群的迁入并与本土人群的融合也对现代人群的形成做出了一定的贡献。早前部分分子生物学家提出源自非洲的早期现代人群是沿着"南方路线"先到达东南亚、华南,然后北上扩散。人类化石的发现似乎也在证实这种假设,从湖南福岩洞和湖北黄龙洞发现的具有现代人特点的牙齿的年代数据要早于在北方发现的田园洞人和山顶洞人。但这样的假设尚未得到考古证据的支持,在华南发现的旧石器时代文化一直固守传统模式。贵州马鞍山遗址出现 3 万年前的磨制骨器是一个显著的例外,[②] 其他遗址都没有出现石叶、骨器、装饰品、远距离搬运石料等具有早期现代人行为标识的文化现象。对此存在如下的可能性:1. 外来人群的文化证据尚未被发现;2. 小股的外来人群很快被本土人群同化,原本的行为与文化特点消弭;3. 不存在经"南方路线"进入华南的外来早期现代人群;4. 早期现代人出现在华南并不早于北方,报道的福岩洞等遗址出土的早期现代人的年代测定存在错误。

与华南外来的早期现代人在文化上处于"隐身"状态相比,中国北方的外

[①] 李锋、陈福友、高星:《水洞沟遗址第 2 地点古人类"行为现代性"及演化意义》,《人类学报》2014 年第 4 期,第 510－521 页。

[②] Shuangquan Zhang, Francesco d'Errico, Lucinda R. Backwell, Yue Zhang, Fuyou Chen, Xing Gao. "Ma'anshan cave and the origin of bone tool technology in China". *Journal of Archaeological Science*, 2016, 65: 57－69.

来人群的文化踪影则是清晰、明确的。对内蒙古金斯太遗址下部第 7-8 层的年代、动物化石和石制品等进行的研究表明,该遗址的石制品组合具有明确的莫斯特技术特征,这一发现将莫斯特技术遗存在欧亚大陆的分布从西伯利亚往东推进了近 2000 公里。①^{14}C 测年显示该遗址第 8 层形成于距今 4.7 万-4.2 万年,第 7 层形成于距今 4 万-3.7 万年。两层出土的石制品大同小异,皆存在典型的勒瓦娄哇产品、盘状石核,以及旧石器时代中期典型的刮削器,包括陡刃加工的横刃刮削器和斜轴刮削器等。该组合与中国相近时段的文化遗存明显不同,更接近欧洲、西亚、中亚旧石器时代中期的莫斯特技术体系,尤其与俄罗斯西伯利亚 Okladnikov、Chagyrskaya 洞穴发现的莫斯特遗存类似。这种与西方旧石器时代中期文化高度相似而在本土却找不到源头的文化遗存,被推断是末次冰期期间部分人群东移、南下的遗留更加合理。

宁夏水洞沟遗址群也提供了相似的案例。② 水洞沟遗址群共包含 12 个旧石器时代地点,其中第 1、2、8、9、12 等地点经过系统的发掘和科学的测年,显示距今 4 万年左右古人类开始进入水洞沟地区,此时先民拥有具有勒瓦娄哇遗风的石叶技术,此种技术具有明显的"西方"特色,与欧亚大陆西部、北部旧石器时代晚期早段的石器技术具有高度相似性,指示了该时段古人类自西向东的北方扩散路线。但这种"外来"的技术及所代表的人群在水洞沟地区并未一直延续,距今约 3.3 万年,中国北方常见的简单石核石片技术在水洞沟地区流行,并持续到约 2.7 万年前。这一阶段该地区的古人类虽主要使用相对简单的石器技术,但开始制作和使用装饰品(鸵鸟蛋皮串珠、穿孔贝壳等),远距离采集优质石料,制作和使用磨制骨器,采取复杂的用火方式(密集的火塘和对石料的热处理)。这些表明外来人群没有替代本土人群,很可能发生了融合与文化交流;本土人群在简单石核石片体系内产生了一系列技术和认知革新,进入现代人群的序列。

---

① Feng Li, Steven L. Kuhn, Fuyou Chen, Yinghua Wang, John Southon, Fei Peng, Mingchao Shan, Chunxue Wang, Junyi Ge, Xiaomin Wang, Tala Yun, Xing Gao. "The easternmost Middle Paleolithic (Mousterian) from Jinsitai Cave, North China". *Journal of Human Evolution*, 2018, 114: 76-84.

② 高星、王惠民、裴树文、陈福友:《水洞沟——2003-2007 年度考古发掘与研究报告》,科学出版社,2013 年。

四 对早期现代人适应能力与生存 方式的考古学发现与研究

现代人处于人类演化的最新阶段。此时的人类在体质上、技术上、认知能力上和社会协作上都比以前的人类更进步，具有更强的适应生存能力，具有更大的竞争优势，于是才能在与同时生存的尼安德特人、丹尼索瓦人等古老型人群的竞争中胜出，成就我们今天的人类与文明。来自西藏那曲尼阿底遗址的考古发现，为我们研究早期现代人迁徙扩散的过程、能力和适应、征服极端环境的方式揭开了冰山的一角。

人类先行者最早何时扩散到青藏高原，尤其是高海拔的高原腹地这样的极端环境，一直为学界和大众所关注。作为"地球第三极"，广袤的青藏高原平均海拔在4 000米以上，高寒缺氧，资源稀缺，环境恶劣，对人类生存构成严峻的挑战。近年来考古学、分子生物学、古环境学等不同学科对早期人群进驻、适应高原的时间与过程以及藏族人群的来源做出推导并提出多种假说，但均有待证实。

自上世纪50年代开始，考古和地质工作者在西藏地区开展了断续的考察，发现昌都卡若、定日苏热等遗址，证明史前便有人群在青藏高原生存和繁衍。70年来，各科考队在西藏近100个地点发现了石制品，但由于这些石器等文化遗物皆发现于地表，找不到原生地层，无法确定它们的时代，先民生存的确切时间便无从知晓。

2011年始，中科院古脊椎动物与古人类研究的一个旧石器时代考古团队10次登上高原，寻觅先民迁徙、生存的足迹。2013年，考察队在那曲地区申扎县雄梅乡的色林错湖岸发现一处海拔4 600米、规模宏大的露天遗址——尼阿底，在地表发现大量裸露的石制品，人工特点明确，并在原生地层中试掘出文化遗物。2016-2018年，考古队对该遗址做了系统的发掘、测年和埋藏学、古环境学研究，在约4万-3万年前的地层中发掘出4 000余件石制品。[①]

---

① X. L. Zhang, B. B. Ha, S. J. Wang, Z. J. Chen, J. Y. Ge, H. Long, W. He, W. Da, X. M. Nian, M. J. Yi, X. Y. Zhou, P. Q. Zhang, Y. S. Jin, O. Bar-Yosef, J. W. Olsen, X. Gao. "The earliest human occupation of the high-altitude Tibetan Plateau 40 thousand to 30 thousand years ago". *Science*, 2018, 362: 1049-1051.

这些石制品技术特点明确，属于石叶技术体系，多是从棱柱状石核上从一个方向或对向剥离下来的。石叶技术是旧石器时代晚期早段的一种独特的工具制作技术，具有预制石核-定向剥片-系统加工等固定的操作链流程，其产品规范、精致、锋利，多被加工成锐利的矛形器并安装木柄使用，成为先民狩猎的利器；该技术体系代表人类石器技术和认知能力的一座高峰，为征服高原等极端环境提供了有力的技术装备。该技术体系被认为是早期现代人的文化标识，主要流行于非洲、欧洲、西亚和西伯利亚等地区，在中国北方的少量遗址亦有所发现。从大量石核、石片、断块、碎屑的存在以及附近有优质的硅质板岩露头等迹象，以及未发现动物骨骼、用火遗迹等生活遗存判断，这是一处旧石器时代晚期人类季节性前来采集原料、制作工具的石器制造场。

通过对出土石叶遗存的遗址的比较研究，尼阿底遗址与我国宁夏的水洞沟遗址，新疆的骆驼石和沟西遗址等具有密切的文化联系，在西伯利亚阿尔泰地区有与此十分相似的石器技术体系，表明在末次冰期中亚、东亚人群发生过大规模的迁徙和交流，青藏高原很可能是一些在寒冷地区生活的古人群迁徙扩散并南下的通道，丹尼索瓦人（丹人）很可能是其中的一支。DNA 研究发现，藏族人群与丹人共享少量基因片段，这被认为对研究藏族人群的来源及其适应高寒环境能力的获得提供了线索。丹人原本发现在西伯利亚阿尔泰地区的丹尼索瓦洞穴距今 3 万多年的地层中，最近对早先发现于我国甘肃省甘南地区白石崖洞穴的一个残破的古人类下颌骨的蛋白结构和测年分析表明，丹人可能至少在 16 万年前就生存在青藏高原的边缘地区，[①]很可能是在中国早已发现的早期智人的一个分支。这项发现表明，藏族人群适应高海拔环境可能经历了一个长期生存、演化的过程，而尼阿底遗址是其中的一个环节、一处驿站；在此前、后续错综复杂、精彩纷呈的人群扩散、融合和对高原环境的征服过程，以及定居在雪域高原上的藏族人群的构成和生存繁衍的故事，尚需更多考古发现与研究去揭示、去书写。

尼阿底遗址及其文化遗存表明，先民在距今 4 万–3 万年前已踏足青藏

---

① Fahu Chen, Frido Welker, Chuan-Chou Shen, Shara E. Bailey, Inga Bergmann, Simon Davis, Huan Xia, Hui Wang, Roman Fischer, Sarah E. Freidline, Tsai-Luen Yu, Matthew M. Skinner, Stefanie Stelzer, Guangrong Dong, Qiaomei Fu, Guanghui Dong, Jian Wang, Dongju Zhang & Jean-Jacques Hublin. "A late Middle Pleistocene Denisovan mandible from the Tibetan Plateau". *Nature*, 2019, https://doi.org/10.1038/s41586-019-1139-x.

高原的高海拔地区,在世界屋脊上留下了清晰、坚实的足迹。该遗址海拔4600米,是目前世界上史前人类在高海拔地区生活的最高纪录。晚更新世是现代人演化的关键时期,人类的技术和认知能力快速发展,适应环境能力增强,扩散到世界大多区域,但环境极端恶劣的高原依然人迹罕至。从全球范围看,此前人类活动的最高遗迹发现于安第斯高原的 Cuncaicha 岩厦遗址,海拔4480米,年代为1.2万年前。尼阿底遗址的发现书写了人类挑战与征服高海拔极端环境的新纪录,对于研究早期现代人群扩散的能力、范围和适应极端环境的生理能力与智力水平,提供了重要的材料和信息。

五 结 语 与 讨 论

综合分析中国旧石器时代文化遗存的特点及其演变过程,可以得出如下结论:中国乃至东亚旧石器文化及其反映的古人群生存演化是一脉相承、连续不断的,虽然有手斧、勒瓦娄哇技术、石叶等"西方元素"间或出现在不同地区,但都逐渐消失或被融入本地土著文化中,这为东亚古人群"连续进化附带杂交"的假说提供了重要的考古学证据;大量旧石器时代遗址的发现和年代学领域的新进展确认中国与东亚在距今10万-5万年间不断有人群在生活和迁徙,不存在人类演化的空白;古环境分析也不支持末次冰期导致本土人群大灭绝的假设;而对中国地区古人类演化的"综合行为模式"[1]提炼和对人类独特的行为特点与社会属性的观察和思考,也对本土人群与西方同类的隔离问题及不同地区人群长时期维持在同一物种内的可能性与动因提供了有益的启示。[2]

从目前的各方面证据来看,现代人群演化经历了一个复杂的过程,不同地区存在不同的演化模式,不同的古老型人群或多或少对今日的人类基因库做出过遗传贡献。从非洲扩散出来的早期现代人是欧洲、西亚人直接祖先的优势人群,但当地的尼安德特人也做出了一定的基因贡献。而在东亚地区,

---

[1] 高星、裴树文:《中国古人类石器技术与生存模式的考古学阐释》,《第四纪研究》2006年第4期,第504-513页。
[2] 吴新智:《从中国晚期智人颅牙特征看中国现代人起源》,《人类学学报》1998年第17期,第276-282页。

包括丹人在内的本土早期智人在不断演化,最终与扩散至此的尼安德特人和来自非洲的早期现代人相融合,共同演化成现代东亚人。

在讨论现代人起源与演化的语境中,学术界和媒体经常会提及不同的"人种",例如尼安德特人、丹尼索瓦人、早期现代人、弗洛里斯人、吕宋人、马鹿洞人等。这些所谓的"人种"有时会被业外人士认作不同的物种。这是误解,没有任何证据显示他们之间存在生殖隔离,他们是在人类演化的特定时段生活在不同地区的具有一定体质形态或遗传特点的区域性人群,有些人群同时存在并在迁徙互动中发生基因交流,就如当代在不同地区生活着不同的肤色人种、他们之间可以生儿育女一样,迁徙与融合,一直是人类演化的重要旋律。

在对现代人起源与演化的研究中,不同学科领域各有优势和短板。[①] 开展相关领域的交流合作,尤其是传统的古人类学、考古学与新兴的分子生物学之间的交叉与协作,明确彼此的关注点、需求和专长,凝练共同的学术问题和目标,整合现有的资源与成果并向着共同的学术方向一道前行,应是推动相关研究走向深入并破译现代人起源这一重大命题的关键所在。

Archaeological Progress in the Study of the Origins of Modern Humans in China

Gao Xing

Two alternative hypotheses concerning modern human origins and evolution in China and East Asia have competed for several decades: the "Recent Out-of-Africa" model and the "Continuity with Hybridization" hypothesis. Discoveries of new human fossil and archaeological materials, advances in research methods, as well as the involvement of more research fields in the quest have deepened our

---

① 高星:《朝向人类起源与演化研究的共业:古人类学、考古学与遗传学的交叉与整合》,《人类学学报》2017年第1期,第131-140页。

understanding of the nature of modern human origins and evolution in Asia, and relevant hypotheses have been sharpened and amended. Physical features revealed by new fossil evidence, together with findings from archaeological research and DNA analysis are making the process and mechanism of modern human evolution in China much clearer than ever before. It has gradually become a consensus that interbreeding occurred at varying rates as part of origin and dispersal of modern humans, and that migration and integration were fundamental to the evolution of human culture and society. However, debates between different schools of thought continue. This paper reviews the development of archaeological research on this critical issue, summarizes basic conclusions produced in this field, and offers some suggestions for future studies.

试论邓家湾的陶制"列祖"祭祀遗存
——筒形器遗迹解析[①]

武家璧

（北京师范大学历史学院）

陶筒形器首次发现于20世纪50年代发掘的京山屈家岭遗址，[②]第二次发现在天门石家河古城的邓家湾遗址，在别的地区迄今尚未发现此类器物。1978-1979年荆州地区博物馆在邓家湾遗址进行首次试掘，发现陶筒形器等重要文物。[③] 1987年春季，北京大学考古系与荆州地区博物馆在邓家湾遗址西部进行第二次发掘，在探方T28南壁第④层发现"饰多道附加堆纹的筒形器"，明确了筒形器的出土层位在"屈家岭文化第二期"。[④] 1987年夏季北京大学考古系与湖北省博物馆、荆州地区博物馆联合组成"石家河考古队"，于当年9月-12月对邓家湾遗址进行第三次发掘，并与1987年春季发掘遗迹统一编号，在探方AT301屈家岭文化层出土三种形式的陶筒形器（又称管形

---

① 本项研究得到"中央高校基本科研业务费专项资金"资助（the Fundamental Research Funds for the Central Universities），项目编号：2018NTSS16。
② 中国科学院考古研究所：《京山屈家岭》，科学出版社，1965年，第61页图四八：9，第64页，图版伍贰：2。
③ 荆州地区博物馆、北京大学考古学系：《天门邓家湾遗址1987年春发掘简报》，《江汉考古》1993年第1期；湖北省文物考古研究所、北京大学考古学系、湖北省荆州博物馆石家河考古队：《邓家湾——天门石家河考古报告之二》，文物出版社，2003年，第4页、第31页。
④ 荆州地区博物馆、北京大学考古学系：《天门邓家湾遗址1987年春发掘简报》，《江汉考古》1993年第1期。

器),这些筒形器互相套接长达数米。① 1992年湖北省考古研究所对邓家湾遗址进行了第四次发掘,再未发现筒形器,但明确了城墙在邓家湾遗址的走向及其地层年代("屈家岭文化中期"至"石家河文化中期")。② 石家河考古队将后三次发掘的材料整理为《邓家湾》一书出版,③ 至此有关陶筒形器遗存的资料已基本公布,本文就筒形器遗存的性质及相关问题略申浅见,以资学界批评讨论。

一 陶祖与"列祖"遗迹

《邓家湾》发掘报告(以下简称《报告》)记"筒形器"有32件,分为A、B、C、D、E五型(本文的型、式均取自《报告》),严文明先生在《报告》的序言《邓家湾考古的收获(代序)》(以下简称《代序》)中分为"细筒形器"、"粗筒形器"、"乳钉筒形器"三种。无需仔细观察,一眼望去可知"细筒形器"、"乳钉筒形器"酷似巨大夸张的阳具,即陶祖或男根,我们姑且将"筒形器"分为"细根"、"粗根"、"囊根"陶祖三种。细根陶祖(A型)似巨兽之阳具,有阴茎、龟头式封顶;粗根陶祖(C型)饰满箍状附加堆纹,上细下粗,上端有子口(以便套接阴茎龟头);囊根陶祖(B型)上为细根、下为粗根、中为饰乳钉的球状鼓囊。细根具有阴茎、龟头特征;粗根上有箍状堆纹,象征褶皱的包皮;囊根用毛刺骨朵把粗根和细根连在一起,具有龟头、阴茎、阴囊、阴毛、包皮褶皱等男性生殖器特征。其余D型陶祖实为无龟头的囊根,E型陶祖实为无褶皱的粗根。因C、D、E型陶祖均无阴茎龟头而有子口,必须与A型细根套合才能构成完整的阳具,故实际上筒形器归属于两类陶祖:子母口套合的粗细根陶祖、连体的囊根陶祖(图一,本文插图均摹自《报告》),即有囊根和无囊根两种。

这些陶祖的形体都大大超过真实的男根,结构形态也有失真之处,这些

---

① 石河考古队:《湖北省石河遗址群1987年发掘简报》,《文物》1990年第8期。
② 孟华平、李文森、胡文春:《湖北天门市邓家湾遗址1992年发掘简报》,《文物》1994年第4期。
③ 湖北省文物考古研究所、北京大学考古学系、湖北省荆州博物馆石家河考古队:《邓家湾——天门石家河考古报告之二》,文物出版社,2003年。

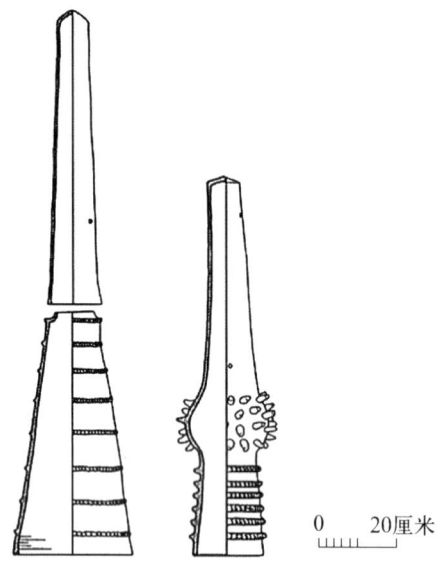

图一　粗细根、囊根陶祖

正是神器的特征,具象而已。具有巨大的男根是原始先民对祖先的想象,祖先的神力主要体现在生殖器上,男根最大的祖先就是他们的始祖和"大祖"(太祖)。"大"或"太"首先是"祖"(生殖器)的形体巨大;其次是有很强的生殖能力,能繁衍一个氏族和聚落;再次就是有资格配享天神并有神力保佑子孙后代,因此一个巨型陶祖代表一代祖先。我们在下文中以"陶祖"来代替"筒形器"。

把巨大的陶祖竖立排列起来,代表列祖列宗享受祭祀,就是"列祖"遗迹。一般来说列祖列宗的形象应该排列在宗庙内享受祭祀,但最高规格的"祭天"活动都在野外坛场举行,祭祀的主要对象是最高神"昊天"或者"上帝",次要对象是祖先神,即祭天同时必须有列祖列宗配合祭祀,文献称"德配天地"。故此"配天"享受祭祀的"列祖"形象也会出现在野外。邓家湾遗址著名的筒形器遗迹就是配天享祀的"列祖"遗存。

筒形器遗迹的具体位置在 AT301 南壁下,被第④层所叠压,包含在 AT301④F 层中,分布于 H59 南侧。该探方向南扩方 1 米,使全部器物完整出露。① 如图所示(图二),有三件细根陶祖套在一起(1-2-3 号)倒入 H59 中,两件囊根陶祖套在一起(10-11 号)倒在 H59 南侧,5 件粗根陶祖(4 号、6-7-8-9 号),中夹一件细根陶祖(5 号),大致相连摆放在 H59 西南侧。套合的细根和囊根陶祖是可以竖立起来的,但粗根陶祖无论如何不能按摆放次序树立起来,故可能是从祭坛搬运到 H59 中掩埋的,不知何故半途终止掩埋,保留今所见情状。

此处有五件粗根、四件细根,缺一根配成五件粗细根陶祖,外加两件囊根

---

① 《邓家湾》,第 28—30 页。

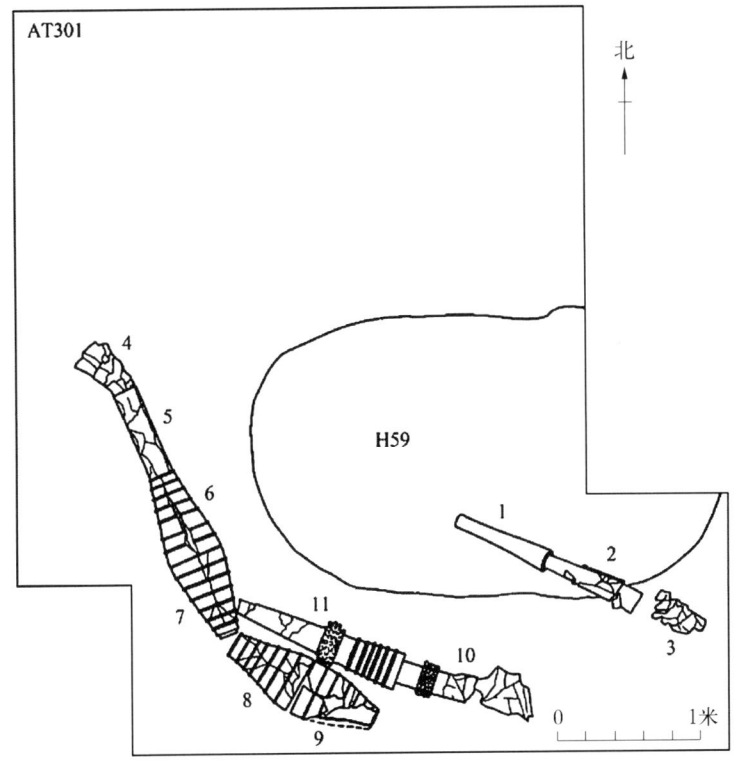

图二　邓家湾"列祖"遗存

陶祖,共得"七祖",这与文献记载宗庙中的"七庙"是对应的。《礼记·王制》:"天子七庙:三昭三穆,与太祖之庙而七。"郑玄《注》:"此周制。七者大祖及文王、武王之祧,与亲庙四。"《礼记·祭法》:"王立七庙……曰考庙,曰王考庙,曰皇考庙,曰显考庙,曰祖考庙。"邓家湾的"七祖"遗存是祭坛遗留下来的,其神主排位应该与宗庙排位一致,按实物祖型分为两位亲祖、五位远祖,此与周制有所不同。但基本精神是相同的,即不可能将所有祖先都用来"配天",只选取始祖、太祖、祧祖和亲祖等共七位,代表列祖列宗来配天享祀。这样的礼俗,看来可以追溯至石家河古城的屈家岭时代。

《报告》把与筒形器有关的遗迹定性为"宗教遗迹",综述道"屈家岭文化宗教遗迹全貌不明,大体以屹立的筒形器(相套)为中心,残存部分红烧土面、土台、成堆的灰烬,以及扣碗、盖顶、小孩残骸、被烧的兽骨等遗迹遗物"。①《报告》整理者已获得如下认识：1. 竖立套筒：T11 的圆形红烧土台（遗迹 1）面上围绕灰烬呈三角状分布的三个柱洞，可能是竖立相套的筒形器留下的痕迹（图三）；2. 祭祖：高高屹立的筒形器可能是祖的象征，其西部为墓区，这里或许是祭祀祖先的场所；3. 祭器：T11、T12 的同一层位上发现了排列有序的扣碗和平置的盖鼎，它们具有祭器的性质；4. 杀牲：T11、T12 内还暴露有错位的小孩骨架，同时发现有烧焦的兽骨，或许与用牲有关；5. 祭品：土台、红烧土面大概是设置祭品的地方；6. 燎祭：成堆分布的灰烬层是祭祀时燃火和焚烧祭品所遗留；7. 黄土带祭祀遗迹：紧邻 T11 的 AT6 东部（12）层下发现的黄土带，可能是破坏了的祭祖或其他宗教活动地面残迹。

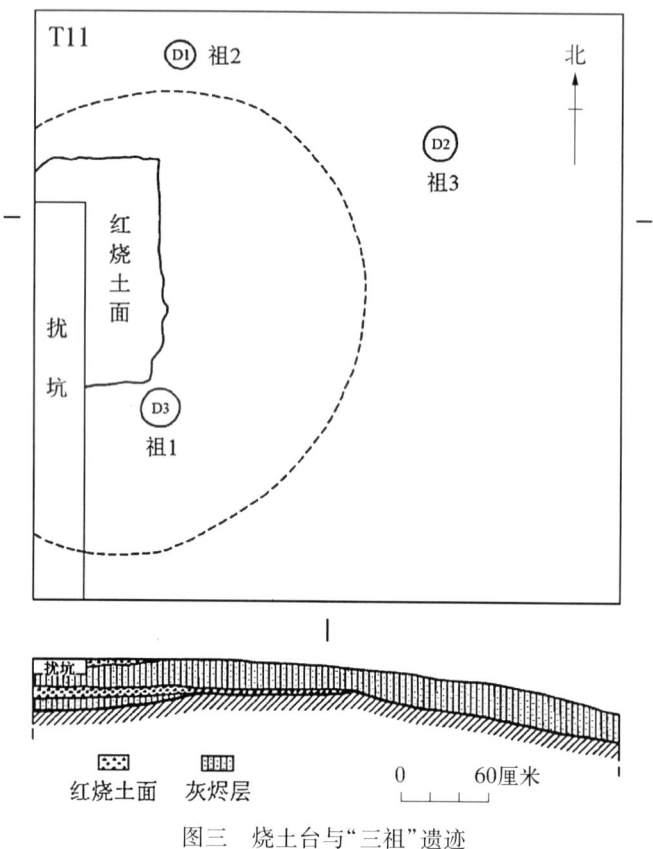

图三　烧土台与"三祖"遗迹

---

① 《邓家湾》，第 288 页。

《报告》总结说：宗教遗迹与祭祀遗存均分布于墓区东侧，屈家岭文化的筒形器又是祖的象征，因此邓家湾可能是石家河古城的一处祭祖场所。①

严文明先生在《代序》一文中对筒形器遗存做了精辟论述，②他阐明邓家湾遗址西部是一个墓地和宗教活动场所，不是人们日常居住生活的地方；虽然宗教活动场所与同期墓地几乎重合，但墓地的规格甚低，与宗教祭祀的高规格不匹配，且别的墓地没有发现筒形器遗迹，故不可能是墓祭的设施；如果墓地与之有关的话，则墓主可能是与宗教活动有关的人员；许多灰坑中的筒形器碎片可能是每次宗教活动后将筒形器砸碎掩埋的结果。总之，邓家湾首先是宗教活动的圣地，而非墓祭的场所。

《代序》尽量避免使用"祖"、"祭祖"等字样，因为"墓祭"会降低筒形器遗迹的规格。严先生指出："自那（发掘屈家岭）以后屈家岭文化遗址不下千处，经过发掘也有好几十处，除了邓家湾，就再没有发现过这种器物。这本身就是一个十分值得注意的情况。""看来邓家湾的宗教性遗迹在屈家岭文化中是非常特殊的，是只有像石家河古城这种规格的遗址才可能有的设施。"笔者深受《代序》启发，非常赞同筒形器遗迹无关"墓祭"的见解，但我们认为最高规格的宗教祭祀活动完全可能与"祭祖"活动融合进行，《报告》有关筒形器象征"祖"的观点也是可取的，这就是"祭天配祖"的祭祀传统。

二 陶祖遗存的分布特点

陶祖遗存的分布提供了"祭天配祖"的重要信息。《报告》记述筒形器往往集中分布，分为四组：东部以 AT607 为中心构成一组，南部以 AT301 为中心构成一组，西南部以 H28 为中心构成一组，西部以 AT6 为中心构成一组。此外，这四组周围的 H90、H110、H79、H74、H66、H65、H86、H96、H71、H11 等灰坑中均有残片出土（图四）。

《代序》指出筒形器在邓家湾的出土地点至少有十五处，绝大多数处在灰坑中，集中出土地点有五处：一处在中央土台南边，一处在离中央土台不远的 AT6，一处在东部的 AT607，一处在西南部的 H28，最后一处在东南部的

---

① 《邓家湾》，第 290 页。
② 严文明：《邓家湾考古的收获（代序）》，《邓家湾》，第 1-6 页。

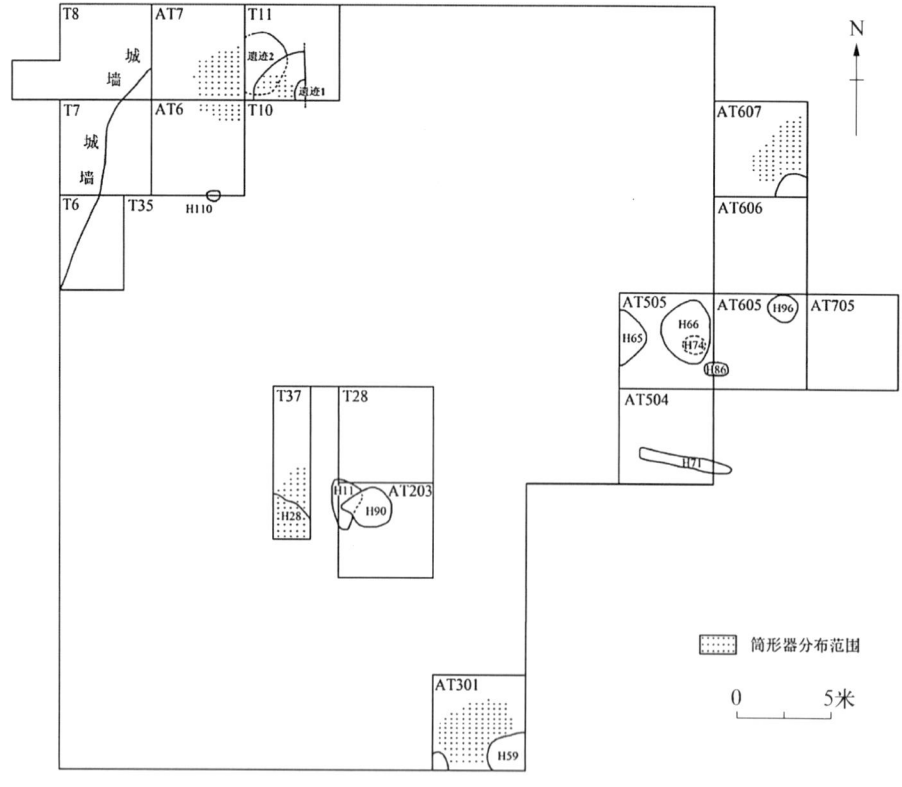

图四　陶祖遗存的分布

H59。以上提到的 13 处灰坑加中央土台、西部 AT6、东部 AT607 共十五处。《报告》在遗物描述中提到 D 形筒形器编号为"T34⑤：9"，[①]则在 T34⑤层也有筒形器分布。

以上分布可以看出，陶祖碎片以土台为中心，向南、向东略呈放射状分布。土台本身有上下层和早晚堆积，说明宗教仪式活动曾在此多次举行。每次活动之前均须将上次活动的遗存处理或掩埋干净，有一次仪式举行后没有清理干净，陶祖碎片就近掩埋并有部分碎片遗留在土台南边，北边排列的祭器（扣碗和盖鼎）仍然保留在原地等，下次活动前则将上述遗迹遗物填埋于地层中，重新挖坎建坛。仪式活动结束后，一般将陶祖和祭器搬运到较远的南方和东方放置和掩埋。陶祖搬运较完整的是 H28 和 H59 两处，前者北距土

[①] 《邓家湾》，第 64 页、第 66 页图四五：2。

台约20多米,相当于汉代的一丈;后者北距土台约30多米,相当于汉代的一丈半。祭器搬运较完整的是H11(内含陶祖碎片),北距土台约20多米。其他灰坑的陶祖和祭器均属于毁器后掩埋,有些陶祖碎片遗留在地层中,这些地点距离土台均为20多米或30多米。毁器习俗解释了陶祖碎片何以集中连片出现的缘故。

把邓家湾西部发掘区放在整个石家河古城地形中来观察,问题看得更清楚。邓家湾遗址紧靠城墙西北隅,是全城的最高处,邓家湾高地西北外侧是护城河,东南是开阔的低洼地。城墙西北角底部下压着屈家岭一期的文化层和墓葬,又被屈家岭二期的文化层、灰沟和墓葬叠压、打破,城墙内仅见屈家岭文化碎陶片,兴建年代为"邓家湾屈家岭文化第一期一段",已经发掘的邓家湾遗存,基本都是石家河古城的城内遗存。① 整个邓家湾高地的平面形状呈背靠城墙、向东南凸出的倒"凸"字形,发掘区位于倒"凸"字的西部边缘(图五)。这种缺角不圆的地形古称"不周之山",适合作墓地。《淮南子·地形训》载:"西北方不周之山,曰幽都之门。"《楚辞·招魂》:"魂兮归来!君无下此幽都些!"王逸《注》:"幽都,地下后土所治也。地下幽冥,故称幽都。"墓地选在凹缺地形的坡面上,平坦地区用作场圃,这可能出自古城聚落的总体规划。《诗经·豳风·七月》:"九月筑场圃,十月纳禾稼。"邓家湾高地的平场很可能就是当年的"场圃"。

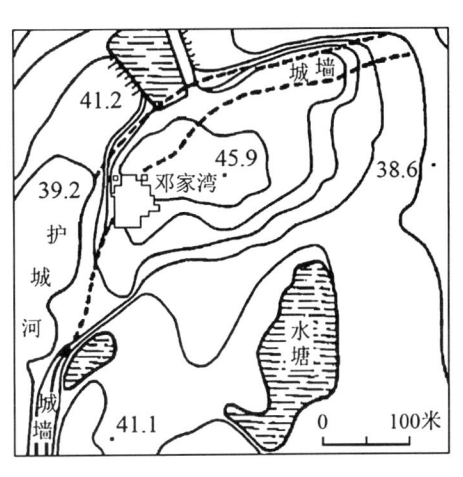

图五 邓家湾地形

对于天神而言,西北方是"天门"所在。《楚辞·天问》:"西北辟启,何气通焉?"王逸《注》:"言天西北之门,每常开启,岂元气之所通?"《易·系辞上传》:"阖户谓之坤,辟户谓之乾。"故西北方的天门又称"乾户"。《天问》"何

---

① 《邓家湾》,第289页。

气通焉"实指与节气有关的西北季风。① 当一个中心确定之后，西北方的高地一般是神降之所。如《山海经·海内西经》："昆仑之虚在西北，帝之下都。"《史记·封禅书》："自古以雍州积高，神明之隩。"所谓"下都"就是上帝下降人间的处所。上古降神一般在"神守之山"，②进入国家时代之后，统治者在国都内筑坛降神，人民可不必到神山去祭祀。建都的过程就是"建中立极"，如《周礼》所言："惟王建国，辨方正位，体国经野，设官分职，以为民极。"石家河古城的中心在谭家岭，古城西北陬（邓家湾高地西部）则是其"乾户"所在，祖先神及聚落保护神均由此降临人间，故此地在充当墓地的同时，又是宗教圣地。

祭祀中心土台正好位于邓家湾高地与城墙交汇的一个坡面的顶上，这种坡地古称"阪"，如《诗经·郑风》"东门之墠，茹藘在阪"。郑玄《笺》云："城东门之外有墠，墠边有阪，茅蒐生焉；茅蒐之为难浅矣，易越而出，此女欲奔男之辞。"孔颖达《疏》："《易传》以为坛边有阪……阪是难登之物，茅蒐延蔓之草，生于阪上，行者之所以小难，但为难浅矣，易越而出。"《尔雅·释地》"陂者曰阪"。《说文》"坡者曰阪"。《扬子·方言》："陂，衺（邪）也。陈、楚、荆、扬曰陂。"上引文献记载坛墠位于坡顶位置，故有居高临下之感，这是获得宗教神圣感的必要条件，祭祀完毕后清场则将毁器置于坡道的两侧。邓家湾祭祀中心的情况与春秋郑国的"东门之墠"颇相似。

三 祭坛遗迹——坎坛与圜丘

邓家湾祭祀中心的土台遗迹应即祭坛，为我们了解新石器时代祭坛的形制提供了新的实物资料。土台遗迹位于探方T11，分上下两层，层位关系为：

T11⑥层→遗迹1→T11⑦层→遗迹2→T11⑧层。

从平面图上看，遗迹1与遗迹2有部分叠压，不完全重合（图四）。情况表明祭祀地点未变，但每次活动须扫除干净后重新筑坛，上下两层祭坛的形制也发生了明显变化，分述如下：

---

① 刘信芳：《"四方之门"与"西北辟启"新释》，《四川师范大学学报（社会科学版）》1987年第1期。
② 武家璧：《神守之国——良渚古城》，《聚落考古通讯》2016年第1期。

1. 坎坛(遗迹1)

"遗迹1"是祭祀中心最后一次举行大型宗教活动留下的遗迹,祭坛采用全新形制:先挖一个半径约2.5米、深约0.6米的圆形"坎",坎中填三层比较纯净的填土,上下为黄土,中加一层灰土,总厚度约30-40厘米,再在中央填土上筑起高约30厘米的椭圆形灰土台(东西残长1.3米、南北残长1米)。我们把这种挖坎建坛的遗迹姑且称为"坎坛"(图六)。

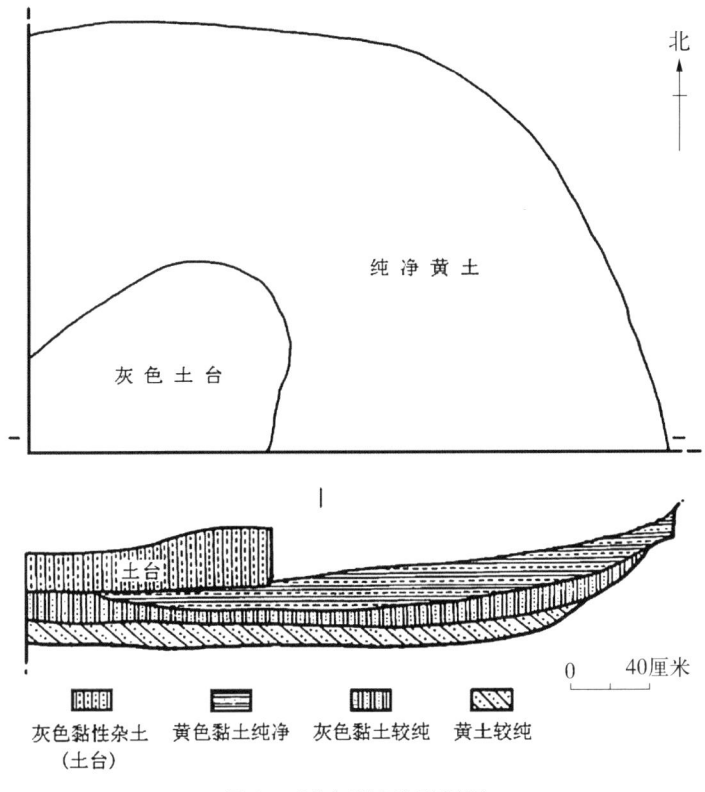

图六 "坎坛"遗迹平剖图

从晚期文献记载来看,"坎"与"坛"一般是分开的。《礼记·祭义》:"祭日于坛,祭月于坎。"也有合称"坎坛"的,《礼记·祭法》"相近于坎坛,祭寒暑也"。郑玄《注》:"'相近'当为'禳祈',声之误也。"《孔丛子·论书》作:"祖迎于坎坛,所以祭寒暑也。"但如果祭祀对象是日月神或者寒暑神,祭祀的规格还是比较低。

《报告》描述:"中部土台,平面略呈半椭圆形,边缘陡直……台面上有一层灰烬,台中央的石头被烧成绿灰色,灰烬中有完整的5件彩陶杯、1件石斧和烧焦的兽骨、动物牙齿等。土台外灰烬……厚0.1-0.28、宽1.2-2.04米。"证据显示在此举行了大规模、长时间的燎祭。《说文》"寮,柴祭天也";"柴,烧柴樊燎以祭天神"。《尚书·舜典》"肆类于上帝,禋于六宗"。《周礼·大宗伯》"以禋祀,祀昊天上帝"。郑《注》"禋之言烟,周人尚臭,烟气之臭闻者"。《礼记·郊特牲》曰"天子适四方,先柴"。郑《注》"所到必先燔柴,有事于上帝"。《祭法》云"燔柴于泰坛,祭天也"。郑《注》"坛,折,封土为祭处也……《尔雅》'祭天曰燔柴'"。孔颖达《正义》"'燔柴',谓积薪于坛上,而取玉及牲置柴上燔之,使气达于天也"。《孔子家语·郊问》"既至泰坛,王脱裘矣,服衮以临,燔柴戴冕"。《郊特牲》孔《正义》引王肃《圣证论》云"于郊筑泰坛,象圆丘之形。以丘言之,本诸天地之性,故《祭法》云'燔柴于泰坛',则圆丘也"。

邓家湾的"坎坛"遗迹,在功能上更接近于文献记载的"泰坛",确实位于一圆丘顶上,但并非在郊外,而是在城隩。祭天坛场移到郊外应该是虞舜以后的事情(详下)。

2. 圜丘(遗迹2)

前文提及在"遗迹2"上层台面上举行过一次祭祀仪式,在该层红烧土面上有三个竖立陶祖留下的圆洞,其祭器被保留在原址等。清除掉上层的红烧土面和上灰烬层,下层出露一个更清晰完整的红烧土台面,《报告》称是"一个相对高出的台面",南北长3.1米、东西残长2.28米,烧土面呈圆形,铺垫在一个圜形土丘的顶部,我们姑且称这种祭坛为"圜丘"(图七)。

与烧土面共存的灰烬层和烧焦的兽骨等,证明"圜丘"可能与"禋祀"有关。《渊鉴类函》卷十六《岁时部·冬至》引"《周礼》曰'祀昊天上帝于圜丘'"。今本《周礼·春官·大宗伯》作"以禋祀祀昊天上帝",郑玄《注》"昊天上帝,冬至于圜丘所祀天皇大帝"。《春官·大司乐》"冬日至,于地上之圜丘奏之,若乐六变,则天神皆降,可得而礼矣"。贾公彦《疏》"土之高者曰丘,取自然之丘;圜者,象天圜也"。

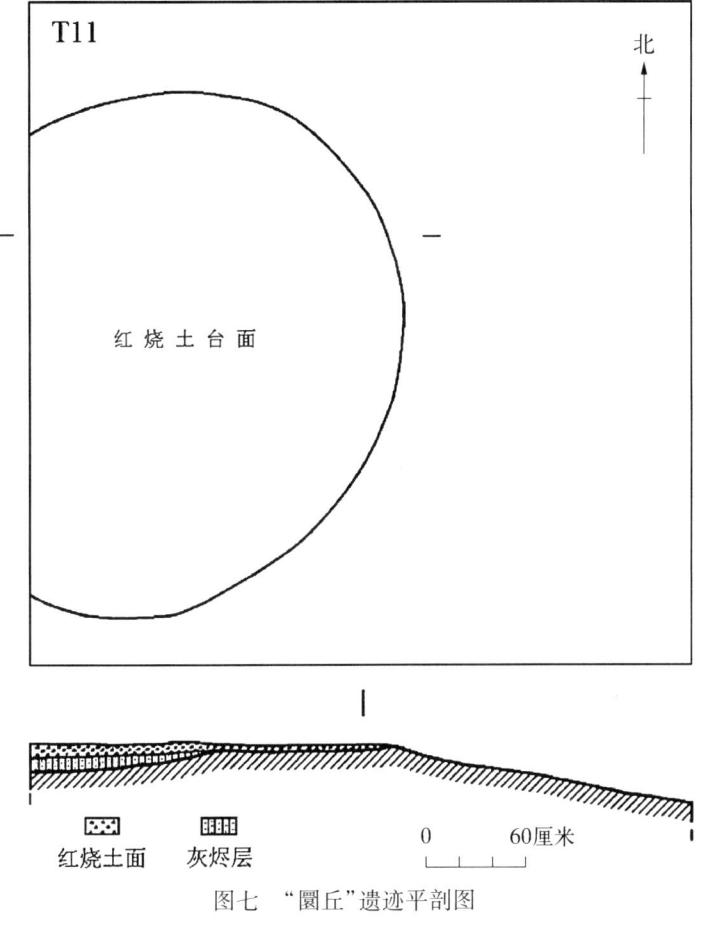

图七 "圜丘"遗迹平剖图

文献记载在圜丘举行的是祭祀最高神"昊天上帝"或"天皇大帝"的祭典,并且只有"天子"才有资格举行。《礼记·大传》"礼,不王不禘。王者禘其祖之所自出,以其祖配之"。郑玄《注》"凡大祭曰禘。自、由也,大祭其先祖所由生,谓郊祀天也"。孔颖达《正义》"此禘谓郊祭天也,然郊天之祭,唯王者得行,故云不王不禘也……案《尔雅·释天》云'禘,大祭也',此禘谓祭天"。又《丧服小记》云"礼,不王不禘",郑《注》"禘谓祭天",孔《正义》"王,谓天子也,禘,谓郊天也。礼,唯天子得郊天,诸侯以下否"。又《小记》云"王者禘其祖之所自出,以其祖配之"。郑《注》"禘,大祭也。始祖感天神灵而生,祭天则以祖配之"。《仪礼·丧服》"诸侯及其大祖、天子及其始祖之所自出",郑《注》"大祖,始封之君;始祖者,感神灵而生,若稷、契也。自、由也,及始祖之所由出,谓祭天也"。贾公彦《疏》"'大祖始封之君'者……若鲁之周公,齐之大公,卫之康叔,郑之桓公之类,皆是大祖者也。云'始祖感神灵而生',若后稷、契也。自,由也。'及始祖所由出谓祭天'者,谓祭所感帝,还以始祖配之"。

关于"祭天配祖"的具体配置,《国语·鲁语上》载"有虞氏禘黄帝而祖颛顼、郊尧而宗舜,夏后氏禘黄帝而祖颛顼、郊鲧而宗禹,商人禘舜而祖契、郊冥而宗汤,周人禘喾而郊稷、祖文王而宗武王"。《礼记·祭法》载云"有虞氏禘黄帝而郊喾,祖颛顼而宗尧,夏后氏亦禘黄帝而郊鲧,祖颛顼而宗禹,殷人禘喾而郊冥、祖契而宗汤,周人禘喾而郊稷、祖文王而宗武王"。郑《注》"禘、郊、祖、宗,谓祭祀以配食也。此禘,谓祭昊天于圜丘也;祭上帝于南郊,曰郊;祭五帝、五神于明堂,曰祖、宗"。孔《正义》"此一经论有虞氏以下四代禘、郊、祖、宗所配之人。'有虞氏禘黄帝'者,谓虞氏冬至祭昊天上帝于圜丘,大禘之时,以黄帝配祭……其夏后氏以下禘、郊、祖、宗,其义亦然,但所配之人当代各别"。

以上是自虞舜以后形成的列祖列宗"配天"祭祀系统,并且舜帝始以黄帝配天,开启了"始祖黄帝"的祭祀传统,是故《史记·五帝本纪》称"天下明德皆自虞帝始"。邓家湾遗址的屈家岭文化远在舜帝时代(龙山时代末期)之前,他们祭祀的始祖可能不是华夏集团的"黄帝",《报告》推测石家河古城是"三苗"的聚集地,①那么圜丘上层的"三祖"遗迹(图三),很可能对应于"三苗"的三位始祖。

"祭天配祖"是华夏和苗蛮集团共有的习俗。但从邓家湾的宗教遗迹来看,祭祀的坛场较小,而陶祖巨大,与其说是祭天,不如说是祭祖。故此我们认为屈家岭文化时期已经出现"祭天"活动,虽然"祭天"的规格高于"祭祖",但实际上"祭天"是依托"祭祖"而存在的,祖先神才是聚落更直接的保护神,也许先民认为天神就是他们的始祖神,于是形成了"祭天配祖"的格局。随着统一王权的出现,"祭天"权被最高统治者垄断,"配天"的列祖列宗也就固定下来,地方政权失去了对最高天神的祭祀权。如果苗蛮后裔坚持要祭天,就

---

① 《邓家湾》,第291页。

不免被"天子"讨伐,于是有"禹征三苗"的大事发生。

按照郑玄《注》,圜丘祭天与郊祀祭天是分开的,而董仲舒、刘向、马融、王肃等都认为圜丘即郊坛,郊、丘异名而同实。关于郊祀配天的记载,如《孝经·圣治》"昔者周公郊祀后稷以配天,宗祀文王于明堂以配上帝,是以四海之内,各以其职来祭"。《孔子家语·郊问》"定公问于孔子曰:'古之帝王必郊祀其祖以配天,何也?'孔子对曰'万物本于天,人本乎祖。郊之祭也,大报本反始也,故以(祖)配上帝'"。东汉末年"郊、丘之争"明显分为郑(玄)学和王(肃)学两派,郑、王之学关于圜丘和郊祀的争论见于《隋书·礼仪志》及《礼记》的《郊特牲》、《祭法》等篇的孔颖达《正义》。

令人吃惊的是,邓家湾的祭坛也明显分为两种形制,早期是"圜丘",晚期变为"坎坛",它们都是"祭天燔柴"的场所,故此我们赞同王肃的"郊丘合一"说代表了周礼古制。[①]

四　陶祖遗存单位的分期

前文提到邓家湾有15处单位出土陶祖及其碎片,《报告》都划归"屈家岭文化一期";又在第五章"结语"中说"屈家岭一期的H9、H71、H72、H90、H110和屈家岭二期的H64、H109、H111等都是较典型的灰坑,出土物中有残筒形器"等等。[②] 这说明陶祖的使用可能跨越了邓家湾遗址的"屈家岭一期"、"屈家岭二期",而出土筒形器的单位超过15处。依《报告》将出土筒形器单位的位置、地层关系与分期列如下表:

邓家湾遗址发掘统一了遗迹编号,但没有统一地层编号,不同探方的同序号地层并不同时,甚至出现大序号地层晚于小序号地层的情况。例如H90开口在AT203⑥层下,却打破了开口于T28⑤层下的H11;开口于AT505④层下的H65,包含物年代比开口于AT504③a层下的H71要晚(详下)。虽然如此,下表的层位关系仍然有参考意义,例如开口于⑤层下的H11,开口于⑥层下的"遗迹1"、H90和⑦层下的"遗迹2"等时代均偏早,其他开口于④层和

[①] 张鹤泉:《周代郊天之祭初探》,《史学集刊》1990年第1期;杨天宇:《关于周代郊天的地点、时间与用牲》,《史学月刊》1991年第5期。

[②] 《邓家湾》,第290页。

探方	T10	AT605	AT504	T37	AT301	AT505	T28	AT203	T12	T11	AT6
层位关系	② ↓ H109 ↓ F3	②b ↓ H86 ↓ H87	③a ↓ H71 ↓ ④ ↓ H96 ↓ 生土	④a ↓ H79 ↓ ④b	④a ↓ H28 ↓ 生土	H24 ↓ H59 ↓ 生土	④ ↓ H65 ↓ ⑤a ↓ H74 ↓ ⑥	④ ↓ H66 ↓ ⑤a ↓ H11 ↓ M4	⑤ ↓ H64 ↓ ⑥ ↓ H90 ↓ H11	⑤ ↓ ⑥ ↓ H111 ↓ ⑦	⑥ ↓ 遗迹1 ↓ ⑦ ↓ 遗迹2 ↓ ⑧	⑬ ↓ H110 ↓ ⑭
分期	二	一					二	一	二	一	

④层以上的单位时代偏晚。笔者对《报告》判为"一期"的陶祖碎片共存单位再做分析,发现以H11、H71、H65为代表,可分为两期三段(图八)。

关于屈家岭文化的分期,《京山屈家岭》分为早、晚两期,并分出"晚期一"、"晚期二"文化遗存。[①] 一般把屈家岭上层以灰陶为主的遗存称为"典型屈家岭文化",而把下层"以黑陶为主的遗存"称为"屈家岭文化早期"。[②] 石河考古队把1987年石河遗址群(邓家湾、谭家岭、肖家屋脊)发掘资料分为8

[①] 中国科学院考古研究所:《京山屈家岭》,科学出版社,1965年。
[②] 张绪球:《屈家岭文化》,文物出版社,2004年,第10-13页。

试论邓家湾的陶制"列祖"祭祀遗存 27

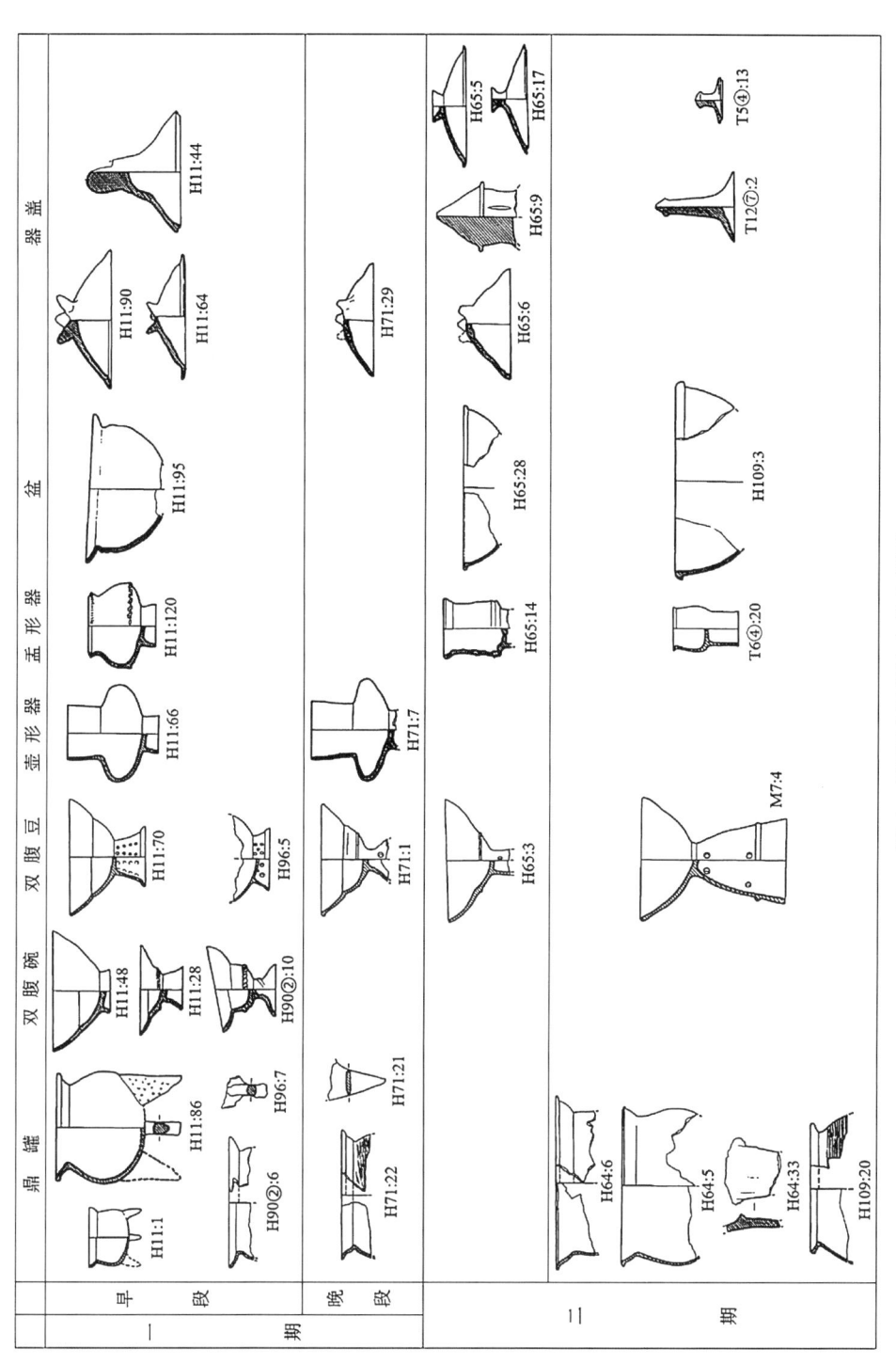

图八 邓家湾屈家岭文化分期图

期(大溪文化三期、屈家岭文化两期、石家河文化三期),奠定了屈家岭—石家河文化陶器编年和考古分期的基础,其中第4期属"典型的屈家岭文化",第5期亦归于屈家岭文化。① 由赵辉、张弛先生主笔的《石家河遗址群调查报告》则提出"屈家岭文化中晚期"的概念,②实即前引"8期"中的4、5两期,亦即《邓家湾》报告的"屈家岭一期"、"屈家岭二期",严先生《代序》称为"屈家岭文化晚期早段"、"晚期晚段"。我们沿用《邓家湾》报告的分期概念。

邓家湾含陶祖遗存单位以H11为代表属"典型屈家岭文化",即"邓家湾屈家岭一期",陶鼎、罐、盆等口沿均为较宽的仰折凹弧沿,鼎足流行锥形足和侧装凿形足、鸭嘴形足等;盛行仰折式双腹碗、双腹豆,扁腹壶形器、盂形器非常独特,还有彩陶壶、薄胎彩陶杯等,代表了屈家岭文化的鼎盛期,我们把H11划归"屈家岭一期早段"。含陶祖遗存前、后两期的差别非常明显,以双腹豆、盂形器、盆和器盖为例,说明如下:

1. 一期的镂孔粗圈足双腹豆,演变为二期的喇叭状高圈足镂孔双腹豆。晚期双腹的仰折痕迹不明显,外腹近于斜直壁。H65的细柄双腹豆(A型Ⅱ式豆),下部膨大的喇叭状高圈足已缺失,其完整形状与屈家岭二期墓葬M7出土的喇叭状高圈足"A型Ⅲ式豆"(原图一一六:10)非常接近,而与一期的粗圈足双腹豆(H11:70)相去甚远。

2. 一期的盂形器,演变为二期的圈足杯,后者仍然保留前者侈口、束颈、折腹的遗痕。H65的盂形圈足杯(Ca型Ⅱ式杯)与T6④层出土的"Ca型Ⅲ式"高圈足杯(原图三四:9)很接近,而T6④层属于屈家岭二期(开口此层下的H114属二期)。

3. 一期的凹弧沿盆,演变为二期的厚唇沿盆。H65的厚唇沿盆(Bb型Ⅱ式盆)与典型二期单位H109所出的"Ab型Ⅱ式"厚唇沿盆(原图四六:3)非常接近,而与一期的凹弧沿盆(H11:95)相去甚远。

4. 一期的三足纽器盖或侈口(H11:90),或撇口(H11:64),二期的三足纽器盖口部微敛(H65:6)。二期流行小圈足器盖(H65:5),锥状塔形纽

---

① 石河考古队:《湖北省石河遗址群1987年发掘简报》,《文物》1990年第8期。
② 石家河考古队:《石家河遗址群调查报告》,四川大学博物馆、中国古代铜鼓研究学会编:《南方民族考古》第五辑,四川科学技术出版社,1993年。

器盖的盖纽更高(B型Ⅳ式T12⑦：2)，新出现圆饼状矮塔纽器盖(G型器盖H65：17，B型Ⅲ式器盖T5④：13)。出土锥状高塔纽器盖的T12⑦层、出土饼状矮塔纽器盖的T5④层均属于屈家岭二期(二期墓葬M88开口T12⑦层下、二期灰坑H113开口T5④层下)，则出同类器的H65也应属屈家岭二期。

综上我们认为《报告》把H65划入屈家岭一期是不合适的。H71处在两期的过渡阶段：陶罐的口沿出现屈曲，与二期H64所出相同；罐壁出现蓝纹，鼎足出现三角形侧扁足，双腹豆为喇叭形圈足，壶形器腹部变扁，三足纽器盖出现敛口趋势等均呈现偏晚的特征，但整体上H71更接近H11，我们归于"屈家岭一期晚段"。

五　三次仪式的遗迹遗物

把《报告》公布的所有筒形器标本放到一起进行比较，发现A、B、D型陶祖很难分出早晚，而E型是C型粗根陶祖的变体，大致可以可分为三组：一组H28所出粗根陶祖，箍状堆纹呈绳索状，凸凹较深；二组H59所出的粗根陶祖，箍状堆纹呈锯齿状，堆纹较浅；三组H71所出E型陶祖，箍状堆纹消失，仅具粗根上部的子口(图九)。上文分期H71属"屈家岭一期晚段"，那么H28、H59两批可复原的完整陶祖均属于"屈家岭一期早段"。

两批完整陶祖与两次大规模的宗教祭祀活动有关，而祭坛遗迹显示有三次大的仪式活动，它们之间有怎样的对应关系呢？圜丘与坎坛的始建必定有两次大的仪式活动，而圜丘建成后的第二次使用，在烧土面上有三祖竖洞，在土台南侧及其西南附近(AT6)发现陶祖碎片，在北面T11、T12同层位发现祭器扣碗、盖鼎等，总之第二次仪式活动后没有清理坛场，那么搬运到南边H28和H59掩埋的两批陶祖与此次仪式无关，而与两坛的始建有关。基于上文的分析，H28的陶祖早于H59所出，那么很容易判断：第一次仪式即圜丘始建仪式的陶祖掩埋在南部的H28中，第三次仪式即坎坛始建仪式的陶祖掩埋在更南的H59处。

两大仪式祭器的掩埋也可以大致判定：H11包含有比较完整的祭器组

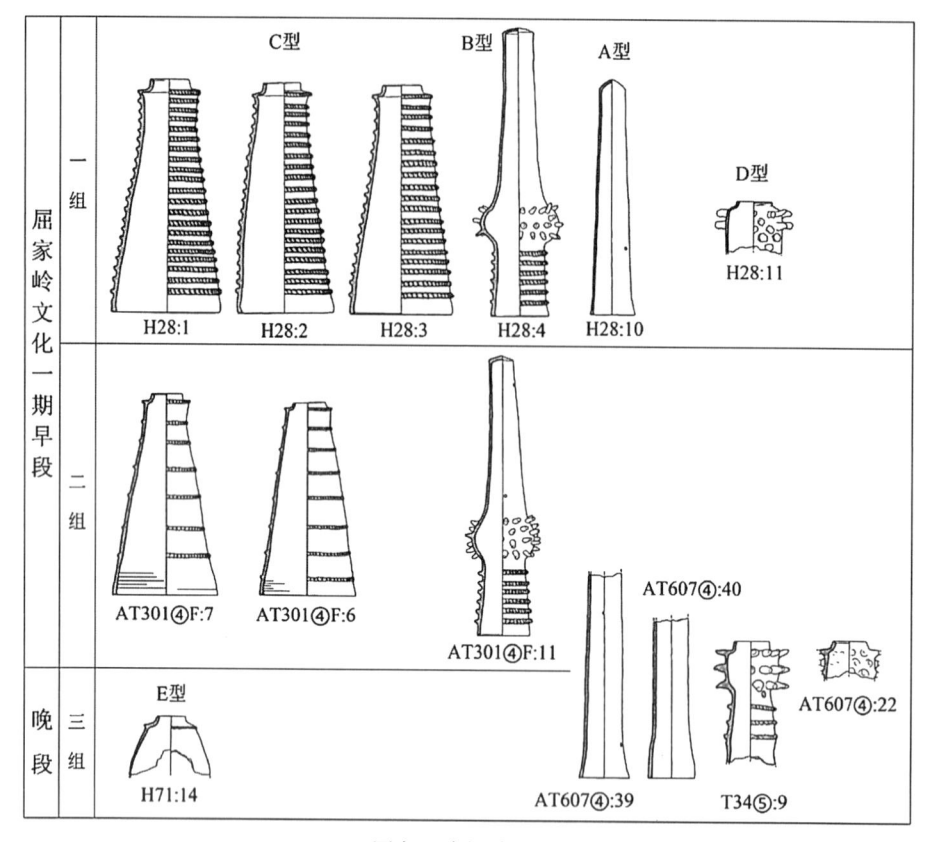

图九　陶祖分组图

合,包括墓葬常见的鼎杯壶和罐碗两套组合,外加彩陶壶杯、罐碗组合,并非一般灰坑和墓葬所能比,应是典型的"祭器坑",它的年代最早,又在陶祖坑H28东侧附近,因此是第一次仪式后将陶祖和祭器一并搬运到此处挖两坑(H28、H11)分别掩埋的。

第三次仪式后将陶祖搬迁到H59处掩埋,在其附近并未发现有陶祖碎片的器物坑,H90位于其向南搬运的途中,但出土了陶祖碎片和可复原器物,年代属于一期早段但打破H11。可能第三次仪式后将器物搬运至原来掩埋地点(H28)附近,挖坑(H90)掩埋祭器时发现已破坏前朝旧物,于是又将陶祖搬运到更远的H59处掩埋。H28距离祭坛约20多米,相当于汉代的一丈,H59的距离相当于一丈半。

三次仪式活动对应的遗迹遗物,列如下表:

仪　式	祭　坛	陶　祖	祭　器
第一次仪式	圜丘下层	H28 复原整器	H11 陶器组合
第二次仪式	圜丘上层	土台南侧、AT6 碎片	T11、T12 扣碗、盖鼎
第三次仪式	坎坛	H59 复原整器	H90 陶器

三大仪式活动均将器物向南搬运掩埋，因为祭坛的东南方向是斜坡的深凹处，有斜坡道路通向顶部，祭坛往南是坡道的西边靠城墙一侧，适合掩埋祭祀毁器。在坡道东侧亦有陶祖碎片掩埋坑，可能是三大仪式之外宗教活动的遗存。东部也有时代较早的单位，如 H96、H74（被 H66 打破）等，应是一期早段的遗存。圜丘下层烧土台面下掩盖着厚约 2－8 厘米、圆形分布的灰烬层，这说明在下层烧土台面举行大型仪式活动之前，此地已是祭祀活动中心，那么在东部发现早期陶祖碎片遗存就不奇怪了。

六　余　　论

需要注意的是，我们推测的三大仪式活动均在"屈家岭一期早段"举行，也就是说从陶器分期上很难把三次活动分开。例如从层位上可知 H90 打破 H11，但从陶器编年上两者属于同一期段，很难分开。假设陶器分期的"一段"相当于 50－70 年，那么大约 60 年举行了三大仪式，以平均 20 年一代计算，相当于三代人。合理的解释应该是：每一代君主即位之初，举行了一次盛大的"祭天告祖"宗教仪式，为此专门准备陶制"列祖"和系列祭器，供仪式活动使用；祭坛则翻修一新，以示新旧更替；祭祀完毕大多器被掩埋，不再重复使用。

"祭天告祖"的目的是希望得到天助神佑，故新君即位，与民更始，万象一新。烧制巨大的陶祖，制造精美的彩陶，必定推动制陶技术的进步；贡献丰硕的粮食果蔬，酿制醇酒，必定促进农业的发达；遴选出色的牲畜祭祀神灵，必定推进畜牧业的发展；举行盛大的仪式活动，必须有共同的宗教信仰和良好的社会组织等等。总之，精神文化建设会极大地推动物质文明与社会进步，这是通过精神文化考古可以切实证明的。

On the Sacrifice Remains of Earthen "the Forefathers" of Deng jiawan
——Analyze the Tube-shaped Jars Remains

Wu Jiabi

The tube-shaped jars of Qu jialing culture in Deng jiawan ruin is Tao zu. The tube-shaped jars remains can be restored to the "seven forefathers". It is the remains of "the forefathers" that auxiliary heaven worship. The altar is on the top of the low-lying land in the northwest corner of Shi jiahe ancient city, when finished sacrificial rites the Tao zu and the sacrificial utensil is carried to bury in the south and east at the both sides of the rampway. During the "early period of the first phase of Qu jialing", in short time the rulers built the circular mound Altar and the pit type altar successively, and held three large ceremonies. This may be the religious activity of the new king which of that heaven worship and tell forefathers.

殷墟甲骨文中所见的豕牲

刘 源

(中国社会科学院古代史研究所)

2000年秋冬和2001年春季,中国社会科学院考古研究所河南第二工作队发掘位于偃师商城宫城遗址的商早期商王室贵族祭祀遗址群(由东向西大致分为ABC三区),发现了许多动物牺牲。令人感兴趣的是,猪是祭祀区中数量最多的牺牲,分布密度很大。据估计,仅B区一处祭祀用猪的总数就接近300头。[1] 而此前商代祭祀遗址中出土的猪较少,如安阳小屯建筑遗存中仅见一头(M209),王陵东区、西区的祭祀坑中也仅各见一头。[2] 宫殿区乙二基址范围内出土猪牲较多,亦仅九具。[3] 因此,偃师商城宫城祭祀区出土的这批动物牺牲资料尤其显得重要,引起了学术界的关注,已有学者进行了初步研究。[4] 笔者从前曾留意过殷墟甲骨文中所见的动物牺牲,在了解到这一考古发现后,遂欲先对殷墟甲骨文中的豕牲做一考察,希望能对偃师商城宫城祭祀区乃至商代遗址中动物牺牲资料的利用与研究有所裨益。此外,这个小题目也带有些文化人类学研究的旨趣,笔者也希望通过对殷墟甲骨文中所见豕牲的考察,窥见殷人宗教生活之一斑。本文拟利用目前殷墟甲骨文分组断代的成果,对豕牲的种类、使用情况做一历时

---

[1] 王学荣:《河南偃师商城发掘商代早期祭祀遗址》,《中国古代文明的起源及早期发展国际学术研讨会论文提要集》,北京,2001年8月,第90至91页。
[2] 冈村秀典:《商代的动物牺牲》,中国社会科学院考古研究所编:《殷墟发掘70周年学术纪念会论文》,1998年,第79-89页。
[3] 石璋如:《殷虚建筑遗存的新认识》,《中研院国际汉学会议论文集》(历史考古组),中研院历史语言研究所,1981年,第125页。
[4] 袁靖:《从动物考古学研究看商代的祭祀》,《中国文物报》2002年8月16日第7版。

性的考察和研究。

一 殷墟甲骨文中所见豕牲的种类

目前,研究殷墟甲骨文中所见动物牺牲的文章,最为全面系统的一篇是张秉权先生写的《祭祀卜辞中的牺牲》(以下简称张文)。此文详细地考察了牺牲的种类及其数量。[①] 但张文未曾利用小屯南地和花园庄东地的甲骨文,我们现在研究甲骨文中的豕牲,还可补充许多新材料。此外,张文没有在甲骨文断代的基础上做历时性的考察,这也是今日的研究所应补做的。

张文对祭祀卜辞中豕牲的种类有如下描述:"其名称除了豕以外,还有豙、豚、啄等等。有的对于它们的性别,特加标明。其毛色特加注明的,也只有白色的豕。"[②] 笔者即在此基础上进行增补,现将殷墟甲骨文中所见的各类豕牲排列于下,并略做说明:

1豕、2白豕、3黑豕、4豭、5豩、6 茻 、7白 茻 、8豚、9白豚、10豕、11白豕、12豣、13白豣、14卢豕、15白卢豕、16豙、17啄、18 茻 、19 𣏂 、20 𣏂 、21 𣏂

黑豕,甲骨文作 𣏂 豕。花园庄东地出土甲骨文有如下卜辞:

甲子岁祖甲白豣一,权毕一。

叀 𣏂 豕祖甲。不用。(H3:1417)[③]

二辞对贞, 𣏂 显然指牲之毛色。甲骨文中所见豕牲毛色仅白、 𣏂 两种,且以白豕为常见,与牛牲之 𣏂 、黄、幽、勿、羊(赤)等毛色相比,较为单一。

茻 ,学者多认为与"豙"字无别。但严格说来,从字形上分析,将 茻 径

[①] 张秉权:《祭祀卜辞中的牺牲》,《中研院历史语言研究所集刊》第49本第3分,台北,1978年,第181-232页。
[②] 张秉权:《祭祀卜辞中的牺牲》,第203页。
[③] 本文所引花园庄东地甲骨文皆发表于刘一曼、曹定云:《殷墟花园庄东地甲骨卜辞选释与初步研究》,《考古学报》1999年第3期,第251至310页。

释为豩稍显勉强。宾组、子组、非王无名组甲骨文中都同时有󰈀与豩这两个字,亦说明它们应有所区别,并非一字。偃师商城宫城祭祀区出土的猪,有的头部被砍去,有的被剖为两半,这些发现提示我们:󰈀也有可能是指砍去头或半体之豕。

豭为雄豕,甲骨文作󰈀,特别突出其势。从以下一条卜辞可知豭并非一般的雄豕:

甲子卜,〔㱿〕二豭二牝于入乙。(《合集》22276,非王无名)

白豭甚至较牛更为尊贵(详见下文)。由是推断,豭乃体格壮大的雄豕。

啄非啄字,从口可能与从肉(月)同。推测此字与豚为一字。

󰈀,学者或径释为豕。从以下卜辞:

燎于东母󰈀三豕三。(《合集》14341,宾)

可知,󰈀与豕不能混同。󰈀上有十字形,象豕被缚之形。在商代遗址中发现的被紧缚的豕牲,见于郑州二里冈H17、H5、M1和安阳苗圃北H25等处。而且从考古发现来看,新石器时代黄河中下游地区就已有缚豕祭祀的习俗。①

󰈀,亦有学者释为豕。但从󰈀与豕并见于一辞(《屯南》附2)来看,󰈀确与豕不同。屈万里先生将此字释为豲,疑乃豕之一种。② 今按:󰈀即野猪,故突出其长吻刚鬣之形。󰈀仅见于祭祀卜辞中,而田猎卜辞中所云逐、获之豕皆作󰈀,正可说明殷人之重视祭祀还在田猎之上。

󰈀、󰈀皆见于花园庄东地甲骨文。整理者认为󰈀是牡的另一种写法,所从之丄倒写;󰈀象母豕之形,径释为牝。今按:花园庄东地卜辞常卜问动物牺牲之性别,将󰈀、󰈀理解为雄、雌豕有合理之处。不过,花园庄东地甲骨文中之牡、牝与羘、羖皆从丄、匕,与󰈀、󰈀不同,故将󰈀、󰈀径释为牡、牝,似有可商之处。笔者暂将此二字与牡、牝分开讨论。经过仔细辨

---

① 冈村秀典:《商代的动物牺牲》,附表。
② 李孝定:《甲骨文字集释》,中研院历史语言研究所,1970年,第2977至2978页。

认,花园庄东地甲骨文中的 [字] 是犯字的误摹,而非豥字。而 [字] 字应是豭的另一种写法。

其他如豜、犯为雄、雌豕,豚为幼豕,豕为去势之雄豕(闻一多说),卢豕为以卢(饭器)所盛之豕(郭沫若说),彘为以矢贯身之豕,学者多无异辞,不赘述。①

殷墟甲骨文所见豕牲的种类反映殷人重视豕之性别、年龄、体态大小、毛色,他们对豕牲的区分也较多参照这些标准。此外,豕牲中的某些种类可能与献祭方式(如剖豕为两半、缚豕、射豕等)有关。与甲骨文中其他动物牺牲相比,豕牲之种类已不局限于性别、毛色等方面,较为丰富。这亦说明我国驯养猪的传统较为悠久,猪在殷人生活中乃是最熟识与重要的家畜之一。据《说文》中从豕之字来看,殷人关于豕的种类的知识一直流传至汉代。②

表一"殷墟甲骨文各组中豕牲分布情况"是笔者对殷墟甲骨文中豕牲种类做历时性考察的结果。除黄组外,各组甲骨文中皆出现豕牲。黄组中仅《合集》41808(摹本)云"……戌……彘……",因彘亦可用作动词,有射豕之意,此条卜辞是否能作为豕牲的证据,尚有疑问。自、宾组中豕牲显较他组略为丰富,其中的豕、白豕、啄、[字] 不见于他组。除了泛称的豕普遍见于各组外,豭在各组出现率最高,仅未见于黄组和小屯西地非王卜辞(以下简称屯西);其次是 [字],仅未见于历组、无名组、黄组和屯西;③再次为豚。豜、犯在各组分布得较广,仅未见于何组、黄组和屯西。卢豕除出现在自、宾组外,他组王卜辞未见,但在非王卜辞中出现率高,仅未见于花园庄东地甲骨文。[字] 则仅见于非王卜辞的无名组和屯西。此外,各类白豕在各组卜辞中分布率较高。

---

① 李孝定:《甲骨文字集释》,第2979、2985、3005页。
② 如"㲋,小豚也";"豯,生三月豚";"豵,生六月豚。一曰一岁曰豵";"豜,三岁豕"都是以年龄名豕。又如"豝,牝豕也";"豭,牡豕也"则是言豕的性别。"豶,羠豕也"是阉猪之名。
③ 殷末铜器辥簋中有:"岳日,遵于妣戊武乙奭 [字] 一。"(《集成》4144)可证明帝乙帝辛时亦有用 [字] 祭祀女性祖先之例,惟甲骨文中未见(黄组祊祭卜辞中,母癸每用羊来祭祀)。常玉芝先生面告笔者,妣戊不在周祭祀典之内。由此推测,豕牲在殷末时地位已不重要。

表一　殷墟甲骨文各组中豕牲分布情况

	1	2	3	4	5	6	7	8	9	10	11	12	13	14	15	16	17	18	19	20	21
	豕	白豕	黑豕	牡	豴	豵	白豣	豚	白豚	豣	白豣	豭	白豭	卢豕	白卢豕	彘	啄	豗	豥	豧	豨
自	×			×	×				×	×		×									
宾	×	×				×	×	×			×			×	×	×					
历	×											×									
出	×																				
何	×					×		×													
无名	×	×	×		×			×	×												
黄	×															?					
子		×			×							×			×						
午	×	×		×	×								×	×							
非王无名	×		×	×		×						×			×		×				
花东	×	×	×			×	×													×	×
屯西	×								×					×				×			

说明：
1. 王卜辞列于上，非王卜辞列于下。
2. 各组大致按时代先后排列。
3. "花东"、"屯西"分别为花园庄东地、小屯西地甲骨文的简称。
4. ×表示此组有此种豕牲。
5. ? 表示尚有疑问。

这个结果是据目前发现的殷墟甲骨文资料及其分组断代成果得到的，与殷人使用豕牲的实际情况可能有些偏差。仅就这个结果而言：殷人较多使用豕牲的时期至少从武丁延续到康丁以后（无名组中豕牲资料多为所谓的无名组二类，多属于康丁之世，下限在武乙中期；[1]非王卜辞中屯西的时代最晚，大致在康丁前后[2]），帝乙、帝辛时，已罕用豕牲。使用豕牲的各时期中，豕牲种类范围的变化幅度不剧烈，但早期，即武丁前后，所用豕牲之种类最为丰富（非王卜辞的子组、午组、无名组、花园庄东地甲骨文基本属于武丁时期）。豭

---

[1] 李学勤、彭裕商：《殷墟甲骨分期研究》，上海古籍出版社，1996年，第304页。
[2] 朱凤瀚：《商周家族形态研究》，天津古籍出版社，1990年，第160页。

为殷人长期重视的豕牲。各类白豕及豕牲性别亦为殷人祭祀时所关注。非王贵族与商王室所用豕牲的种类稍有差异。豕牲在祭祀中的具体应用情况，详见下文。

二 殷墟甲骨文中所见豕牲与其他动物牺牲并用的情况

殷墟甲骨文反映殷人实施祭祀时，往往同时并用数种牺牲。商人的这种祭祀制度，已从考古发现上得到实证。本文仅就猪与其他动物并用的情况举一二例。如偃师商城宫城祭祀区即发现多种动物牺牲共存的现象，常见组合有猪、牛、羊。[①] 又如安阳武官村北M35中猪与象共存。[②] 那么，殷墟甲骨文中豕牲与其他动物牺牲并用的情况如何呢？

笔者从《甲骨文合集》、《小屯南地甲骨》、花园庄东地甲骨文中搜集到有关豕牲与其他牺牲并用的资料72条，制为表二"殷墟甲骨文中所见豕牲与其他动物牺牲并用的情况"。据此表，殷墟甲骨文中所见豕牲与其他牺牲并用的情况大致可分为11类：羊豕、犬豕、牛豕、人牲豕、牛羊豕、羊犬豕、牛犬豕、羊人牲豕、牛人牲豕、犬牛羊豕和犬牛羊人牲豕。其中羊豕组合最为常见，约占41%（不计残辞）。其次是羊犬豕组合，约占13%。再次是牛豕、犬豕与羊人牲豕组合，约占11%、9.8%、8%。牛羊豕组合虽有4例，但其中3例都是以牛羊豕祭祀河。犬牛羊豕组合二见。人牲豕、牛犬豕、牛人牲豕、犬牛羊人牲豕组合均一见。残辞资料中，《合集》2585中的祭祀对象可能是东母或西母，"卯"后残损的牺牲名可能是"牛"，如果推测不误的话，犬牛羊豕组合又多一例。上引资料绝大多数属于自组、宾组与非王卜辞中的子组、午组、花东，此外有一条属于历组（《屯南》1062），仅有三条属于祖庚以后的出组（《合集》23424）、何组（《合集》30448、《合集》32088）。

[①] 王学荣：《河南偃师商城发掘商代早期祭祀遗址》；袁靖：《从动物考古学研究看商代的祭祀》。

[②] 冈村秀典：《商代的动物牺牲》，表三"商代的动物埋葬坑"。

表二　殷墟甲骨文中所见豕牲与其他动物牺牲并用的情况

1. 羊豕类

	序号	组别	祭祀对象	祭祀目的	祭法祭仪	资料来源
羊豕	1	𠂤	妣己		㞢—㞢	《合集》19883
	2	𠂤	妣某		用—用	《合集》19905
	3	𠂤	父辛(小辛)		祝	《合集》19921
	4	𠂤	父辛(小辛)			《合集》19922
	5	𠂤	虎		帝(禘)	《合集》21387
	6	宾			乡夕	《合集》672正
	7	宾			燎—燎	《合集》15643
	8	宾			㞢—卯	《合集》16143
	9	宾	小卜辛			《屯南》4513
	10	历	六云		卯—燎	《屯南》1062
	11	午	妣乙			《合集》22068
白羊豕	12	午	父丁、妣癸		燎—燎	《屯南》2670
宰豕	13	𠂤	祖丁		又—又	《合集》19863
小宰豕	14	子	后癸		酌—酌	《合集》21804
宰白豕	15	宾			伐—?	《合集》995
羊𢑘	16	午	妣己		又—又	《合集》22214
羊豕	17	𠂤	山		燎—	《合集》20980
	18	宾	蚰		燎—㞢	《合集》14702
	19	宾	(河)		沉—沉	《合集》16191
羊啄	20	宾			?—㞢	《合集》14650
	21	宾	土、蚰		燎—燎	《合集》14395正
宰羊豕	22	宾	父乙(小乙)	禦妇好		《合集》271正
	23	午	妣庚	禦妇	?—束—束	《合集》22226
牪牪、羊牪	24	午	祖某		卯—卯	《合集》22101
小宰𢑘	25	花东	祖乙		岁—岁	H3：877

2. 犬豕类

	序号	组别	祭祀对象	祭祀目的	祭法祭仪	资料来源
犬豕	1	自	巫		帝(禘)	《合集》21078
	2	宾	方	宁雨	帝(禘)	《合集》12855
	3	宾			帝(禘)	《合集》15983
	4	无名	岳	又大雨	燎—燎	《合集》30411
犬㞢	5	宾	娥		㞢—卯	《合集》14778
犬豚	6	无名			？—又	《合集》30867

3. 牛豕类

	序号	组别	祭祀对象	祭祀目的	祭法祭仪	资料来源
牛豥	1	午	父戊			《合集》22045
	2	午	妣乙		㞢—？	《合集》22068
牢㞢	3	子	父戊			《合集》21544
牢勺牛白㞢	4	花东	祖乙		岁—岁—岁	H3：450+458
牛豕	5	宾	妣己		卯—燎	《合集》2441
牛㡀	6	宾	黄奭		卯—(㞢)	《合集》9774
牢勺牝白豕㞢	7	花东	妣庚	禦子齿	曹—曹—曹	H3：505+520+1546

4. 人牲豕类

	序号	组别	祭祀对象	祭祀目的	祭法祭仪	资料来源
伐豕	1	宾	上甲		㞢—卯	《合集》906正

5. 牛羊豕类

	序号	组别	祭祀对象	祭祀目的	祭法祭仪	资料来源
牛羊豚	1	宾			卯—燎 卯—燎	《合集》15638
牛羊豕	2	宾	河		沉—燎—燎	《合集》14555正

续　表

	序号	组别	祭祀对象	祭祀目的	祭法祭仪	资料来源
牛羊豕	3	宾	河		卯—燎—燎	《合集》14561
	4	宾	河		卯—燎—燎	《合集》14585 正

6. 羊犬豕类

	序号	组别	祭祀对象	祭祀目的	祭法祭仪	资料来源
羊犬豕	1	宾	（东）		卯—燎—卯	《合集》14314
羊犬㞢	2	宾			燎—燎—燎	《合集》15639 甲
羊犬豚	3	宾	丁		肇—肇—肇	《合集》15521
	4	无名				《合集》29537
羊犬豕	5	宾			燎—燎—燎	《合集》738
	6	宾	方		帝（禘）	《合集》14301
	7	宾	鸟		帝（禘）	《合集》14360
羊吠豕	8	自	东		帝（禘）	《合集》21087

7. 牛犬豕类

	序号	组别	祭祀对象	祭祀目的	祭法祭仪	资料来源
牛犬豕	1	宾			卯—埋燎—燎	《合集》16197

8. 羊人牲豕类

	序号	组别	祭祀对象	祭祀目的	祭法祭仪	资料来源
羊羌豕	1	何	王亥			《合集》30448
	2	何	王亥			《合集》32088
羊㚔豕	3	午	祖庚、祖戊	禦余		《合集》22047
小宰㚔女㞢	4	宾	母丙		酉—㞢—皿	《合集》728
小宰伐豭	5	宾	上甲		卯—㞢—卯	《合集》900 正

9. 牛人牲豕类

	序号	组别	祭祀对象	祭祀目的	祭法祭仪	资料来源
牛伐叚	1	宾	上甲		燎—屮—（屮）	《合集》905 正

10. 犬牛羊豕类

	序号	组别	祭祀对象	祭祀目的	祭法祭仪	资料来源
牛羊㗊犬豕	1	宾	西母		卯—燎—屮—燎	《合集》14344
黄牛羊㗊犬豕	2	宾	东		卯—燎—燎—燎	《合集》14314

11. 犬牛羊人牲豕类

	序号	组别	祭祀对象	祭祀目的	祭法祭仪	资料来源
牛羊小宰㗊犬羌青豕	1	宾	王亥	秦年	卯—?—燎—?—卯—?	《合集》378 正

《合集》2585

据以上统计结果，豕牲与其他动物牺牲并用的祭祀制度主要流行于武丁前后，具有如下一些特点：1. 包括豕在内的两种牺牲的组合最为普遍。其中又以羊豕组合最为常见。但豕与人牲的组合少见；2. 包括羊、豕在内的三种牺牲的组合也较普遍。其中羊犬豕组合最常见；3. 牛人牲豕、牛犬豕组合少见；4. 包括豕在内四种以上（含四种）的动物牺牲的组合少见。牺牲的种类越多，越不常见。

殷人祭祀经常使用羊豕的原因，大概在于这两种牺牲都是广泛饲养的小型牲畜，经济上易于承受。犬虽为常见的小家畜，但在祭祀中的应用较为特殊，故犬豕组合没有羊豕组合普遍。[①] 牛为大型牲

[①] 井上聪：《殷墓腰坑中的狗巫术》，《先秦阴阳五行》，湖北教育出版社，1997 年，第 170 至 202 页。

畜,故牛豕组合亦不及羊豕组合常见。表二列出 7 例,属于王卜辞的仅 2 例,其他都属于非王卜辞。其中牢、勾牛、白䜌,牢、勾牝、白豕、㓞 2 例,都出现于花园庄东地甲骨文,虽名为牛豕组合,细分实各有三、四种牺牲,其祭祀规模较大的原因有二:一是祭祀目的在于禳祓;二是主祭祀者——子的经济实力较强。羊犬豕组合较为常见,可能是小牲之故。牛羊豕组合的数次使用,可能与河神的尊贵地位有关。四种以上的牺牲组合少见,也可从经济角度得到解释。

三 殷墟甲骨文所反映的殷人祭祀用豕制度

殷墟甲骨文中所见豕牲种类有 20 左右,豕牲与其他牺牲之组合亦有 11 类(细分更繁),与其他动物牺牲相比较多。豕牲又多用于武丁时代,祭法祭仪繁杂。虽然如此,据殷墟甲骨文资料,殷人在使用豕牲时,仍遵循一定的制度。笔者据所制表三"殷墟甲骨文中所见殷人使用豕牲的情况"与表二,试申述之。

表三 殷墟甲骨文中所见殷人使用豕牲的情况

1. 豕

序 号	组 别	祭 祀 对 象	祭法祭仪	祭祀目的	资料来源
1	宾	昌	坐		《合集》938 正
2	历	𤔔	燎		《屯南》581
3	宾	蚰	燎		《合集》14697
4	宾	东母	燎		《合集》14340
5	宾	东母	燎		《合集》14341
6	自	上甲	燎		《合集》19812 正
7	自	父乙(小乙)			《合集》19938
8	宾	父庚(般庚)			《合集》12980
9	宾	父甲(阳甲)	坐		《合集》780
10	宾	父辛(小辛)			《合集》2163
11	无名	祖丁(武丁)	又		《合集》27294

续　表

序　号	组　别	祭祀对象	祭法祭仪	祭祀目的	资　料　来　源
12	自	示壬母妣庚	㞢		《合集》19806
13	自	母庚	㞢用		《合集》19954
14	自	母庚	㞢鼎用		《合集》19962
15	自	母庚			《合集》20706 反
16	自	母戊			《合集》19954
17	自	母丙		禦	《合集》2527
18	出	母			《合集》23462
19	自	六妣	又		《合集》19906
20	自	妣壬	㞢		《合集》19971
21	宾		卯		《合集》16144 反
22	宾		蚊		《合集》16179
23	子	妣庚			《合集》21550
24	午	妣乙			《合集》22065
25	午	妣辛		禦	《合集》22074
26	非王无名	妣己妣丁			《合集》22215
27	非王无名	妣庚			《合集》22218
28	非王无名	妣庚	伐		《合集》22284
29	非王无名	母庚			《合集》22240
30	午	兄己	又		《合集》22312
31	非王无名	兄	蚊		《合集》22288
32	午	子庚		禦	《合集》22080
33	花东	子癸	岁		H3∶1417
34	非王无名	亚	束		《合集》22130

2. 白豕

序　号	组　别	祭祀对象	祭法祭仪	祭祀目的	资　料　来　源
1	子	父甲			《合集》21538 甲
2	午	父丁		禦	《合集》22046

3. 黑豕

序 号	组 别	祭祀对象	祭法祭仪	祭祀目的	资料来源
1	花东	祖甲	（岁）		H3：1417

4. 豵

序 号	组 别	祭祀对象	祭法祭仪	祭祀目的	资料来源
1	宾		用		《合集》15447
2	午	妣辛妣癸		禦	《合集》22074
3	非王无名	入乙	蚊		《合集》22276

5. 豝

序 号	组 别	祭祀对象	祭法祭仪	祭祀目的	资料来源
1	无名	母己			《合集》27454
2	午	祖庚	祭		《合集》22045

6. 豤

序 号	组 别	祭祀对象	祭法祭仪	祭祀目的	资料来源
1	宾		又		《合集》20737
2	宾			莱	《合集》14358
3	宾	妣己	酌		《合集》454反
4	出	母己			《合集》23047
5	出	母辛	又		《合集》23413
6	出	母	又		《合集》23462
7	出	母	蚊		《合集》23465
8	无名	妣辛	告		《合集》27557
9	无名	母	祝		《合集》26598
10	宾	娥	出		《合集》14784

续表

序 号	组 别	祭祀对象	祭法祭仪	祭祀目的	资料来源
11	宾		酚		《合集》15788
12	午	父丁	㞢		《合集》22072
13	午	丁	勻		《合集》22258
14	子	妣庚	又勻		《合集》21552
15	午	妣乙		（禦虎）	《合集》22066
16	午	母戊			《合集》22076
17	午	妣□	又		《合集》22226
18	午	妣丁	又		《合集》22322
19	非王无名	母庚		禦	《合集》22240
20	非王无名	妣庚	又勻		《合集》22249
21	非王无名	母妣辛			《合集》22246
22	非王无名	妣己			《合集》22218
23	非王无名	中母	伐		《合集》22284
24	非王无名	小母			《合集》22238
25	非王无名	小母			《合集》22241
26	非王无名	小母	又		《合集》22258
27	花东	妣己	岁		H3：224
28	花东	妣己	岁		H3：1417
29	午		岁用		《合集》22435

7. 白井

序 号	组 别	祭祀对象	祭法祭仪	祭祀目的	资料来源
1	宾	妣癸	㞢		《合集》2496

8. 豚

序 号	组 别	祭祀对象	祭法祭仪	祭祀目的	资料来源
1	宾	王亥母	燎		《合集》685
2	无名	祖辛	剛		《合集》27254
3	无名	母己	祜		《合集》27454
4	无名	韦风			《合集》30393
5	无名		燎		《合集》28180
6	非王无名		燎		《合集》22434

9. 豕

序 号	组 别	祭祀对象	祭法祭仪	祭祀目的	资料来源
1	宾	蚰	燎		《合集》14698
2	自	大戊	虫		《合集》19832
3	自	父乙姚某	伐		《合集》19941
4	午	我父乙	帝(禘)		《合集》15892
5	非王无名	姚庚	又		《合集》22201
6	非王无名		又		《合集》22294

10. 白豕

序 号	组 别	祭祀对象	祭法祭仪	祭祀目的	资料来源
1	宾	祖乙	虫		《合集》1506
2	宾	祖乙	虫		《合集》1524

11. 豭

序 号	组 别	祭祀对象	祭法祭仪	祭祀目的	资料来源
1	宾	成、祖乙	彭		《合集》1371
2	宾	祖乙	彭、虫		《合集》1526
3	自	祖戊			《合集》19875

续　表

序　号	组　别	祭祀对象	祭法祭仪	祭祀目的	资料来源
4	自	父乙			《合集》19932
5	出	妣甲	岁		《合集》22775
6	何	妣某			《合集》30723
7	宾		酚		《合集》15346
8	宾		卯		《合集》16144
9	何		又		《合集》30514
10	花东	祖乙	岁		H3：1417
11	子	父甲			《合集》21543
12	非王无名	首乙			《合集》22130
13	非王无名	首乙			《合集》22133
14	非王无名	入乙	蚊		《合集》22276
15	非王无名	三妣			《合集》22285
16	午	母庚			《合集》22301

12. 白龇

序　号	组　别	祭祀对象	祭法祭仪	祭祀目的	资料来源
1	历	自上甲（大示）	皿（盟）	大禦王	《屯南》2707
2	花东	祖甲	岁		H3：1417
3	午	父戊		禦新	《合集》22073

13. 卢豕

序　号	组　别	祭祀对象	祭法祭仪	祭祀目的	资料来源
1	自	妣母甲	屮		《合集》19956
2	自	妣母己	屮		《合集》19958
3	自	母壬	屮		《合集》19970 正

续　表

序　号	组　别	祭 祀 对 象	祭法祭仪	祭祀目的	资 料 来 源
4	𠂤	母癸、母甲、母乙、母	㞢		《合集》19957 反
5	𠂤	母壬、母癸、母庚	㞢		《合集》20576 正
6	子	龙母	酻		《合集》21804
7	午	妣癸		禦	《合集》22048
8	午	妣乙		禦虎	《合集》22065
9	午	妣戊乙妻	㞢岁		《合集》22098
10	非王无名	妣戊			《合集》22209
11	非王无名	妣戊			《合集》22210
12	屯西	妣癸			《合集》31993
13	屯西	妣乙		禦牧	《合集》31993

14. 白卢豕

序　号	组　别	祭 祀 对 象	祭法祭仪	祭祀目的	资 料 来 源
1	午	妣辛		禦新	《合集》22073

15. 啄

序　号	组　别	祭 祀 对 象	祭法祭仪	祭祀目的	资 料 来 源
1	宾	蚰	燎		《合集》14395 正

16. 𢀖

序　号	组　别	祭 祀 对 象	祭法祭仪	祭祀目的	资 料 来 源
1	宾	东母	燎		《合集》14341

17. 豕

序 号	组 别	祭祀对象	祭法祭仪	祭祀目的	资料来源
1	屯西	祖癸		禦	《合集》31993
2	屯西	祖戊			《合集》31993
3	屯西	父乙			《合集》31993
4	午	妣己		禦	《合集》22211
5	屯西	妣丁			《合集》31993
6	屯西	妣乙			《合集》31993
7	屯西	丁妣			《屯南》附2
8	屯西	妣戊			《屯南》附2

18. 豚

序 号	组 别	祭祀对象	祭法祭仪	祭祀目的	资料来源
1	花东	祖甲	岁		H3：47+984
2	花东	祖乙	岁		H3：47+984

19. 豚

序 号	组 别	祭祀对象	祭法祭仪	祭祀目的	资料来源
1	花东	妣丁	岁		H3：47+984

豕牲在殷代祭祀中使用较为普遍。商王室单独用豕祭祀的神灵有：1. 自然神。如昌、䕦、蚰、㞢、东母、岳；2. 先王。如上甲、大戊、祖乙、小乙、般庚、小辛、阳甲、武丁；3. 先妣。包括王亥母(高祖的配偶)、示壬母、娥；4. 旧臣。如黄尹(见附表)。非王贵族单独用豕祭祀的神灵则主要是其家族的先祖先妣、先父先母，以及兄、子。

无论商王室还是贵族家族，单独以豕祭祀的神灵主要是死去的祖先，并以女性祖先为主。据表三统计，甲骨文最常见豕与豚，其用于女性祖先之

例明显多于男性祖先。卢豕,更纯为祭祀女性祖先之用。但豭则主要用于男性祖先。非王卜辞中有如下一例:

   乙酉卜,禦新于妣辛白卢豕。

   乙酉卜,禦新于父戊白豭。(《合集》22073,午)

其中妣辛与父戊相对,白卢豕与白豭相对,颇可说明问题。卢豕,学者多认为是饭器所盛之豕。偃师商城宫城祭祀区的发现显示肢解的猪、牛、羊等牲体可能原被置于(木胎)漆案(盘)上,为此说增添了一点考古上的证据。豕为小牲,再肢解用饭器供奉,规格不高,故专用以祭祀女性祖先。至于豭,乃特别雄壮之豕,不与普通雄豕混同,颇得殷人重视,故多用以祭祀男性祖先。豭用于女性祖先时,其祭祀规格也较高。这一点可从王卜辞与非王卜辞中各找到一例:

   癸酉卜,行贞,翌甲辰卜丙母妣甲岁叀牛。

   贞妣甲岁叀豭。(《合集》22775,出)

   母庚三牢。

   母庚豭。(《合集》22301,午)

二例中,豭与牛、牢并卜,一则说明祭祀规格较高,二则说明豭可与牛牲相埒了。

与卢豕不同,标明豕牲性别的豰、豩并不专门用以祭祀男、女祖先。据殷墟甲骨文资料,殷人举行祈求生育的祭祀时,特别重视牺牲的性别(详见表四)。由此可见,殷人强调牺牲的性别并非是考虑到受祭祖先的性别,而是出于祈求生育等原因。花园庄东地甲骨文中,牛、羊等牲的性别也不与受祭祖先的性别一一对应。

表四 殷墟甲骨文中所见祈求生育之祭的牺牲性别的情况

祭祀对象	牛	牢	羊	白豕	资料出处
高妣□	♂♀	×十			(《合集》34079,历)
妣丙	♂三		♂一	×	(《合集》34080,历)
妣庚、妣丙	♂		♂	×	(《合集》34081,历)
未知					(《合集》34086,历)

说明:×表示用此种牺牲。大写中文数字表示数量。♂♀表示牺牲性别,♂为雄,♀为雌。

在各类豕牲中，殷人重视白色豕，故甲骨文中数见白豕、白㲋、白豭、白卢豕等名目。卢豕专用于先妣、母，故甲骨文仅一见的白卢豕即用于非王贵族家族的女性祖先妣辛（《合集》22073，午），但其祭祀为禳祓而举行，规格不低，可证明白卢豕的贵重。其他白豕基本用于男性祖先，仅宾组卜辞中有白㲋用于妣癸之一例。在各类白豕中，又以白豭最为尊贵。历组卜辞有证：

……自上甲皿用白豭九……。在大甲宗卜。

……卯贞，其大禦王自上甲皿用白豭九，下示冂牛。在祖乙宗卜。

……贞，其大禦王自上甲皿用白豭九，下示冂牛。在大乙宗卜。

（《屯南》2707，历）

在为商王禳祓而举行大规模的祭祀中，商王室用白豭祭祀自上甲起的直系先王，而给旁系先王（下示）供奉牛，可见白豭要比牛还尊贵。

据表三，㲋是殷人使用频率很高的豕牲。有不少学者认为它就是彘。但甲骨文已有从矢的彘字。用㲋之法有岁、饮、皿、燎、卯，唯独没有射，说它是身负箭矢之形，还缺乏充分的证据。㲋多用于祭祀女性祖先，此外还有㚔、山及非王贵族家族的父丁与丁。㚔乃集合示名，卜辞云：①

辛巳卜，贞：牛示。来自上甲一牛，㚔隹羊，㚔隹㲋？（《合集》14358，宾）

㚔可能有以下、其次之意，此辞中即指"自上甲"等先王之次，再次的神主。㚔所指未必旁系先王，故与它示有别：

……六……十宰，㚔五宰，它示三宰。八月。（《合集》14353，宾）

六疑为"六大示"之残，则㚔指六大示之后的直系先王，而它示仍为旁系。山疑为一自然神。

---

① 有学者释此字为求，声训为舅。蔡哲茂：《殷卜辞"伊尹𥃝示"考——兼论它示》，《中研院历史语言研究所集刊》第58本第4分，台北中研院历史语言研究所，1987年，第769页。

除 ☐ 之外，殷人还用豕、豚祭祀自然神。☐ 仅一见，是与豕并用于东母。

☐ 为野豕，仅见于非王贵族家族的祭祀，用于先祖、父、妣。王室祭祀也可能有用野豕的，但未见如此标明。

小计一下，商王室单独用各类豕牲祭祀的次数为67，非王贵族家族方面相应的数字为68，其比例大致上为1/1。

豕牲与其他牺牲并用的情况在武丁前后相当普遍，并延及至康丁时期（详见上文）。所涉及的商王室的祭祀对象有：1. 自然神。如☐、蚰、土、河、六云、虎、东、西母、四方；2. 高祖。如王亥；3. 先王。如上甲、南庚、小乙、小辛、小卜辛等；4. 先妣。包括娥；5. 旧臣。如黄奭。在非王贵族家族方面，祭祀对象仍以先祖、妣、父、母为主。

包含豕牲的各类牺牲组合在祭祀中的应用略有不同，这很可能是牺牲组合中的某种特定的动物决定的。如包含豭的牺牲组合有两例，都用于对上甲的祭祀，可见殷人重视雄壮之豕。又如羊豕类中包含豕、豚的牺牲组合，主要用于山、土、☐、蚰、河等自然神或自然神属性较强的神灵。又如包含犬的牺牲组合，如犬豕类、犬羊豕类、犬牛羊豕类，多用于祭祀四方神和自然神，如方、东、西母、岳等，在祭法祭仪上，以禘、燎为特色。应该说，在包含犬的牺牲组合中，豕牲与其他动物牺牲有时是起陪衬作用的。当然，牺牲组合中的动物种类很多时，就难说是某一种动物的特点在起作用了。如祭祀王亥祈求丰年时，用牲种类在5种以上，就可能是以牺牲种类的丰富显示祭祀的隆盛。这就超出了豕牲的研究范围，容另文再做讨论。

在非王贵族的祭祀中，多种牺牲并用的次数明显少于商王室，使用羊豕、犬豕、牛豕、人牲豕、牛羊豕、羊犬豕、牛犬豕、羊人牲豕、牛人牲豕、犬牛羊豕和犬牛羊人牲豕的次数分别为8、0、5、0、0、0、0、1、2、0、0，共计16，而在商王室方面，相应的次数分别为：22、6、5、1、5、9、1、4、1、2、1，共计57。两方面使用多种牺牲组合的总次数的比例约为：2.6/10（参见表二）。这一比例远小于双方单独用豕牲的总次数的比例，说明商王室所掌握的牲畜资源比一般贵族家族丰富，且地位尊贵，故所举行的祭祀规模较高。如前文所述，在非王贵族中，花园庄东地甲骨文中所见的子地位较突出，其家族经济实力也较强，故所用牛豕组合中的牺牲种类较丰富。①

以上所论主要是各类豕牲及包含豕牲的牺牲组合与祭祀对象之间的关系。由于考古发现对商人处理豕牲的方法了解较多，以下还要考察殷墟甲骨文中所见殷人祭祀中处理豕牲的方法，希望能与考古发现相互对照。

据表二、表三的材料，殷人祭祀中处理豕牲的方法以㞢（又、叞）最多，其次为燎，此外还有酻、𠕋、蚊、岁、卯、❾、束、皿（盟）、沉、肇、剮、祜等。㞢（又、叞）豕主要针对于先王、祖、妣、父、母等祖先。严格说来，㞢（又、叞）只表示侑献之义，并非具体用牲法。② 侑豕也即是说献豕，对于了解殷人处理豕牲的方法帮助不大。燎豕主要用于祭祀自然神，如ℷ、蚰、东母等。此外，以多种牺牲组合祭祀土、东、西母、岳、河时，其中的豕牲也多用燎法处理。这在殷人用豕制度上是一个极为突出的特点。由此可见，商代后期殷人对祖先和自然神（及自然神属性较强的神灵）持有不同的信仰和崇拜方式。以燎法祭祀自然神，可能是因为殷人感觉它们在血缘和空间上与自己的联系较祖先更为疏远。在其他处理豕牲的方法中，酻、𠕋、蚊、岁、卯较多见。酻的意义可能与㞢差不多，卜辞有：

丁亥卜，于翌戊子酻三豭祖乙，庚寅用。

㞢祖乙五豭。

酻六豭于祖乙。（《合集》1526，宾）

那么酻豕即是侑献豕牲之义了。𠕋、蚊、岁、卯都是肢解切割之义，惟具体含义可能是对牲体切割程度略有不同，但现在的解释还犹如射覆，容再做研讨。③ 其他用牲法则仅一二见，其中沉为祭河之独特方法，皿为取血，束为刺，

---

① 花园庄东地甲骨文中曾见卜用105头牛祭祀妣庚（H3∶113+1518），以求除祸，亦说明子家族经济实力之强。
② 关于这个问题，笔者已另文说明。甲骨文中常见"㞢曰"（《合集》1272、2483，宾）或"㞢于祖先曰"（《合集》10136，宾），是将㞢释为侑献义的最好证据。
③ 于省吾先生认为："𠕋以册为音符，应读如删，通作刊，俗作砍。"见于省吾主编：《甲骨文字诂林》，中华书局，1996年，第2964至2969页。他还指出："卜辞蚊字初义为扑击蛇，引申为割杀之义。蚊即《说文》𧈢字，经传假施为之，亦与胣字通。……胣之义为裂、为剔、为剖肠。"见李孝定：《甲骨文字集释》，第1049至1050页。王国维云："疑卯即劉之假借字。《释诂》：'劉，杀也。'"见《甲骨文字集释》，第4343页。

肇、剮、祒皆击、割之义。① 𠂤，或释为升，其义不详。②

余 论

讨论至此，本文对殷墟甲骨文中所见豕牲之种类、豕牲与他牲并用的情况及其在祭祀中应用的具体情况已大致考察完毕。惟豕牲数量一项，张秉权先生论之已详，遂不赘述。总体上看，殷人使用豕牲数量未见大宗者，最大止于百而已，见于商王室对丁的祭祀（《合集》15521，宾），所用牺牲为百犬、百羊、百豚，即所用为小豕。又，无名组卜辞中有一例（《合集》29537），自十五犬、十五羊、十五豚，经廿、卅而卜问至五十犬、五十羊、五十豚，但祭祀目的与对象不详。此外，未见十以上者。这也许是殷墟少有大宗豕牲出土的原因所在。

殷墟甲骨文中所见豕牲的情况，有些可与考古发现相发明。如偃师商城宫城祭祀区、安阳宫殿区乙二基址附近发现的豕牲，有全体的、也有仅存头部、剖为两半的、肢解的，就可以用来与甲骨文中所见处理豕牲的方法相联系。偃师遗址更发现有小猪，亦可与甲骨文中的豚相比附。但考古发现所不能揭示的方面，如殷人对豕牲毛色的重视，只好在甲骨文中去寻找。而殷人用豕制度中最为重要的内容，即豕牲与祭祀对象的联系，也以甲骨文透露得更为丰富。

殷墟甲骨文中的豕牲虽然是一个很小的问题，但却因与三代礼制问题擦了个边，有助于对传统文献进行再认识。如礼书所谓殷人尚白之说，久为甲骨学家、考古学家所论辩。今考察殷墟甲骨文，知殷人至少在豕牲应用上尚白。可能是贵其色纯，即礼书所谓"毛以告纯，血以告幽"，但恐与三代所尚之色无涉。又如礼书谓牛羊豕为大牢、羊豕为小牢、豕为特牲，甲骨文中虽无如此名称，但亦常见牛羊豕、羊豕、豕。可知载籍虽未必尽可信，但其中所记古代制度也自有所本。另外，考古发现与甲骨文中所见商人处理豕牲的方法，

---

① 肇，李舟《切韵》云："肇，击也。"剮，或释"剛"，饶宗颐先生谓："与刉义同，则有断、割之义。"见于省吾：《甲骨文字诂林》，第2836至2838页。祒，于省吾先生谓："读为砒，典籍通作磔，是就割裂祭牲的肢体言之。"见于省吾：《甲骨文字诂林》，第3307至3308页。

② 𠂤，吴其昌谓："𠂤是侑食之祭。"见于省吾：《甲骨文字诂林》，第3398至3400页。

亦可与《仪礼·少牢馈食礼》《特牲馈食礼》等篇中所记祭祀用豕的方法相互参照，容待他日详论。

2002 年 10 月 20 日初稿于通州

2002 年 11 月 14 日二稿

2006 年 8 月 15 日三稿

附表：残辞资料

1. 豕

序 号	组 别	祭 祀 对 象	祭法祭仪	祭祀目的	资 料 来 源
1	宾	大甲	燎		《合集》14755

2. 豵

序 号	组 别	祭 祀 对 象	祭法祭仪	祭祀目的	资 料 来 源
1	宾	妣辛	𠂤岁		《合集》19899

3. 豕

序 号	组 别	祭 祀 对 象	祭法祭仪	祭祀目的	资 料 来 源
1	宾	黄尹	燎		《合集》3477 正
2	宾	岳			《合集》14439

附记：早在南开大学历史系读硕士研究生时，笔者曾撰写过《殷墟卜辞中的豕牲》一篇习作，导师朱凤瀚先生认真批阅，逐字修改。博士毕业参加工作后，笔者搜集相关材料，将文章扩写成上述规模投稿，审稿专家提出了细致修改建议，令人铭感。然冗务缠身，文章一放，已有十载。现在看来，该文对新出殷墟花东甲骨卜辞，及济南大辛庄商代龟甲卜辞等材料，利用不够。笔者 2008 年曾发表了研究殷墟花东卜辞所见豕牲的札记，发表于山东大学东方考古研究中心编的《东方考古》第 4 辑（科学出版社），现将该札记附于文末，聊为补充。文章不足之处，请读者诸君多多指正。

附录：

殷墟花园庄东地甲骨卜辞中的豕牲

2002年笔者曾写过《殷墟甲骨文中所见的豕牲》一文(该文提要发表在《中国文物报》第1062期，2002年11月8日)。该文结合殷墟甲骨分类、断代的成果，对殷墟甲骨文中豕牲的种类、豕牲与其他牺牲共用的情况、殷人用豕牲祭祀的鬼神、殷人在祭祀过程中处置豕牲的方法等问题做了历时性考察。当时花东甲骨未全部发表，对这批材料中的豕牲未做系统研究，故撰此文作为补充。

首先，简要介绍一下花东甲骨卜辞发表前，殷墟甲骨文中所见的主要豕牲种类，见表一(出处皆为《合集》号)。

表一　殷墟甲骨文中所见主要豕牲种类

豕		彘(野豕)		豕？	豛(雄壮之豕)	豖(去势之豕)	释文
〔摹〕		〔摹〕		〔摹〕	〔摹〕		摹本
〔拓〕	〔拓〕	〔拓〕	〔拓〕	〔拓〕	〔拓〕	〔拓〕	拓本
32674历	28882何	32050历	32513历	8814宾	34193历	1506正 宾	出处分组
豚(幼豕)		豛？		豕？	豙(以矢贯身之豕)		释文
〔摹〕		〔摹〕		〔摹〕	〔摹〕		摹本
〔拓〕	〔拓〕	〔拓〕		〔拓〕	〔拓〕		拓本
11207宾	28180无名	2496宾		14341宾	1339宾		出处分组
豙？		豭(雄豕)		豝(雌豕)	㹀(豚,幼豕)		释文
〔拓〕	〔拓〕	〔拓〕		〔拓〕	〔拓〕		拓本
〔摹〕	〔摹〕	〔摹〕		〔摹〕	〔摹〕		摹本

续表

21555 子	14930 宾	22073 午		34081 历	14395 宾	出处分组
白豕		卢豕（以饭器所盛之豕）				释文
						摹本
						拓本
11265 宾		22073 午				出处分组

张秉权先生曾系统考察过殷墟甲骨文中的动物牺牲，他说豕牲"其名称除了豕以外，还有豴、豚、豙等等。有的对于它们的性别，特加标明。其毛色特加注明的，也只有白色的豕"。① 据表一来看，张先生的概括是比较全面的。这里补充如下几点：一是"豝"特指雄壮之豕，是豕牲中较受重视的品种，与泛称的"豭"有别，可举以下卜辞为证："甲子卜，〔贞〕二豝二豭于入乙。"（《合集》22276，非王无名）；二是"彘"应与泛称的"豕"区分开来（《屯南》附2中二字同见于一条卜辞），彘是野豕的专用字。② 此外， 与 也不宜直接释为"豕"字，可举以下卜辞为证："燎于东母 三、豕三。"（《合集》14341，宾）。笔者推测这两字可能表示以特定用牲法处置的豕牲，如 可能是被缚之豕；三是 与"豴"似有区别。从字形上分析，将 径释为豴稍嫌勉强。宾组、子组、非王无名组甲骨文中都同时有 与豴这两个字，亦说明它们应有所区别，并非一字。 字的本义值得进一步研究；四是各种豕牲均见白色者，如白豕（《合集》22046）、白 （《合集》2496）、白豕（《合集》1506）、白豝（《屯南》2707）、白卢豕（《合集》22073）等，这种现象反映殷人祭礼中重视白色豕牲（殷人对于其他种类牺牲，则未必尚白③）。

---

① 张秉权：《祭祀卜辞中的牺牲》，《中研院历史语言研究所集刊》第49本第3分，台北中研院历史语言研究所，1978年，第203页。
② 刘源：《读契偶识》，《考古与文物》1999年第4期。有人认为此字释"豪"，义为"修豪豕"，其说略拘泥于古书。见徐宝贵：《甲骨文"豪"字考释》，《考古》2006年第5期。
③ 刘源：《殷墟花园庄东地甲骨文研究概况》，《历史研究》2005年第2期。

殷人用豕牲祭祀的鬼神范围较广，其中王室祭祀的鬼神包括：1. 自然神。如昌、、蚰、、东母、岳；2. 先王。如上甲、大乙、大戊、祖乙、小乙、般庚、小辛、阳甲、武丁；3. 先妣。包括王亥母（高祖的配偶）、示壬母、娥；4. 旧臣。如黄尹。非王贵族用豕牲祭祀的鬼神则主要是其家族的先祖先妣、先父先母，以及兄、子。具体地说，在殷人祭礼中，白色豕牲使用普遍，豭的规格较高，豕、较多用于女性祖先，仅见用于自然神东母，卢豕仅见用于女性祖先，𧱃一般见于非王贵族家族的祭祀先祖、父、妣的仪式中。至于豕牲与其他动物牺牲和人牲共用的情况，较为复杂，这里暂不详述。

殷人在祭礼中处置豕牲之法，以㞢（又、祐）最多，其次为燎，此外还有彡、蚑、𠬝、岁、卯、、朿、皿（盟）、沉、肇、𠝣、祏等。㞢（又、祐）泛指侑献，燎指焚烧（一般在祭祀自然神时使用），彡亦有侑献义，蚑、𠬝、岁、卯均有砍杀、肢解、切割义，惟程度不同，沉为祭河专用之法，朿为刺，皿（盟）为取血以祭，肇、𠝣、祏有击、割义。义未详，推测也有侑献之义。[①]

在以上研究的基础上，我们再来考察花东甲骨卜辞中的豕牲。首先看其种类，见表二（出处皆《花东》号）。

表二　花东甲骨卜辞中所见豕牲

种类	豕	豭	豭?		豝	豝	𧱃	家	豖	
字形										
出处	3	49	39	523	13	162	39	61	124	76
种类	黑豕	白豭	白豭?							
字形										
出处	459	4	4	330						
种类	白豕									
字形										
出处	115									

① 关于殷人祭礼中，用豕牲祭祀鬼神范围及处置豕牲的方法，详拙稿《殷墟甲骨文中所见的豕牲》（收录于本辑）。

在说明表二之前,笔者列出一些《花东》作者摹写有关豕牲的字时出现的问题,以便进一步讨论。这些问题如下:

《花东》13 将豴(　、　)摹为　,这是拓本不清晰所致,但细审照片,此字确是从"匕"。

《花东》76 将　摹为　,细审拓本和照片,可确定该字中"豕"从"匕"旁。

《花东》81 将　摹为豕(　),细审拓本和照片,豕腹下有一条短曲线。

《花东》124 将小豕(　、　)摹为小豭(　)。该豕字中表示其势的曲线较长,虽有可能是刻手未将线与表示豕腹部的线相连,即该字有可能是豭字,但摹本直接将其势与其后足相连,则不准确。

《花东》139 将豴(　)摹为　,拓本显示,该字左侧从"匕",当释为"豴"。

《花东》142 将白豭(　)摹为白　,拓本和照片显示,并无贯穿豕身的短斜线,而豕腹下有一表示其势的短划。

《花东》170 将　摹为　,也不是特别准确,通过与同版对贞一辞中　的比较,我更认为　应是豭字的另一种写法,更加夸张其势。

通过上述对《花东》摹本的一些检讨,可知花东甲骨文中并无摹本中的　字(《花东》释为豴),其原形应是豴字。　左侧从豴,也反映子所在家族对豕牲性别的重视。此外,《花东》解释为"怀孕母猪"的　字,笔者曾推测是"膚",①现在看来不对,此字很可能是"豭"的另一种写法,目的在于强调其势。这么说,主要考虑到如下几点:一是《花东》4 上的四条卜辞,分别卜问甲寅、乙卯祭祀"祖甲"、"祖乙"事。卜祭祖乙的两条卜辞同文,提到的祭牲都是"白豭",而卜祭祖甲的两条卜辞处于对贞位置,较完整的一条提到的祭牲也是"白豭",较简短的一条中祭牲为"白　"(腹下似有一圈)。考虑到花东甲骨卜辞中屡见先后二日依次祭祀祖甲、祖乙且祭祀仪式内容基本相同的

---

① 刘源:《殷墟花园庄东地甲骨文研究概况》。

情况,有理由认为该版上的 ▨ 是豭的另一种写法,可能是刻手把表示其势的弧线刻划太长所致。事实上,经过对《花东》4 照片仔细观察,笔者发现 ▨ 腹下的"圈",其上部似为龟甲裂痕,即此字很可能就是豭字。① 二是《花东》170 左右首甲上有一组卜祭祖甲的对贞卜辞,参考《花东》4 来看,其左首甲上较简短的卜辞中的 ▨ 字也应为豭字,而非 ▨。三是《花东》215 中有一条卜辞"庚辰岁妣庚犯一、▨ 一,子祝。一二三",也说明 ▨ 与犯不是一个字,不是表示母豕。总之,▨ 到底该如何解释,还可进一步讨论,但不能与表母豕的字混同,也不宜解释为怀孕的母豕。

在花东甲骨文所见各类豕牲(见表二)中,最常见的是豭(基本上是白豭),其次为 ▨、犯、豕等。上文已分析过,▨ 很可能也是豭。▨ 表示椎杀的母豕,仅一见(《花东》76),用于祭祀祖乙。▨ 表示野豕,仅一见(《花东》39),用于祭祀妣庚。花东甲骨文中的 ▨ 字的特点是豕腹下也刻画有两条短线来表示鬃毛,这是前所未见的。笔者注意到花东甲骨卜辞中表示田猎所遇之野豕的字仍作普通的"豕"(《花东》14),即 ▨ 仅是表示祭祀用野豕的专用字,这一现象也见于从前发表的殷墟甲骨文材料中,可说明殷人对祭礼的重视。家则可能是豢养于房屋内的豕牲,仅一见(《花东》61),细审原甲,此字可能从宀从豭。

花东甲骨文中的上述各类豕牲基本已见于从前发表的殷墟王卜辞和各类非王卜辞,从前未见的只有 ▨ 和 ▨。花东甲骨卜辞所见豕牲种类反映了商文化的特点,如豕牲种类区分较细、多用白豕(但这一点只能说明殷人用牲尚纯色,而非尚白)、区分豕牲雄雌、豭的使用较为广泛等等。此外,这批材料中透露出的一些详细信息,可以丰富我们对殷人祭礼中豕牲种类的认识:
1. 白豭的使用频率高,是花东甲骨卜辞中最常见的豕牲(在花东甲骨卜辞

---

① 《花东》4 上 ▨ 腹下的圈是否真的存在,还有待观察原甲才能确认。另承吉林大学古籍研究所博士生周忠兵先生见告,《花东》4 上卜祭祖甲的两条卜辞序数分别为"一"、"二",即为选卜,那么两条卜辞中提到的豕牲就非同类,谨记于此,并致谢忱。

中,豭基本都是白豭,而其他种类的豕牲基本不注明毛色,"黑豕"仅一见①)。白豭的普遍使用,反映了殷人祭礼中豕牲尚白及尚雄壮的风气。这一点从前的殷墟甲骨材料也有所反映,但不及花东甲骨卜辞这样明显。值得注意的是,花东甲骨卜辞所见牛牲和廌牲(原作"[字]",可能是牛的一种)的毛色,则基本用黑和幽,这提醒我们还不能把殷人豕牲尚白的习惯作为"殷尚白"的证据;② 2. 区分豕牲性别的现象很普遍。花东甲骨卜辞中有关豕牲的字大多透露其性别,如豭、[字]为雄豕,豼、[字]为雌豕等等。在花东甲骨卜辞发表之前,笔者曾考察过殷人祭礼中牺牲性别问题,发现殷人祭礼中祭祀对象的性别与牺牲的性别不存在一一对应关系,花东甲骨卜辞也有这样的现象,如此看来,殷人区分牺牲性别的目的还是在于把雄雌牺牲列入不同的规格之中,如豭的规格大概相对较高。③

下面简要谈谈花东甲骨卜辞所见殷人使用豕牲礼俗。这批材料的占卜主体是一名叫"子"的非王贵族,其家族的祭祀大致可分为常祀(即祭日安排在与祭祀对象日名相同的日子,又有特殊目的之祭祀)与禳祓之祭(为解除疾病等灾祸不祥而举行的祭祀)。④ 豕牲在这两类祭祀中都被使用,所祭祀的鬼神范围较广,既有祖甲、祖乙、妣庚、子癸等常见祖先神及人鬼,也有妣己等受祭次数不多的祖先神。用于常祀见如下一例:

甲寅岁祖甲白豭一,[字][字]一,皀(登)自西祭。一
甲寅岁祖甲白豭一。一
乙卯岁祖乙白豭一,皀(登)自西祭,祖甲延。一
乙卯岁祖乙白豭一,皀(登)自西祭,祖甲延。二(《花东》4)

用于禳祓之祭的见如下二例:

壬卜,其禦子疾骨妣庚,酚三豕。一(《花东》38)

---

① [字],暂从于省吾先生释黑,见陈梦家:《殷虚卜辞综述》,中华书局,1988年,第587页。黄然伟:《殷礼考实》,台湾大学文学院,1967年,第11至12页。甲骨文中牛牲的毛色有[字]、黄、幽、勹、羊,有学者认为幽即为黑,那么[字]是否黑字尚需进一步讨论,参黄然伟:《殷礼考实》,第10至17页。
② 刘源:《殷墟花园庄东地甲骨文研究概况》。
③ 殷墟王卜辞反映的殷人祈求生育的祭祀中,也特别重视牺牲的性别,故祈求生育可能也是殷人重视祭牲性别的一个原因;参刘源:《商周祭祖礼研究》,商务印书馆,2004年,第122页。
④ 刘源:《殷墟花园庄东地甲骨文所见禳祓之祭考》,见王建生、朱歧祥主编:《花园庄东地甲骨论丛》,台湾圣环图书股份有限公司,2006年。

乙卯卜，其禦疾于癸子（子癸），曾豭一，又乇。用。又（有）疾。一二三（《花东》76）

总体上看，豕牲用于常祀的情况相对较多，其中又以白豭的使用较为普遍。祭祀仪式中，处置豕牲的方法多为"岁"（此种用牲法在花东甲骨卜辞最为常见），此外有"宜"与"曾"，与殷墟王卜辞所见处置豕牲的用牲法相比，"子"家族祭礼较突出殷人文化特色，但相对简单。祭礼中用豕的最大数目为30（《花东》113），比起牛牲105的最大使用数目要少得多。

除豕牲之外，"子"家族祭祀中也使用牛、牢、羊、宰、鹿、马等祭牲，但其分类远不及豕牲细致，一般仅简单区分性别，宰有小宰。在使用频率上，其他牺牲也不及豕牲，其中牛、羊牲较多见，马牲最为少见。据花东甲骨卜辞，殷人在卜问祭祀所用牺牲时，会接二连三地卜问使用哪种牺牲，如以一例：

岁妣庚白豭。一

己卜，叀豭妣庚。一

己卜，叀多臣禦往妣庚。一

己卜，叀子興往妣庚。一

己卜，叀豕于妣庚。一

己卜，叀牝于妣庚。一

己卜，叀宰于妣庚。一

己卜，叀牝于妣庚。二（《花东》53）

据辞意，子要举行针对妣庚的禳祓之祭（可能与同版"子耳鸣"的疾病有关），在己日卜牲时，分别卜了豭（豭）、牝、宰等多种牺牲。此外，"子"家族对重要的祖先祖甲、祖乙进行常祀时，所用牺牲也有豕、牛、羊、牢等多类。由此看来，殷人祭礼中用牲并无成规，似没有在特定祭祀仪式中使用某一特定种类牺牲的习惯，而是祭前进行卜选。从殷人卜选牺牲的情况来看，其祭礼中不同种类的牺牲应有各自相应的规格，但限于材料，豕牲与其他动物牺牲的规格孰轻孰重，目前还不能遽定。

总之，通过上文的讨论可以得出如下结论：殷人在祭礼中经常使用豕牲，并对豕牲有细致的分类，其小类比其他动物牺牲要丰富、复杂；较受殷人重视的豕牲是豭（即雄壮之豕牲）；为了祭祀的目的，殷人要甄别豕牲的性别和毛色,在豕牲毛色的选择上,他们惯用白色;殷人在祭祀过程中,处置豕牲的方法与其他动物牺牲基本相同。花东甲骨卜辞材料也再次证明,非王贵族的祭祀规模还是不能与商王室相比,故豕牲在其祭祀中具有更重要的作用。

2003 年,山东济南大辛庄商代遗址出土的卜甲刻辞中,也有在禳灾之祭中用四种豕牲祭祀四母的记载,学者已有较详赡的研究,此不赘述。① 笔者认为,大辛庄遗址出土卜甲刻辞中有使用豕牲的内容,并非出于偶然,这一珍贵的材料再次证明了,豕牲在殷人的祭礼(特别是王室以下贵族的祭祀仪式)中不可或缺,殷人也重视豕牲,并对豕牲有细致的分类。

The Pig Offerings in the Oracle Bone Inscriptions of Yin Ruins

Liu Yuan

This article examines in detail the pig species recorded in the oracle bones of Yin Ruins, including items such as gender, fur color, age, and size. It also comprehensively examines the situation of pig offerings and human offerings and other animal offerings which often are used together. Based on this, this article studies the rituals of pig offerings in the Shang Dynasty dynasty, including the ancestors and gods worshipped by the Yin, the way of disposing of the sacrifices, and the motives of related sacrifices. In general, Yin Ruin oracle bone inscriptions show that in the late Shang dynasty (mainly in the Wuding period), the Shang dynasty used a variety of pig offerings, and there were different levels of pigs, but the number was not large. In terms of fur color, white pigs are more common. Among them, white strong males are particularly valued by the Yin people. Pig offerings were often used to worship female ancestors. When pigs

---

① 山东大学东方考古研究中心等:《济南市大辛庄遗址出土商代甲骨文》,《考古》2003 年第 6 期;孙亚冰、宋镇豪:《济南市大辛庄遗址新出甲骨卜辞探析》,《考古》2004 年第 2 期。

were used with other animals together, natural gods and ancestors both presented. Offering natural gods, and basically disposing of pigs was incineration, such as *liao*"燎" and *di*"褅". Offering four direction gods, dogs were mainly used, pigs were not important, just like the appendant. There are many ways to deal with slaughter pigs. The most common are broad offerings and burnings. In addition, *ce*"册", *sui*"岁", and *mao*"卯" are more common. The number of pigs recorded in non-King OBI is not large, but there is a careful distinction of species. The pig offering seen in *Huadong*'s oracle inscriptions is also studied by the author as an appendix to this article.

中国古代的草原式兵器与一对一单兵作战的意义[*]

杰西卡·罗森[**]
(牛津大学考古学院)

一 引 言

到目前为止,人们对商周时期在中原的活动给予了更多关注,却没有对边地和草原地带人们的生活和战争以同等理解。正如在各段时间里,中原居民都受到邻居极大的冲击,这种邻近关系并没有让我们全面理解早期中国社会发展丰富而多变的道路。[①] 然而,通过观察中国兵器及其不同用法,我们能认识到早期中国王朝与北方人民的纠葛。[②]

本文将集中在中原明显地使用草原兵器的两个阶段:商代后期(公元前1200-前1045年)与东周时期(公元前771-前221年)。本文描述了在上述阶段穿越内亚进入中原交流的可能路线。西周时期(公元前1045-前771

---

[*] 张经翻译。

[**] 本研究得到 Leverhulme Trust 与 Reed Foundation 资助。谨向 Chris Gosden、Peter Hommel、Maria Khayutna(夏玉婷)和 Wu Hsiao-yun(吴晓筠)提供的建议表示感谢。地图由 Peter Hommel 绘制。Xiaojia Tang(唐小佳)对于参考文献部分多有贡献。

① 文中中国或中原仅指黄河、渭河下游的盆地。东周时期,中原向南远至长江。

② 本文关注中原、边地和大草原东部墓葬和窖藏中出土的兵器所提供的材料证据,与以往的研究以文献佐证为主不同,例如 Raimund Theodor Kolb 所做的研究,参考其 *Die Infanterie im Alten China, Ein Beitrag zur Militärgeschichte der vor-Zhan-Guo-Zeit*(中国古代的步兵:对战国前期军事史的贡献)(Mainz: Verlag Philipp von Zabern, 1991)。

年)也是与大草原联系显著的阶段。商人从北方接受了马车,作为周人与其邻居互动的结果,马车得到进一步发展。然而,因为本文将聚焦于兵器去探索中原大规模军队与大草原小股兵力之间的差别,马车不会是主要的关注点。[①]

观察妇好墓随葬的近两百件兵器,我们能立即认识到商人与其邻居之间的交往。妇好是商王武丁(约公元前1200年)的配偶,根据甲骨文记载,她是一位军事首领。[②] 妇好墓随葬有器形源自古代玉钺的大型钺(图一a),用于近身作战的矛和戈,以及与大草原所用(图二)近似的刀(图一b)。钺和刀的用途大不同。小型钺可能在战争中手执,而妇好墓发现的这种大型钺,绝不会是战争中使用的兵器。金文字形表明大型钺用来斩首祭牲(图三a),因为

图一a 安阳妇好墓出土青铜钺
(高39.5厘米,重9公斤,采自《中国考古文物之美2:殷墟地下瑰宝·河南安阳妇好墓》,图21)

图一b 安阳妇好墓出土青铜刀
(长36.2厘米,采自《殷墟妇好墓》,图66:1)

图二 一组青铜刀与镞
(叶鲁尼诺文化[Elunino Culture][公元前2000-前1700年],俄罗斯阿尔泰,巴尔瑙尔[Barnual]博物馆,作者拍摄)

---

① 很多其他学者也都讨论到马车作为中国早期与大草原互动的证据,Wu Hsiao-yun(吴晓筠)在其 *Chariots in Early China, Origins, Cultural Interaction and Identity*(中国早期马车:起源,文化交流与一致性)(Oxford: BAR International Series, 2013)一文中,对于从大草原传入的马车有最新思考。
② 妇好墓发掘报告参考中国社会科学院考古研究所:《殷墟妇好墓》(北京:文物出版社,1980年)。

图三 商后期、西周早期族氏铭文中包含的兵器
a. 钺,《三代吉金文存》2：4：6　b. 戈,《新收殷周青铜器铭文暨器影汇编》0920
c. 刀,《殷周金文集成》3079　d. 尖部上翘的刀,《三代吉金文存》2：17：1　e. 戟与盾,《殷周金文集成》7223,"父乙䰙虎觚"

其器形大,可能也代表了身份和地位。顺带提一下,在金文字形中没有出现过的窄长形刀,可能具有更为世俗化的作用：屠宰、剥皮,割掉车战时纠缠在一起的马缰绳,但是可能很少在战斗时用作防御兵器。妇好墓中随葬的不同类型兵器,表明她最初来自边地或者大草原,在那里妇女更可能在战争中充当核心人物。[①] 钺象征着她的军事首领身份,在其家乡

---

① Katheryn Linduff(林嘉琳), "Women's Lives Memorialized in Burial in Ancient China at Anyang"（古代中国安阳墓葬所反映的女性生活）, in *The Pursuit of Gender: Worldwide Archaeological Approaches*（性别追踪：世界范围内的考古研究）, ed. S. Nelson(倪德卫) and M. Rosen-Ayaloon (Walnut Creek, Calif.：Alta Mira Press, 2002), pp. 257－287.

则使用刀。

钺和刀之间的差异是本文讨论的核心。钺代表了中原商人的传统,大规模的步兵被调动去对抗少得多的北方部族,这些部族依赖于单兵力量和一对一作战。刀属于草原和边地人民的生活方式。本文更关注草原人民通常使用的单兵作战的兵器,包括剑,我们会在东周部分讨论它。

中原与其邻居最显著的差别不在于兵器器型,而在于战斗方式。中原高级贵族似乎不使用手执兵器,例如战斧、权杖,或者匕首,这些兵器可以让他们与对手或者与大草原人民一对一单兵作战;个人勇武似乎并不具有吸引力。相反,商王与贵族率领相对来说数量很大的步兵部队。然而这一时期大草原的武装力量不可避免地要少得多,从遗留下来的兵器判断,个人在战争中的成功往往和直接与敌人作战有关,这似乎是首领获得、维持其地位的基础。

西欧的历史和文学作品中,个人勇武在面对敌人时扮演过——现在也扮演着——重要角色,即使是象征性的。在《伊利亚特》(Iliad)、《贝奥武夫》(Beowulf)等史诗中,勇武被鲜活地描述着。北欧斯堪的纳维亚(Scandinavia)的石刻与希腊南部彩绘罐子上都颂扬单个的武士。[1] 确实,也有人认为大草原武士与北欧的一样,在构建社会中意义重大。正是个人的勇武使其能够拥有忠实的追随者,并且逐渐增加其权力基础。[2]

考古发掘中,青铜时代的武士可以因其随葬的整套物品得到辨识:兵器、酒器、马具和车子。从纹身到衣服或金属上的装饰,身体上的装饰也是一个永恒的话题。包括剑、斧、权杖在内的兵器,全部都适用于近距离接触。这种埋葬形式出现在公元前第二千年的欧洲和大草原西部,也可以直接将其与大草原东部居民的墓葬做一比较。公元前第三和前第二千年,短剑或刀子、斧子、权杖在大草原地区扩散,我们以此能够推断单兵作战的流行。同样的兵器在蒙古的鹿石上也有表现,如图二十所见。因此,在某种程度上,欧亚草

---

[1] Carlos A. Picon et al., *Art of the Classical World in the Metropolitan Museum of Art*, *Greece*, *Cyprus*, *Etruria*, *Rome*(大都会艺术博物馆中的古典世界艺术:希腊、埃特鲁西亚、塞浦路斯、罗马)(New Haven and London: Yale University Press, 2007),p. 80, fig. 79 引用了一个黑色人物花瓶,上面是一个穿着盔甲的武士,因此可以看作是对单独作战角色的强调。

[2] A. F. Harding 在其 *European Societies in the Bronze Age*(青铜时代欧洲社会)(Cambridge: Cambridge University Press, 2000)中描述了欧洲"武士"和个人勇武的社会角色,第 270 - 307 页。

原北部居住着很多不同的人口和部族,他们有着共同的战争方式,贵族面临的危险与普通人一样多。

这些通常处于半流动状态的人口,直接挑战着西亚众多定居人群,就如同他们对中原人民的挑战一样。然而,在欧亚草原尽头的两个地区,这种挑战带来的冲击并不相同。在西亚,诸如米坦尼(Mitanni)、赫梯人(Hittites)这些来自北方的入侵者,把大草原战争包括马车在内的方方面面,带到安纳托利亚(Anatolia)和美索不达米亚(Mesopotamia)。但是,入侵者和土著居民都使用一些相同类型的兵器,如权杖、有銎斧,以及精美的短剑。巨大的乌尔(Ur)墓,以及图坦卡门(Tutankhamen)墓都有带着金鞘的剑,很明显这是令人羡慕的财产。这些高级兵器在定居城邦统治者中展现了个体的荣耀,宣扬英武,它们所具有的象征性远高于在战争中直接使用的实用性。那些统治者依然认为有必要强调他们在战争中的个人能力,以作为宣扬其统治合法性的一部分。引人注意的是,这些在西亚和埃及受到高度尊重的兵器,不见于商人墓葬。正如我们将看到的,对于某些商人贵族来说,军事力量对于保有其地位非常重要,但是这种价值通过不同的方式展现。

吉德炜(David Keightley)比较早地指出,早期中国贵族似乎并不注重在战争中使用短剑、刀。① 他也指出,中国并没有产生像《伊利亚特》或《贝奥武夫》那样歌颂武士的伟大史诗。吉德炜认为英雄,在这里叫作武士,"是有着非凡勇气与坚韧不拔的主角,有着大胆和杰出的行为……大胆地战斗,勇武强健的体魄是希腊英雄个性的一部分"。这样勇武强健体魄需要的兵器,最显著的是剑,通常在商代很少见到。短剑、长剑的原型在公元前 8 世纪传入中原,尽管居住在西部和北部边地的人们早已经使用它。② 正如图四所示,

---

① David Keightley(吉德炜)关于地中海与古代中国之间矛盾的感性叙述,参考其"Clean Hands and Shining Helmets: Heroic Action in early China and Greek Culture"(洁净的双手与闪亮的头盔:古代中国与希腊文化中的英雄行为), in *Religion and the Authority of the past*(过去的宗教与权威), ed. Tobin Siebers(Ann Arbor: University of Michigan Press, 1993), pp. 253 - 281. 一些迈锡尼(Mycenaean)珍品显示了用剑格斗的场景。但是尽管在文学作品中称颂贵族间的战斗,现实中,一般战斗部队中普通成员可能更引人注目。

② 今天中国境内发现的剑倾向于被认为是属于中国本土的传统。那些与半月形边地有关的剑与在中原地区发现的剑之间存在的差异,研究者通常并不在意,例如田伟:《试论两周时期的青铜剑》,《考古学报》2013 年第 4 期,第 431 - 468 页。

中国古代的草原式兵器与一对一单兵作战的意义　　71

图四　短剑或匕首在半月形地带分布图

米努辛斯克(Minusinsk)盆地(a-e)：a. 克里沃舍伊诺(Krivosheino)(安德罗诺沃[Andronovo]) b. 波特罗希洛沃(Potroshilovo)(奥库涅沃[Okunevo])　c. 克拉斯诺波尔(Krasnopol'e)　d. 卡普特列沃(Kaptyrevo)　e. 恰斯托-奥托夫索(Chasto-otovso)；蒙古(Mongolia)(f-h)：f、g. 高尔特(Galt)，库苏古尔省(Khovshol Province)　h. 巴特曾格勒(Battsengel)，后杭爱省(Arkhangay Province)　i. 南戈壁省(Ömnögovi)偶然发现；中国(i-t)：i. 新疆天山北麓　j. 蓿亥树湾　k. 抄道沟　l. 白浮　m. 南山根　n. 烧锅营子　o. 宁城　p. 琉璃河　q. 西安　r. 白草坡　s. 宝鸡竹园沟　t. 成都

(Jessica Rawson[杰西卡·罗森]、Peter Hommel 绘制)

短剑能在这一地区集中使用,显然是得自大草原。到东周(公元前770—前221年),装饰繁复的剑极为珍贵(图五),如勾践剑就是非常好的例子,但是直到公元前5—前4世纪,持剑的勇武贵族似乎并没有在中国战争中占据显著位置。

二 欧亚草原东部的文化与地理环境

在进一步讨论大草原与中原之间的军事差别之前,黄河中游和下游的平原与渭河河谷,以及欧亚大草原沿中原西部、北部的高地和沙漠上宽广的中间边地,考虑这两个地区之间显著的地理环境差别可能会很有帮助。在东北,海拔较低,河流众多,森林茂密,汇成一条流向北方。尽管东部区域得益于夏季季风,但是生长季仍然很短,相比于中原,有着更不利于农业生产的生态环境。占据着大草原和边地的主要是游牧民族,经济上更依赖于对马、羊和牛等牲畜的管理,狩猎、采集和有限的农业生产作为补充。正因为如此,大草原和边地的人口密度远低于中原地区。中原地区的人们生活在完全不同的地理环境中,农业定居生活居于主导。只有很少,甚至没有放牧牲畜。这种差异对权力的认知方式有很大影响。

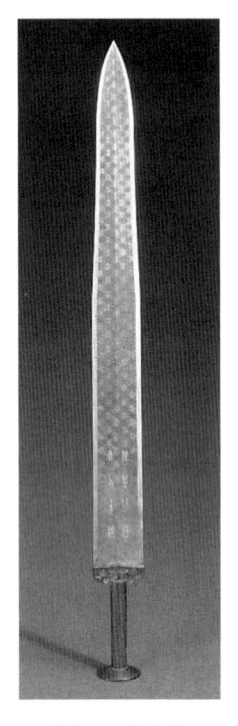

图五 几何纹错金铭文剑
(湖北江陵望山出土,公元前6—前5世纪,长55.7厘米,采自《中国青铜器全集》11卷,第100器)

对于一个坚定的牧民来说,很有可能通过使用合适的兵器,获得首领的支持,通过攫取他人的牲畜来增加自己的权力和财富,同时使得邻居们变得贫穷。一个真正成功的个体能够累积财富,吸引其他人欣赏他的勇武,从而增加他的追随者。定居者频繁通报的侵扰行径,很简单只是大草原上广泛权力争夺的一部分,在大草原,对于忠诚和结盟的依赖与对战争的依赖一样。但是,因为其相互之间的联结经常很松散,单兵作战与个人勇武通常是重要因素。

在中原地区,毫无疑问,一个村落的某位成员会试图,甚至成功地攫取其邻居的粮食。但是通过这种方式获得的财富很少,而他却要立刻面对其他居民的压力。在这种定居社会中,积聚财富和权力仰赖的是缓慢递增的过程。粮食储备无疑是财富的来源,但是一个巨大的粮仓需要庞大团体的合作。伴随着资源的分享,诸如城墙、壕沟等更大的社会项目得以实施。为了聚集财富,就需要明确的组织。人们惯常把这种社会形式描述成一个复杂体,暗示着迁徙游牧部落的生活方式并不复杂。这就低估了大草原产生和维持武装的游牧民组织所需要的人力资本。这种组织永远是大范围的、松散的,通常也是暂时的、波动的。政治敏感、作战技巧、对领土的控制与划分、战利品的分配,这些都是基础,从中诞生了欧亚草原从未见过的最大帝国。

　　环境与生活方式的差异导致战争方式完全不同。[1] 作为起点,我们看看早期权杖头在中原边缘地区的分布图(图六),生动地呈现了大草原、边地以及中原在军事文化和风俗上存在的差异。[2] 权杖是一种有大而重的头部和短柄的武器,适合短兵相接时打击敌人的头部;也就是说,它在直接的近身战斗中使用(图七)。数千年来,权杖在很多地区成为身份和权力的象征。早期权杖在公元前第三、第二千年的不列颠和欧亚草原北部有发现,也发现于埃及和美索不达米亚,[3] 它们与很多其他类型兵器向东传播。然而,正如地图所

---

[1]　对于内亚游牧性很强的人群与中原定居人群的差别有很多研究。早期文献资料的缺乏,以及大草原东部有限的考古工作,都给研究带来了困难。结果就出现了一种趋势,低估大草原发展的重要性,尽管人们的认识在提高,已经认识到流动人口对于中原科技进步有重要贡献。梅建军的研究有开创之功,见其"Early Metallurgy in China: Some Challenging Issues in Current Studies"(中国早期冶金技术:当前研究面临的挑战),收入 Mei Jianjun(梅建军),Thilo Rehern eds., *Metallurgy and Civilization, Eurasia and Beyond, Proceedings of the 6th International Conference on the Beginnings of the Use of Metals and Alloys (BUMA VI)*(冶金技术与文明:欧亚草原及其他,金属与合金使用的起源第六次国际会议论文集)(Beijing and London: Archetype Publications, 2009),第 9 – 16 页(译者按:梅建军文的中译收入《早期中国研究(第 2 辑)》,北京:文物出版社,2016 年)。关于流动人口与中原之间交流的广泛讨论,参考 Nicola Di Cosmo(狄宇宙),*Ancient China and its Enemies: The Rise of Nomadic Power in East Asian History*(古代中国及其敌人:东亚历史上游牧部落势力的崛起)(Cambridge: Cambridge University Press, 2002)。另外一种倾向是强调游牧部落对于中国政治地位的影响,参考 Thomas Barfield, *The Perilous Frontier, Nomadic Empires and China, 221 BC to AD 1757*(危险的边境:游牧帝国与中国[公元前 221 年到 1757 年])(Cambridge Mass and Oxford: Blackwell, 1989)。甚至更为激烈的观点,强调置大草原于中国与其他帝国之前,参考 Peter Turchin,"A Theory for Formation of Large Empires"(大帝国建立的理论),*Journal of Global History*(全球史杂志)4 (2009): 191 – 217。本文着眼点在于,中国古代正是由于中原社会具有的独特特征决定了其在材料、工艺和技术方面取自北方,并加以适应的方式。

[2]　中国边地使用权杖的研究,见李水城:《文化馈赠与文明的成长》,收入吉林大学边疆考古研究中心编:《庆祝张忠培先生七十岁论文集》(北京:科学出版社,2004 年),第 8 – 20 页;李水城:《赤峰及周边地区考古所见权杖头及潜在意义源》,收入赤峰学院学报编辑部:《第五届红山文化高峰论坛论文集》,2010 年,第 7 – 12 页。

[3]　埃及或美索不达米亚发现的统治者所使用的权杖,当然是具有象征意义的。

74　早期中国研究(第4辑)

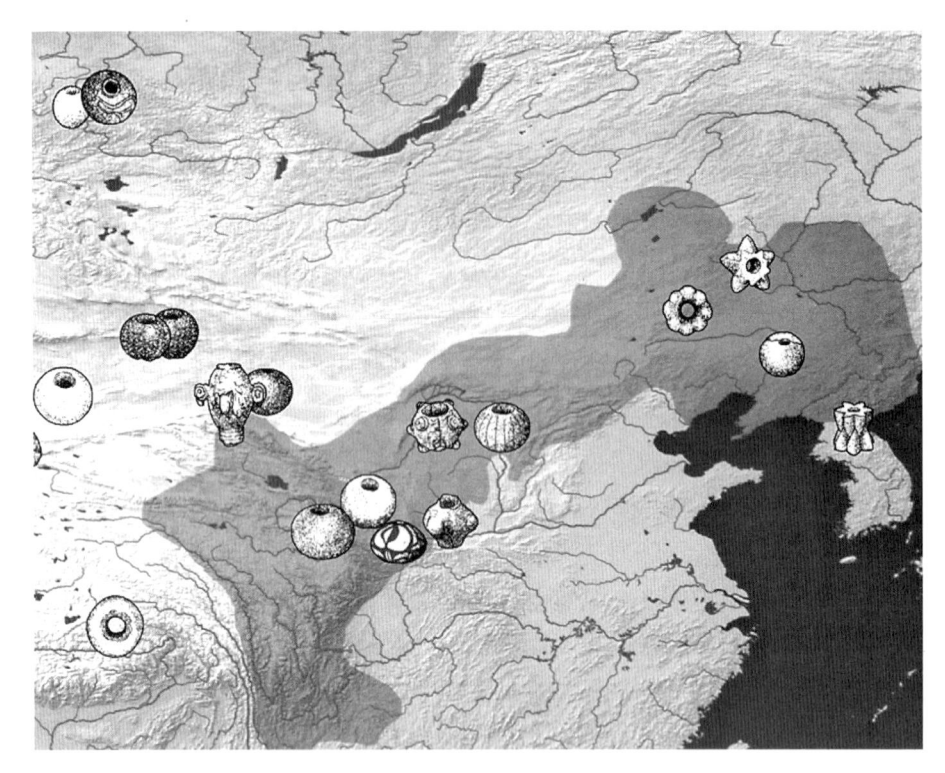

图六　半月形地带和大草原东部权杖头分布图
(Peter Hommel 绘制)

图七　石质权杖头和斧头
(洞室墓文化[Catacomb Culture][公元前2500—前2200年],莫斯科国家历史博物馆,作者拍摄)

示,权杖并没有在中原大放异彩,最大可能的原因就在于单兵作战在商和周早期的贵族中没有成为主要的作战模式。① 在使用与不使用权杖的地区之间似乎存在着相对清楚的边界。这个边界也适应于其他兵器的使用情况,特别是贵族单兵作战时使用的有銎斧(图八)和短剑(图九、十)等两种武器。② 当然,显著的差异也把领地分成两部分,依靠个人的军事勇武快速攫取财富的地区,我们称之为大草原和边地;而在中原,权力积聚得更缓慢,随着时间的推移,需要越来越多的合作与精心管理的组织(图十一)。

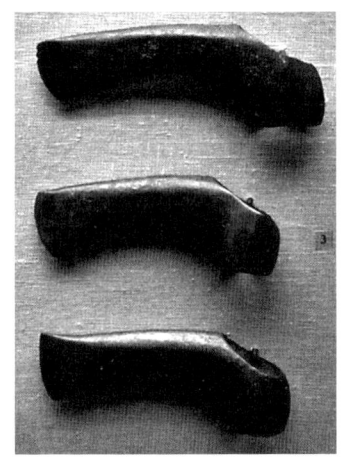

图八　青铜有銎斧
(阿巴舍沃文化[Abashevo Culture][公元前2500－前1900年],莫斯科国家历史博物馆,作者拍摄)

图九　两件青铜刀
(奥库涅沃文化[Okunevo Culture][公元前2000－前1500年],圣彼得堡修道院博物馆,Peter Hommel拍摄)

中原定居区,商人喜欢步兵使用的武器。其中最受欢迎的是有着木质长柲的戈。商步兵使用的主要兵器中,这是仅有的不来源于大草原的兵器(图十二)。③ 早在商以前的二里头遗址就发现了戈,高级贵族墓中戈的数量很

---

① 渭河沿岸遗址中出土权杖头的案例并不多。
② 妇好墓出土石质的兵器头,有的设计成权杖头的样子,是有銎斧的简化版,参考中国社会科学院考古研究所:《殷墟妇好墓》,172页图4。
③ 二里头人可能自主地铸造了与柄部成直角的刀状器。然而,这种样式也见于大草原地区,中原的例证可能是从大草原原型发展而来的。格拉兹科沃文化(Glazkovo Culture)的例证,见 A. P. Okladnikov, *Neolit I Bronzovij Vek Pribajka'ya: Glazkovskoe Vremya*(西斯贝卡利亚的新石器与青铜时代:格拉兹科沃时期)(Moscow: Academy of Sciences of the USSR Press, 1955), p. 34, fig. 13.

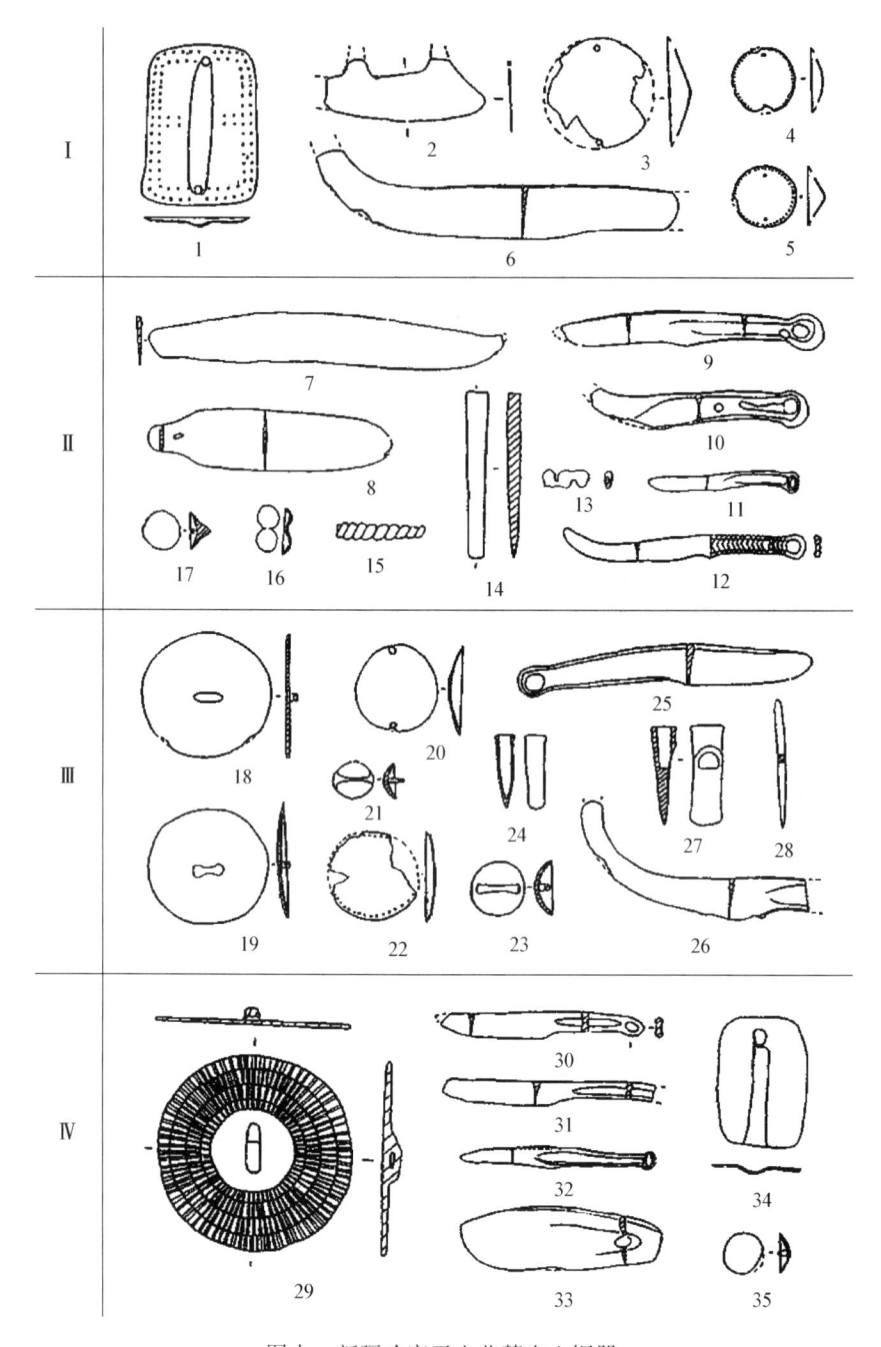

图十　新疆哈密天山北麓出土铜器

(包括大草原类型刀、匕首、泡和铜镜,公元前第二千年,采自《新疆青铜时代考古文化浅论》,图15-18)

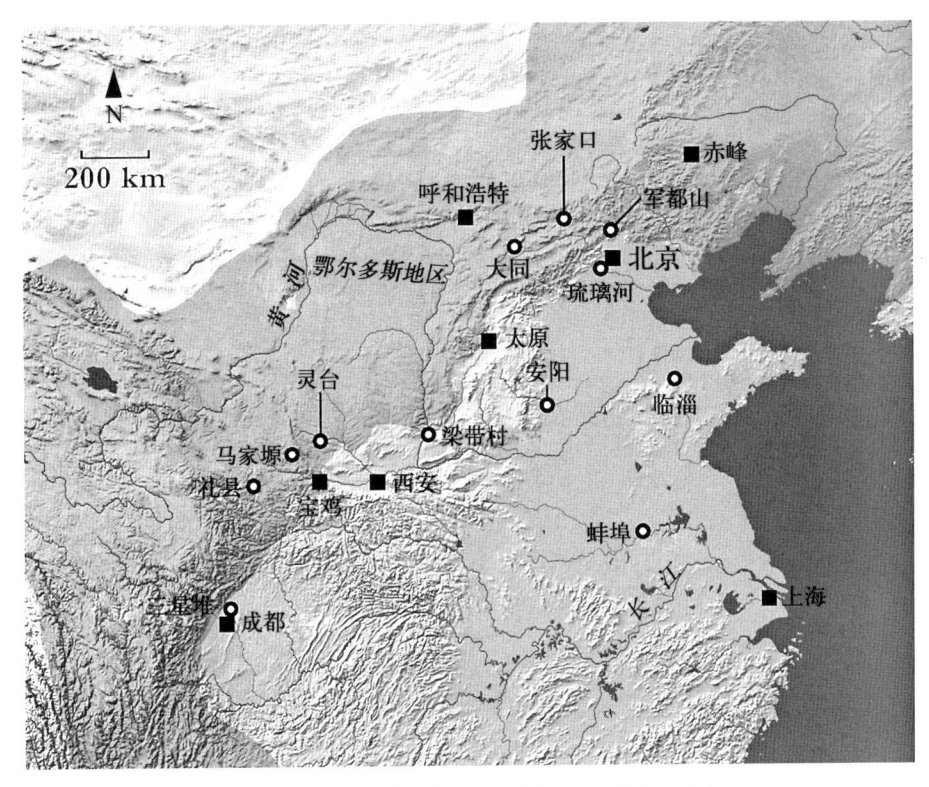

图十一　文中提到的半月形地带和中原遗址分布图
（Peter Hommel 绘制）

多,如妇好墓有91件,部分装饰精美。这些戈绝不是为了充数,而是供其自用,可能是为了装备精挑细选出来的步兵团。

铜器铭文中提到戈的例子并不少见,事实上在所有有名字的兵器中,戈是最经常被提及的(图三 b)。① 假定家族或氏族成员与使用的兵器类型有关,组织、领导用戈装备的大规模武装力量,是商军事贵族赢取其地位的方式。

装备大量兵器的大规模步兵来自中原密集的人口。战争中充足的人力

---

① 陕西咸阳北泾水流域的泾阳出土的青铜礼器,表明墓主人是与西北有联系的中等贵族,参考陕西省考古研究所:《高家堡戈国墓》(西安:三秦出版社,1995年)。一个人拿着戈的铭文也见于中原其他地区墓葬出土的青铜器。

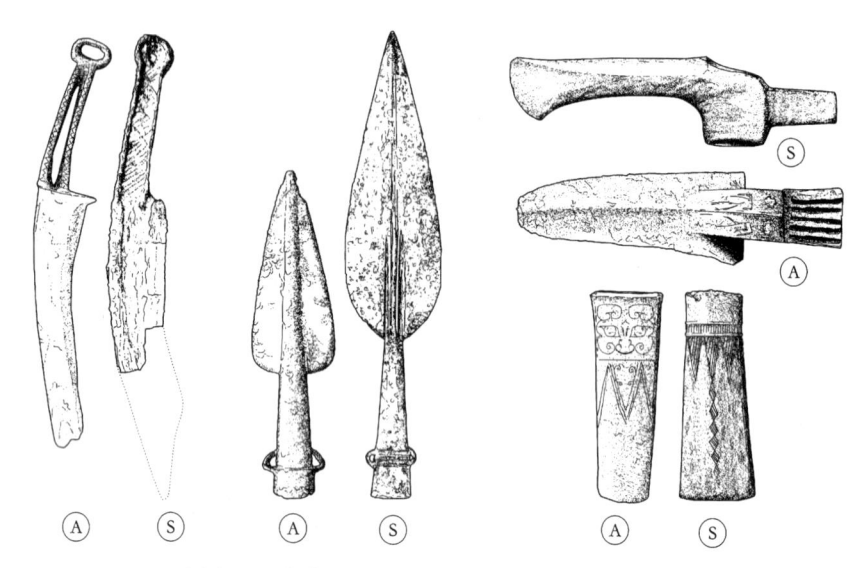

图十二　大草原(S)和安阳(A)出土青铜兵器对比

(Peter Hommel 绘制)

极为重要,保证了早期中原诸侯国的核心地位。① 密集的人口使得集合、供养大批武装力量成为可能。进而,在中国人独特品质的支撑下,所有重要手工业生产的分支,如青铜器、漆器、丝织与陶瓷,其早期技术使得进行大规模生产和制造成为可能。② 无论是甲骨占卜,还是青铜礼器器形和纹饰的共同特点,都表明商后期的中央控制程度很高。③ 因此,早期王朝可以大规模、高质量地生产诸如兵器或者马车等手工制品。这种高度组织的国家的另外一个

---

① 诸侯国的成功在于有大量的定居人口,参考 James Scott, *The Art of Not Being Governed, An Anarchist History of Upland Southeast Asia*(不受统治的艺术:东南亚高地的无政府主义历史)(New Haven and London: Yale University Press, 2009), pp. 64-97.

② 早期中国手工业大规模生产中,劳动力再分配起到的作用,在雷德侯(Lothar Ledderose)的文中有讨论,引用,见其 *Ten Thousand Things, Module and Mass Production in Chinese Art*(万物:中国艺术的模式与大规模生产)(Princeton: Princeton University Press, 2000). 本人在 2014 年剑桥大学 Slade 讲座中则讨论了大量人口、大范围和大规模生产、政府组织、文字和礼仪的作用,这些都是中国文化与社会特征的基础。

③ 基于吉德炜(David Keightley)及其他学者的研究,吉迪(Gideon Shelach-Lavi)总结了这些证据,见其 *The Archaeology of Early China, From Prehistory to the Han Dynasty*(中国古代考古:从史前到汉代)(Cambridge: Cambridge University Press, 2015), pp. 205-222.

重要特征是无所不在的礼仪。① 确实,作为战争的一种演绎,礼仪活动是一种凝聚力,在玉器生产中也扮演了重要角色。

处于第三地理区域的边地及边地居民有助于我们理解商与后来的周借鉴大草原兵器的方式。边地的全部范围,在图四、六和十一中涂成了灰色,最先由童恩正提出,童先生称之为"半月形地带"。② 童先生注意到了海拔较高地区,观察到某些共同的文化特征,例如使用动物、饮用牛奶、特定器型的陶器、石板墓等。自从童先生在20世纪80年代发表此文之后,更多的信息得以揭露。③ 边地,在童文中称为半月形地带(图十一),居住着很多不同部落,他们使用形形色色的材料,有着相异的社会文化。但是他们有着某些共同特征,例如放牧牲畜,可能存在有限的定居农业生产,以石头和青铜制作兵器,与中原相比,其与大草原的邻居有更多的共性。正如童先生所指出的,各种石质建筑物、石板墓在这里广泛使用,但是与权杖一样,没有进入中原。

半月形地带的人们在大草原与中原地区居民之间扮演着中间人,使得青铜技术和马车传入早期中原统治者那里成为可能。中原人民经过长期观察,认为使用新材料、新型兵器和马有积极作用,然而,令人不安的是,战争和侵略似乎也随之而来。当人们讨论中原与半月形地带之间的交流时,一般根据北方地区来描述,而这个北方通常被界定为从鄂尔多斯地区到东北,南至黄河大拐弯的南部。华威廉(William Watson)与林沄较早地对北方地区物质遗存的重要意义做了深入研究。④ 关于这一课题更多的讨论见于乌恩、⑤林嘉

---

① 所有社会都有礼仪,参考 Catherine Bell, *Ritual Theory: Ritual Practice*(礼仪论:礼仪实践)(New York and Oxford: Oxford University Press, 1992)在中原,礼仪很显然是组织结构内的一种纽带,据此核心权力得以建立。
② 童恩正:《试论我国从东北至西南的边地半月形文化传播带》,文物出版社编辑部:《文物与考古论集:文物出版社成立三十周年纪念》(北京:文物出版社,1986年),第17—43页。
③ Anke Hein 编辑的论文集,收录了关于童恩正提出的半月形地带的西部和西南部地区的最新研究,*The Crescent-Shaped Cultural Communication Belt-Reconsidering Tong Enzheng's Model*(半月形文化交流带——童恩正模式的重新审视),BAR International Series, 2679 (Cambridge: Archaeopress, 2014)。
④ William Watson(华威廉), *Cultural Frontiers in Ancient East Asia*(古代东亚的文化边境)(Edinburgh: Edinburgh University Press, 1971); Lin Yun(林沄), "A Reexamination of the Relationship between Bronzes of the Shang Culture and of the Northern Zone"(商文化与北方地区青铜器关系的再思考), in K. C. Chang(张光直) ed., *Studies of Shang Archaeology, Selected Papers from the International Conference on Shang Civilization*(商代考古研究:商文明国际会议论文选)(New Haven and London: Yale University Press, 1986), pp. 237–273.
⑤ 乌恩岳斯图:《北方草原考古学文化比较研究:青铜时代至早期匈奴时期》(北京:科学出版社,2008年)。

琳(Katheryn Linduff)、①埃玛·邦克(Emma Bunker)和苏芳淑(Jenny So)②等人所做的研究。吉迪(Gideon Shelach-Lavi)也发表了几篇关于这一地区材料的研究,强调了在北方地区后来发掘的墓葬中所表现出来的女性特征。③ 这些学者都引用了青铜刀、带饰、墓葬形制,说明与中原地区相比,这一地区与大草原有着更多的共性。然而,与北部与西部的贵族相比,这里的墓主人也极为富有。可能是因为拥有邻近中原更为肥沃的土地,半月形地带的人们似乎通常拥有大量财产,也愿意以之随葬,北方地区的人们更是如此。

大草原和半月形地带在生活方式和物质文化方面与中原的差异是惊人的,而两个地区的相似性也同样引人注目。一旦这两个族群走上了各自独特的社会和物质道路(尽管在区域内也存在着地区差异),仰赖于此,他们存续了几个世纪,甚至上千年。④ 穿过两个族群之间的边界,交往互动并非轻而易举地实现。

传播观长期被质疑、排斥。其他概念被用来解释两个地区之间存在的共性与差异。⑤ 在这里,我选择使用沃尔夫(Eric Wolf)与科尔(Philip Kohl)使用过的术语——社会场(social field)去捕捉这种想法,生活方式相近的社会

---

① Katheryn Linduff(林嘉琳), "Zhukaigou, Steppe Culture and the Rise of Chinese Civilization"(朱开沟,大草原文化和中原文明的崛起), Antiquity(古物) 69 (262, March 1995): 133-145; Katheryn Linduff(林嘉琳) with Emma Bunker(埃玛·邦克) and Wu En(乌恩), "An Archaeology Overview"(考古观察), in Emma Bunker(埃玛·邦克) ed., Ancient Chinese Bronzes of the Eastern Eurasian Steppes from the Arthur M. Sackler Collections(从赛克勒藏品看欧亚大草原东部中国古代青铜器)(New York: Arthur M. Sackler Foundation, 1997), pp. 18-98.

② Jenny So(苏芳淑) and Emma Bunker(埃玛·邦克), Traders and Raiders on China's Northern Frontier(中国北方边境的贸易者和侵略者)(Seattle and London: Arthur M. Sackler Gallery, Smithsonian Institution, University of Washington Press, 1995).

③ Gideon Shelach-Lavi(吉迪), Prehistoric Societies on the Northern Frontiers of China, Archaeological Perspectives on Identity Formation and Economic Change during the First Millennium BCE(中国北方疆地区的史前社会:公元前1千年间身份标识的形成及经济变化的考古学观察)(London and Oakville: Equinox Publishing Ltd., 2009); Gideon Shelach-Lavi(吉迪), "Steppe Land Interactions and Their Efforts on Chinese Cultures during the Second and Early First Millennium BCE"(公元前2千年与前1千年早期大草原土地交流及其对中原文化的影响), in Reuven Amitai and Michael Biran eds., Nomads as Agents of Cultural Change, The Mongols and Their Predecessors(作为文化变动因的游牧民族:蒙古人与其先辈)(Honolulu: University of Hawai'i Press, 2015), pp. 10-31.

④ 过去的结论限制约束了现在,这一经济学理论即熟知的路径依赖,当然与文化习俗有关,包括在任何时间都可以选择的工艺品的特征,以及信仰的范围、可用的想法。确实,每个人都只有一个文件夹,里面是可供选择的机会。这个文件夹由他们所处社会的过去和现在的活动和习俗决定。

⑤ William Honeychurch 对于古代蒙古地区部族互动方式有着非常好的描述,见其 Inner Asia and the Spatial Polities of Empire, Archaeology, Mobility, and Culture Contact(内亚与帝国空间政治——考古、流动与文化交流)(New York: Springer, 2015), pp. 32-43.

群组在相似的、邻近的地理环境下与其邻居在同等条件下交流互动,他们交换材料、工艺品和想法。① 社会场并不相同,就像大草原和半月形地带占据一面,中原占据另一面一样,战争、征服或经济崩溃等成为主要媒介,使得通常需要穿越边界的交流成为可能。当材料或技术带来转变时,这种互动不会被简单地描述为影响。因为输入的材料或者技术通常在新的环境中会发生变形。长期以来,不同社会场的常规性交往可以被称为牵绊,诸如小规模冲突、贸易往来,以及中原地区从大草原雇佣劳动者等做法,带来了巨大的文化变迁。

本文中,我们引用社会场的概念来观察青铜技术的发展,其在大草原、半月形地带和中原的用途确实存在显著差别。冶金技术在大草原和半月形地带的使用早于中原,确实,青铜器可能是从北方引入到中原的。大草原和半月形地带的社会场导致相似但并不完全相同的兵器和饰品在广大区域内使用;整个欧亚草原北部各部族相互联结,有很多生产相似手工制品的中心。② 在这里,政治上的忠诚不时地波动,使得交流、发展出一套通用的兵器。兵器器型被邻近部族借鉴,并向东传播。通过这种方式,辛塔什塔-彼得罗夫卡(Sintashta-Petrovka)的矛、三翼镞、凿和大型有銎斧传到了东部。③ 传到西部的是塞伊玛-图尔宾诺(Seima-Turbino)文化兵器,包括带钩的矛、刀和几何纹有銎斧。④

相反,在中原,青铜器被引入到完全不同类型的社会,这里已经很好地建

---

① 社会场的讨论,参考 Philip Kohl, "Shared Social Fields: Evolutionary Convergence in Prehistory and Contemporary Practice"(共享的社会场:进化趋同在史前与当代的实践),*American Anthropologist*(美国考古学家)110.4(2008): 495 – 506.

② 欧亚金属制品的基础性研究,参考 E. N. Chernykh, *Ancient Metallurgy in the USSR, The Early Metal Age*(苏联古代冶金技术——早期金属时代), trans. Sarah Wright (Cambridge: Cambridge University Press, 1992). 现在很多学者指出从欧亚草原到半月形地带的边地都使用器型相似的兵器,如李刚:《中国北方青铜器的欧亚草原文化因素》(北京:文物出版社,2011 年);乌恩岳斯图:《北方草原考古学文化研究:青铜时代至早期铁器时代》(北京:科学出版社,2007 年);刘学堂、李文瑛:《中国早期青铜文化的起源及其相关问题新探》,《藏学刊》2007 年第 3 辑,第 1 – 63 页;邵会秋、杨建华:《欧亚草原与中国新疆和北方地区的有銎战斧》,《考古》2013 年第 1 期,第 69 – 87 页。有时学者们也强调中原财富带来的刺激,以及北方地区青铜器发展对于上述刺激的贡献,却没有强调大草原和半月形地带的相对独立性,如杨建华、邵会秋:《商文化对中国北方以及欧亚草原东部地区的影响》,《考古与文物》2014 年第 3 期,第 45 – 57 页。

③ 参考 E. N. Cherrykh, *Ancient Metallurgy in the USSR, The Early Metal Age*(苏联古代冶金技术——早期金属时代), p.225, fig. 78.

④ 参考 E. N. Cherrykh, *Ancient Metallurgy in the USSR, The Early Metal Age*(苏联古代冶金技术——早期金属时代), p.220 – 221, fig. 74, 75.

立起了定居的生活方式和祭祀仪式。使用了几千年的陶器,其功能得以扩展并且被替代,最精美的青铜器被用作食器和酒器敬献祖先。在这些礼器旁边,早期中原兵器并不显眼。成组的复杂的食器和酒器是高度集权的定居社会的产物,大规模制作这些青铜器,需要大量的、有效组织的劳动力才能进行采矿、熔炼、制模和范、铸造。这些新型青铜器本是用于与不可见的祖先精神的交流,现在成为商、周社会和政治生活的基础,就像早几百年精美陶器所起到的作用一样。一直以来,中原等级组织以文献为支撑维持着共同的仪式,在仪式上使用着器型标准的青铜礼器。①

大草原和半月形地带兵器的流行,与中原礼器的流行界定了两个不同社会场的区域。存在交流的地域中,器型的混合显而易见。这种混合证实了我们理解的商人(以及早期的二里头)获取冶金技术的路径的要点,一段时间之后,商人发展出自己的兵器。②

三　半月形地带与商和西周
早期进入中原的路线

青铜器被引入中原可能有几条路线:经过新疆或蒙古,过河西走廊,或者穿过鄂尔多斯地区,进入黄河盆地。在上述地区都能看到少量早期青铜器使用的情况;③赤峰地区也发现有类似的残片。中国及周边早期金属的分布

---

① Bryan Pfaffenburger 强调仪式在刺激技术交流与确保连续性方面所起到的作用,见其" Social Anthropology of Technology"(技术的社会人类学),*Annual Review Anthropology*(人类学年鉴)21(1992):491-516.

② 二里头最早的随葬青铜礼器的墓葬中出土的刀,带有大草原和半月形地带的传统,铲状斧也与欧亚草原的器型相同。在梅建军讨论早期青铜容器的研究中有讨论,见其" Early Metallurgy in China: Some Challenging Issues in Current Studies"(中国早期冶金技术:当前研究面临的挑战),pp.9-16,fig.6. 两件早期形式的戈,尖而较直,锋两侧边缘略倾斜。这种特征在大草原兵器中常见,也存在于塞伊玛-图尔宾诺组,罗斯托夫卡(Rostovka)发现的矛应该也有同样的来源。参考 Ludmilla Koryakova, *Andrej Vladimirovich Epimakov*, *The Urals and Western Siberia in the Bronze and Iron Ages*(乌拉尔与西西伯利亚青铜、铁器时代)(Cambridge: Cambridge University Press, 2007), p.107, fig.2.26.

③ 参考 Jianjun Mei(梅建军)," Early Metallurgy in China: Some Challenging Issues in Current Studies"(中国早期冶金技术:当前研究面临的挑战);Katheryn Linduff(林嘉琳)," What's Mine is Yours: The Transmission of Metallurgical Technology in Eastern Eurasia and East Asia"(我的也是你的:冶金技术在欧亚草原东部与东亚之间的传播), in eds. Sharada Srinivasan and Srinivasa Ranganathan, *Materials and Civilization: BUMA VII Proceedings*(材料与文明:金属与合金使用的起源第七次国际会议论文集)(September, 2009):8-14;李水城:《西北与中原早期冶金业的区域特征及交互作用》,收入《东风西渐:中国西北史前文化之进程》(北京:文物出版社,2009 年),第 246-293 页。

有三个区域或者三条路线：上述路线继续成为商后期、西周早期与北方和西方联结的主要路线，在图二十三中以数字标出，与之有关的是剑的传播。曹大志对于黄土高原的研究，林嘉琳（Katheryn Linduff）与杨建华对于北方地区墓葬的研究，都着眼于沿上述路线能看到的大草原类型兵器与礼器的组合。[①] 黄河拐向南处两岸的商代墓葬表明黄土高原人民与商人核心区之间有着频繁的交流。曹大志认为马的有效供给是商人马车管理的基础，半月形地带人们提供的马的交易可能是媒介之一，商人的礼器被带到北方，大草原和半月形地带类型的兵器被带到南方的安阳。[②]

我们认为，应该通过解读西周早期遗址来确认早期重要的路线，在这些遗址发现有类似的组合。首先，广为人知的是琉璃河燕国遗址。周王把召公的亲戚分封到北方，在那里建立并掌管燕国——今天的北京附近，恰好位于半月形地带的边缘。房山区发掘的燕国墓地出土了制作精美、带有铭文的青铜礼器，具有强烈的周人色彩。但是此外，相当多的泡形盾饰或马饰，以及具有大草原特征的马首饰件等等，表明周人贵族与各土著之间有着友好关系。[③]

相反，甘肃和陕西西部的灵台墓地以及宝鸡强国墓地都表明外来者已经迁入这里，并接手周礼器（以及与之相关的礼仪活动），同时保存有很多他们自己的习俗和物质文化，尤其是对兵器以及装饰性的泡情有独钟。[④] 第三种

[①] Dazhi Cao（曹大志），*The Loess Highland in a Trading Network（1300-1050BC）*（贸易网中的黄土高原：公元前1300-前1050年）（Unpublished thesis, Princeton University, 2014）. 曹大志认为商人努力获得马的供给支撑了礼器向黄土高原的移动；陕西淳化县黑豆嘴遗址出土了很多具有大草原特征的兵器，参考张文立、林沄：《黑豆嘴类型青铜器中的西来因素》，《考古》2004年第5期，第65-73页；Katheryn Linduff（林嘉琳）and Yang Jianhua（杨建华），"Ritualization of Weapons in a Contact Zone: Between Past and Present"（互动地区兵器的仪式化：过去与现在之间），in Charles Hartley, Bike Yazicioglu, Adam Smith ed., *The Archaeology of Power and Politics in Eurasia*（欧亚草原的权力与政治的考古学研究）（Cambridge: Cambridge University Press, 2012）, pp. 173-187.

[②] 朱凤瀚：《由殷墟出土北方式青铜器看商人与北方族群的联系》，《考古学报》2013年第1期，第1-28页。

[③] 关于这个遗址参考北京市文物研究所：《琉璃河西周燕国墓地（1973-1977）》（北京：文物出版社，1995年）；也可参考Yan Sun（孙岩），"Cultural and Political Control in North China: Style and Use of Bronzes of Yan at Liulihe 琉璃河 during the early Western Zhou Period"（中国北方的文化与政治控制：西周早期琉璃河燕国墓地青铜器形与用途），Victor Mair（梅维恒）ed., *Contact and Exchange in the Ancient World*（世界早期的联系与交流）（Honolulu: University of Hawai'i Press, 2006）, pp. 215-237；Yitzchak Jaffe, "Materializing Identity—A Statistical Analysis of the Western Zhou Liulihe Cemetery"（物化特征——西周琉璃河墓地的计量分析），*Asian Perspectives*（亚洲观察）51.1（2013）：47-67.

[④] 甘肃省博物馆文物队：《甘肃灵台白草坡西周墓》，《考古学报》1977年第2期，第99-129页；卢连成、胡智生：《宝鸡强国墓地》（北京：文物出版社，1988年）。

墓葬类型见于北京昌平白浮，这里也肯定属于外来者，但是外来者显然并没有接受周人的礼俗。这里并没有礼器，排列独特的兵器将其与更为北部与西部的人们联系起来。① 这种不同程度的互动表明有着不同的路线和方式，中原人们很显然与半月形地带甚至远至欧亚草原的人们有着持续的交流。②

通过构架的地理和考古框架，我们现在应该能够讨论安阳使用的兵器了。

四　安阳阶段的兵器

毫无疑问，商代战争是地方性的，尤其是安阳阶段。③ 此外，高级贵族墓中随葬兵器的数量极大地增多。④ 甲骨文中提到了与商人为敌的北方方国的名字。与半月形地带和大草原的反复互动发展出两种重要的结果。首先，步兵所使用的一些标准兵器是对大草原和半月形地带标准类型兵器的改造，例如矛、几何纹有銎斧、凿形斧、刀（图十二）。厚重的有銎斧在大草原地区广泛使用（图八），却从来没有获得商或周人的青睐，大概是因为通过单兵作战的勇武获取身份和地位的方式并没有得到贵族认可。另外，戈有时有銎。图十二展示了一些同期的兵器，分别来自安阳，以及大草原青铜时代中晚期两个重要的文化：乌拉尔（Urals）东部与哈萨克（Kazakh）北部的辛塔什塔-彼得罗夫卡（Sintashta-Petrovka）文化，以及因铸作薄壁锡青铜而闻名的塞伊玛-图尔宾诺（Seima-Turbino）文化。安阳埋葬的众多祭牲，或低级驭手或士兵，都随葬有大草原类型兵器的翻版，表明半月形地带和大草原人民也在安阳任职，可能是作为步兵或者马车管理者（图十三）。⑤

---

① 北京市文物管理处：《北京地区的又一重要考古收获——昌平白浮西周木椁墓的新启示》，《考古》1976 年第 4 期，第 246 - 258 页。
② 马车进入北方的方式，参考 Wu Hsiao-yun（吴晓筠），*Chariots in Early China*，*Origins*，*Cultural Interaction and Identity*（中国早期马车：起源，文化交流与一致性），pp. 64 - 66，fig. 3.7. 吴晓筠引用了非常著名的例子，即洛阳发掘出土的马车，同出的还有半月形地带特点的兵器。
③ 关于商代战争的讨论很有限，通常更依赖于甲骨文的记载，如宋镇豪、罗琨：《商代战争与军制》（北京：中国社会科学出版社，2010 年）；Robin Yates（叶山），"Early China"（早期中国），in *War and Society in Ancient and Medieval Worlds*（世界古代和中世纪战争与社会），ed. Kurt Raaflaub and Nathan Rosenstein (Cambridge Mass and London: Harvard University Press, 1999), pp. 7 - 45.
④ 岛邦男利用甲骨文证据绘制了一张地图，记录了黄河大转弯处这些部族大体的位置，见其《殷墟卜辞研究》（汲古书院，1958 年），第 414 页。
⑤ 朱凤瀚：《由殷墟出土北方式青铜器看商人与北方族群的联系》，第 1 - 28 页。

中国古代的草原式兵器与一对一单兵作战的意义 85

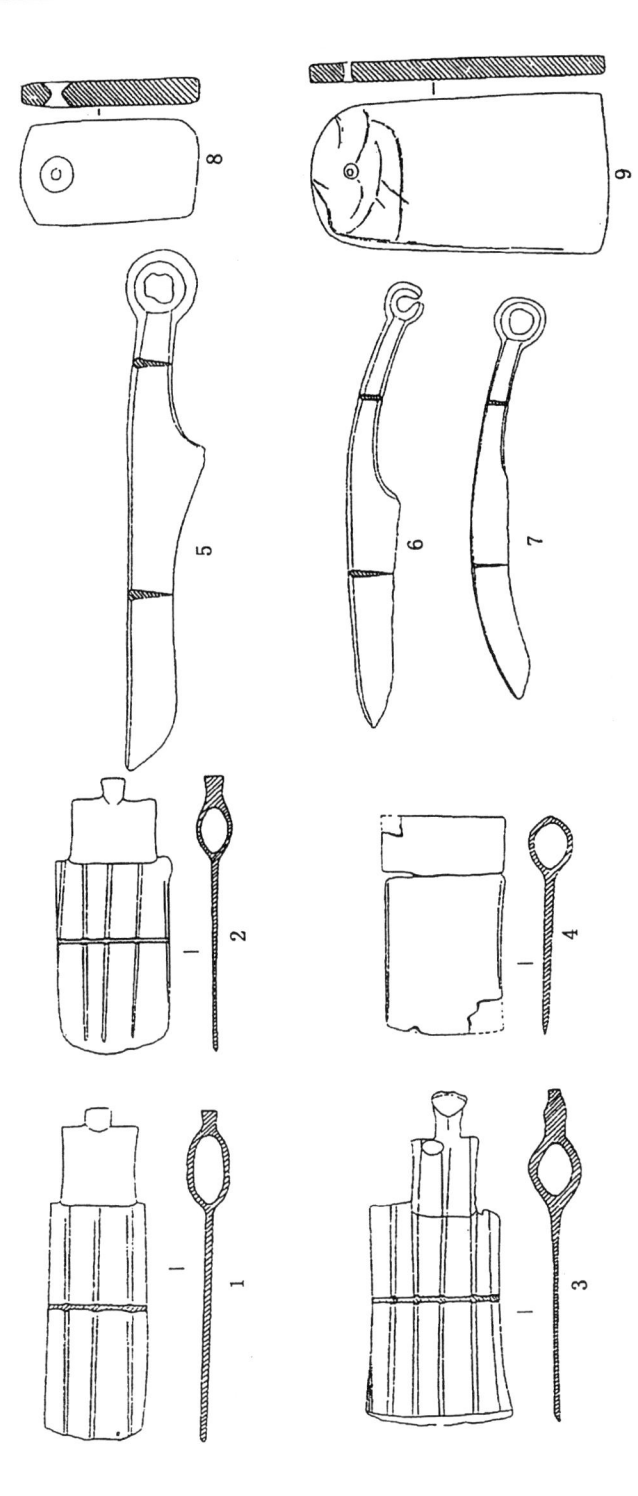

图十三 安阳制作的仿自大草原的有銎青铜斧、青铜刀
（殷墟丁组遗址一号房基 M10，采自《由殷墟出土北方式青铜器看商人与北方族群的联系》，图 9）

安阳阶段战争的第二个显著特征支持上述观点,即来自大草原的马车及相关技术的输入与发展。马车首先在大草原的乌拉尔东部发展起来,能够由马拉着快速奔跑,几乎自然地被当作轻型交通工具。从那里,这种轻型的车子或者马车向西南扩散到达西亚,然后穿过内亚到达中国。穿越如此遥远的距离,其传播轨迹可以在岩画中找到。就像现在描述的一样,起源于大草原的马车在中原地区的发现已经很清楚了。[1] 与在乌拉尔东部发现的车子不同,安阳马车在很多时候在木质框架和马具上采用小的青铜装饰。驾车者经常配备着大草原或北方风格的刀子,表明了商人使用马车与大草原(或至少是半月形地带)之间的联系。

马车的作用是有争议的。它们一定已经被应用于射箭,就如同在甲骨文中关于田猎的记载一样,也可能作为战争中贵族的指挥平台。马车上射箭在大草原践行着,一定也必然成为安阳地区的新技能。因为被埋葬在墓坑中,马车的重要性也被带到了另一个世界生活中。

我们以安阳花园庄 M54 为例来讨论商人战争的这些特征。[2] M54 墓主人可能是高级军事贵族新成员。墓中随葬有大量青铜器,与武丁配偶妇好墓中的随葬品相似,表明它们可能处于同一时期——约公元前 1200 年。与其他安阳完整的高级贵族墓一样,M54 也随葬大量的兵器,可能是大约 100 人步兵团的装备,或者用来代表更为强大的军事实力。[3] 墓中随葬了 78 件矛、73 件戈、881 件镞。然而,墓中也随葬有 6 个弓形器,大部分有精美的纹饰,这是使用高等级马车的标识。此外,3 把刀及 1 件铃是大草原和半月形地带典型器型(图十四),还有 149 件泡,可能用于盾饰、服饰、车饰或马饰。另外,一件独特的金饰片上装饰以星形,表明其与外来者之间有深层联系。[4]

刀(图十四)与弓形器的纹饰非常突出,很有个人特色,尽管表现为大草

---

[1] 参考 Wu Hsiao-yun(吴晓筠), *Chariots in Early China, Origins, Cultural Interaction and Identity*(中国早期马车:起源,文化交流与一致性)中关于这一点的讨论。

[2] 中国社会科学院考古研究所:《安阳殷墟花园庄东地商代墓葬》(北京:科学出版社,2007 年)。

[3] 陈志达讨论了不同身份地位的人在墓葬中随葬兵器数量的不同,参考其《殷墟武器概述》,《庆祝苏秉琦考古五十五年论文集》编辑组编:《庆祝苏秉琦考古五十五年论文集》(北京:文物出版社,1989 年),第 326 - 337 页。

[4] 商代黄金的使用几乎总是与外来者联系在一起。关于中国早期黄金使用情况的讨论,参考 Emma Bunker(埃玛·邦克),"Gold in the Ancient Chinese World: A Cultural Puzzle"(中国早期世界的黄金:文化碎片), *Artibus Asiae*(亚洲艺术)53. 1/2(1993):27 - 50。

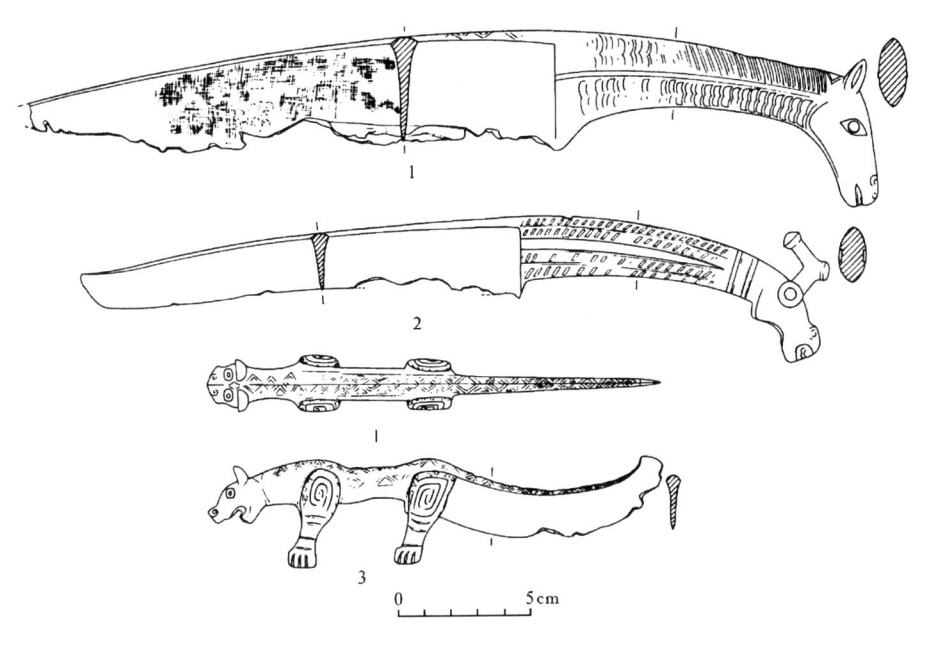

图十四　安阳花园庄 M54 出土大草原类型青铜刀

(马首刀长 31.5 厘米,采自《安阳殷墟花园庄东地商代墓葬》,图 126、127)

原方式。M54 墓主人与妇好一样是中原的一位军事领袖,他有能力欣赏并拥有这种大草原物品。兵器中最引人注目的是墓主人自己所拥有的 7 件钺,3 件长而直刃的卷首刀,以及一件大刀,刀尖上翘,有柄,当初可能安装在某种有机材料的柄上,现已不见(图十五)。[①] 最后一个例证也可以解释为器形来自大草原,在这里把它尺寸加大从而具有象征地位的作用。

其他墓葬,例如商王的配偶妇好墓、商后期墓葬郭家庄 M160,也有这三种类型兵器:妇好墓随葬 4 件钺(图一 a),没有直刃卷首刀,但是随葬的 10 把刀都刀尖上翘,背部有穿孔,使其非常突出。[②] 郭家庄 M160 墓主人有 3 件

---

① 我们尚未从类型学深入理解这些狭长直刃的刀子。早期的很窄,如盘龙城发现的一对,参考湖北省文物考古研究所:《盘龙城:1963~1994 年考古发掘报告》(北京:文物出版社,2001 年),图版 96。晚期的没有小的穿孔,而是管状的柄,用于穿秘,见于山东省的鹿邑县大清宫的长子口墓,参考河南省文物考古研究所、周口市文化局:《鹿邑太清宫长子口墓》(郑州:中州古籍出版社,2000 年),图版 67。这种形制广泛使用,尤其是在半月形地带,简单的形制也见于西周早期。

② 中国社会科学院考古研究所:《殷墟妇好墓》,第 105 - 106、101 - 102 页。

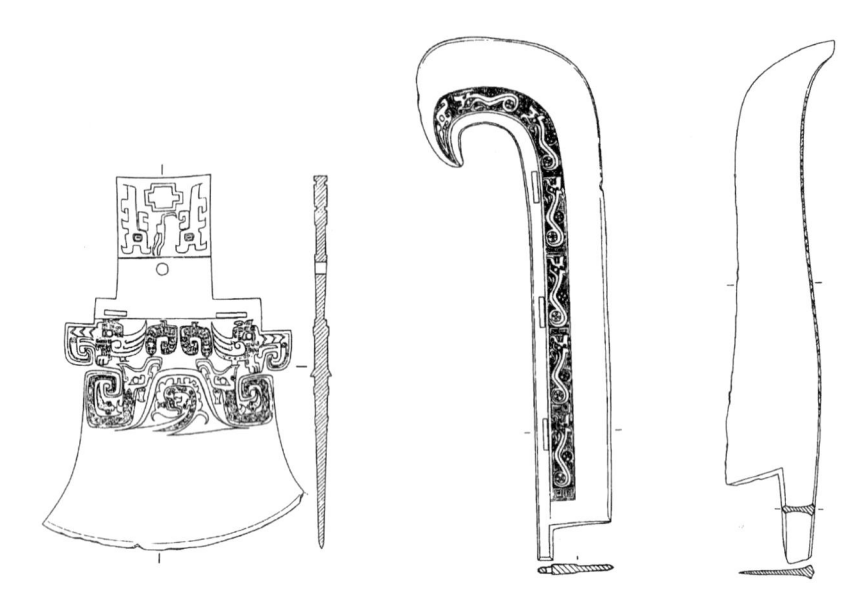

图十五　安阳花园庄 M54 出土三件大型锋刃兵器

(钺高 40.5 厘米,重 5.96 公斤;直刃刀高 44.5 厘米;尖部上翘刀长 31.5 厘米,采自《安阳殷墟花园庄东地商代墓葬》,图 103∶2,118∶1,127∶1)

钺,2 件直刃大刀和 1 件刀尖上翘的刀。[①] 其中有铃首的一件刀,其形制来自大草原。同样的特征也在一个古文字字形中见到(图三 d)。这三种类型兵器都有着大而平的表面,让我们回想起更早的新石器时代的玉钺,青铜钺的器形直接来自玉钺,尤其是那些几乎位于中间的大孔的例证,近似于上海附近良渚文化玉钺,晚些的版本则见于二里头。钺边缘水平的小孔,映照的是直刃卷首刀上的穿。两者都让我们想起某些大型玉兵器上能见到的成排的圆孔,尤其是那些基于收割功能的刀。

上述引用的三个例子都表明一种趋向,制作刃部极为凸出的兵器,是为了战争中的视觉展示,或者主要是为了用于仪式,而凸出的刃部是新石器时代玉器传统的典型特征。上述三种兵器都出现在金文字形中(图三 a,3c,3d)。两种刀子都有直柄。在这些特征的基础上,我们认识到这些大型兵器被给予很高价值,有意引人注目,就如同它们在字形中所表现出来的一样。然而,与那些

[①] 中国社会科学院考古研究所:《安阳殷墟郭家庄商代墓葬》(北京:中国大百科全书出版社,1998 年),第 105 – 107、111 页。

包含有戈的字形相比数量很少,可能使用上述兵器的人相对较少。

贵族不可能使用这种笨重的兵器把自己处于一对一作战的风险中。他们的角色是作为步兵部队的组织者和领导者,不管是真正的步兵,还是战车上的士兵。在战争中,他们或许受到所指挥军队的保护。因此,军事指挥声名远播,但并没有被看成是青铜时代的武士,这些武士是依靠个人勇猛获得的战争技巧。确实,兵器上的铭文,文字字形中具有代表性的兵器都表明战争、战争中的高级贵族都被归入一个更大的社会-军事体系中,这个体系的最终控制者是商王。

M54 这类墓葬中随葬的玉兵器也表明某种强大的中央控制,就如同玉器加工也总是需要高度组织一样。包括从远方获取非常珍稀的材料,以及长时间的艰辛加工过程,都需要高超的技巧。M54 随葬有 7 件玉钺、8 件玉戈、2 件玉矛、两件铜骹玉叶矛,还有一件宽刃的玉刀(图十六)。① 这些例证表明新石器时期的玉器传统得以持续,或者在商后期更为兴盛。玉兵器也表明战争直接仪式化,它把战争以及战争带来的死亡变成一种仪式,通过中原人民从新石器时代以来就高度重视的材料呈现出来。我们不知道这样的仪式可能包括什么,但是视觉上,通过去除掉其功能性的锋利边刃,代之以宝石更柔和的表面,玉质给了兵器以额外的、非人力的价值。

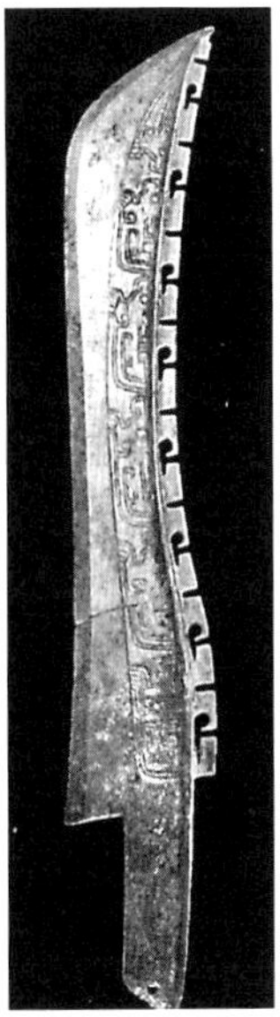

大量制作精美的玉兵器埋葬在商墓中,可能不只简单地证明了生者举行过仪式。中国古代的墓葬都是提前预制好以确保墓主人的安康。因此,很有可能玉兵器是为了保护墓主人不受到怪物和鬼魂的伤害。② 玉器不会杀死活人,但是可能会很好地保护死者不受到恶灵的侵扰。我将在稍后的关于东周、秦和汉的文章中对其进行讨论,上述时期我们有更多的

图十六 安阳花园庄 M54 出土玉刀

(长 25.2 厘米,采自《安阳殷墟花园庄东地商代墓葬》,彩图 40∶4)

---

① 中国社会科学院考古研究所:《安阳殷墟花园庄东地商代墓葬》,第 184－198 页。
② Alain Thote(杜德兰)参照新石器时代良渚文化的墓葬,提出了上述观点,参考其"Shang and Zhou Funeral Practices: Interpretation of Material Vestiges"(商、周丧葬习俗:物质遗迹的解读), in ed. John Lagerwey(劳格文) and Marc Kalinowski(马克), *Early Chinese Religion*, *Part One: Shang through Han* (1250－220AD)(中国早期信仰,第一部分,商至汉[公元前 1250－公元 220 年])(Leiden and Boston: Brill, 2009), pp. 103－142.

证据。

如果总结 M54 的证据,我们能看到其与大草原或至少半月形地带之间存在密切联系,两者都有标准化的兵器(图十二)、特殊形制的小刀(图十四)和弓形器。同时,中原的古代传统则通过凸出锋刃的青铜兵器(图十五)和玉质兵礼器(图十六)表现出来。

带着对商人主要军事力量的尊重,我们可以考虑一下怎样使用这一信息;我们能够看到商人军队是由众多的贵族首领率领他们自己的步兵部队组成的。他们似乎拥有自己的马车,或者由统治者、地方诸侯分配马车。几乎可以肯定马车是弓箭手的平台,这些弓箭手是商军队的重要组成部分,我们在墓葬中能够发现随葬有大量的镞,M54 中超过 800 枚。此外,一座被盗的安阳王室成员墓 M1004 出土有超过 700 多件兵器,表明商王也有大量的私人军队。根据一些甲骨文资料,我们知道商后期一支兵力可能有 3 000－5 000 人的规模;商王通常不是亲自领导军队,而是授权给有名字的个人。①

为了解释商人的事业,我们需要回顾中原地区各活动的一般特征,即相对密集的人口可以有组织地进行生产和战争,其基础是对劳动力的某种再分配,这些劳动力都被相对严格地指派了任务。大量几乎相同的兵器和马车,确实本身就是诸侯国监管下大规模生产的证据。一些贵族成员当然地表现出战斗实力,但是他们对战斗组织有什么贡献,在任何时候谁是最高首领我们并不知道。这些贵族当然有着很高的军事地位,就如同他们拥有的大型锋刃兵器所显示的一样,在这个阶段,似乎商人并不珍视在欧洲北部和地中海世界认可的个人军事勇武——并且后来由荷马(Homer)生动地记录在《伊利亚特》中。最初期就建立了大规模步兵军队,以及因一对一作战闻名的武士阶层的缺乏,为接下来几千年的战争设定了模板。

商人的很多传统在西周早期得以延续。然而,也有几项变革。在步兵武器中,戈与镞居于主导。矛没有那么重要,尽管矛头与戈组合成的戟受到某些重视。据现有证据,商贵族使用的精美的、宽刃青铜兵器在西周早期后就衰落了,就如同大量玉兵器一样。另一方面,根据青铜器铭文,我们知道马车

---

① 商代最大军事力量见于记载的是武丁时期的 10 000 人,另一组是 3 000 人,参考 Robin Yates(叶山),"Early China"(早期中国),p. 13.

由王赏赐,正式的射礼是仪式上的重要部分。① 这本是贵族个人身份和地位的象征,却通过军事术语表现出来。周人在中原框架下甚至发展了大草原传统,开发出四匹马拉的马车。个人墓葬旁随葬大量的马车,表明其高等级身份,以及对于周人来世观的重要性。

马车展示的迷人之处部分地在于,这是周人在新的、仪式化语境下选择利用大草原风尚的一个方面。因为大草原人们并不会如此挥霍无度地埋葬马车。在同样的精神下,周人引入精美的珠饰,其来源是大草原女人使用的珠子串饰。② 但是周人用玉、玛瑙和其他半宝石将其串成夸张的尺寸。③ 马车的数量、夸张的头饰是周人身份的基本特征,是对于来世身份、地位和战争的一种中原式阐释。这种对于模仿和再加工的趣味,使得周人后来以大草原传统期望的方式从边地接受了剑,但是与此同时,中原并未汲取大草原的勇武用于单兵作战。因为在商代,贵族似乎并不采用一对一作战的方式。这种竞争,我们必须寻求更多可能的证据。

五 大草原上的变革

黄河流域韩城附近的梁带村(黄河在陕西和山西之间流向南方),是小邦芮国的墓地,M27 是芮伯墓,约公元前 8 世纪,遵循了一些标准的周人风俗。④

---

① 以马车作为赏赐对象的铭文,参考 Wu Hsiao-yun(吴晓筠), *Chariots in Early China, Origins, Cultural Interaction and Identity*(中国早期马车:起源、文化交流与一致性), pp. 71-74. 射礼的描述参考袁俊杰:《两周射礼研究》(北京:科学出版社,2013 年)。

② Jessica Rawson(杰西卡·罗森), "Ordering the Exotic: Ritual Practices in the late Western and Early Eastern Zhou"(异域秩序:西周晚期和东周早期的礼俗), *Artibus Asiae*(亚洲艺术)73. 1(2013):5-74. 文中讨论了获取大草原风俗的方式是在某种程度上改变服饰或服装,甚至使之仪式化,但是并不会把周贵族改变成大草原武士。译者按:中文翻译收入《早期中国研究(第 2 辑)》(北京:文物出版社,2016 年)。

③ 关于这种类型饰品的深入讨论,参考黄翠梅:《流光溢彩·翠绕珠围——西周至春秋早期的梯形牌联珠串饰》,收入陈光祖主编:《金玉交辉——商周考古、艺术与文化论文集》(台北:中研院历史语言研究所,2013 年),第 559-600 页。

④ 梁带村芮国墓地及相关材料的深入讨论,参考 Jessica Rawson(杰西卡·罗森),"Ordering the Exotic: Ritual Practices in the late Western and Early Eastern Zhou"(异域秩序:西周晚期和东周早期的礼俗)。有黄金剑鞘的短剑以玉替代了青铜或铁,来适应中原的习俗惯例。在器形上,集中了大草原塔加尔(Tagar)文化的剑以及北方地区同时代兵器的特征。另外,戈和玉剑极为少见,仿制的玉韘更常见。以梁带村出土的黄金韘为基本材料所做的讨论,参考徐汝聪:《用韘及韘佩——以梁带村芮国墓地 M27 出土韘为例》,收入陕西省考古研究院、上海博物馆编:《两周封国论衡:陕西韩城出土芮国文物暨周代封国考古学研究国际学术研讨会论文集》(上海:上海古籍出版社,2014 年),第 221-235 页。

随葬有精美的属于西周晚期的礼器,以及可能是商代的玉兵器。但是此外,他有一些黄金制成的泡和饰物(图十七);他的配偶也在上半身戴着玛瑙珠子串成的饰物,模仿上面提及的大草原装饰风格;芮伯佩戴着青铜柄铁刀,随葬有锻造的青铜片连缀成的盔甲。黄金剑鞘与仿青铜玉剑是重要特征,表明周人高级别贵族已经采纳了大草原兵器,黄金鞭的使用强调了弓箭的价值(图十八)。然而我们要问的是,芮伯为什么模仿半月形地带人们的兵器和饰物?他仅仅是出于仰慕他的邻居吗?或者是他准备在来世的战争中平等地对待他们吗?

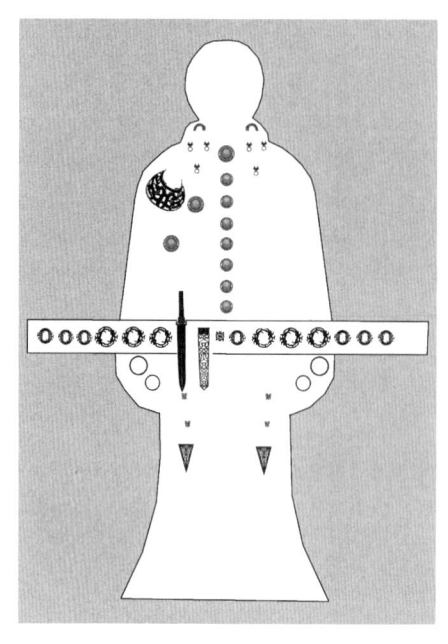

图十七 陕西梁带村 M27 出土黄金带饰排列线图

(公元前 8 世纪;以 2012 年上海博物馆复原展为基础,John Rawson 绘制;单个物品根据《芮国金玉选粹:陕西韩城春秋宝藏》绘制,编号 57、59-72)

黄金、铁器、锻造的青铜这三种材料对于中原来说是全新的。它们在大草原有着更为悠久的历史,就如同短剑一样(图四)。这些东西放在一起,就成为描绘大草原和半月形地带与中原互动的最好素材。

商人被大草原的兵器和马车吸引的同时,来自大草原的压力带来了上述变革。青铜器铭文中记载了来自周人北部边域的侵扰,例如多友鼎铭记载了与猃狁之间发生的一次重要的车战。[①] 此外,公元前 771 年与西戎冲突的失败,迫使周人把都城从今天的西安附近迁走。然而就是在这个时候,芮伯通过他对于黄金、铁器和盔甲的趣味,表明其最终采用了大草原的装备。这一点似乎能够说明边地人们既令人钦佩,又让人恐惧。

为了阐释这种变化,我们可以先来考察蒙古,因为这里产生了巨大的石

---

① 多友鼎铭文及与猃狁之间战争的讨论,参考 Li Feng(李锋), *Landscape and Power in Early China, The Crisis and Fall of the Western Zhou, 1045 - 771 BC*(中国早期地理与政治:西周[公元前 1045 -前 771 年]的危机与衰落)(Cambridge: Cambridge University Press, 2006), pp. 141 - 191.

图十八　陕西梁带村 M27 出土黄金饰品与带饰的排列
（采自《芮国金玉选粹：陕西韩城春秋宝藏》，编号 57、59-72）

头遗迹——积石冢（图十九），还有鹿石（图二十），这种新的发展标识着大草原社会正在进行着重大变革。公元前 1400-前 700 年，这些令人印象深刻的建筑物扩散至整个蒙古的西部与中部。[①] 为了建造积石冢的石头堆，需要驱使大量的劳动力，对于蒙古流动的游牧社会来说，积石冢可能是其核心人物的墓葬，也是礼仪场所。石头堆周围用石头围起，平面呈长方形或圆形，外围置有很多小墓。这些小墓大多覆盖着马首，有时候也有马骨或马蹄。在一些墓中有马衔等马饰。随着时间的推移，一个重要的积石冢周围，可能埋葬有

---

① William Honeychurch, *Inner Asia and the Spatial Polities of Empire, Archaeology, Mobility, and Culture Contact*（内亚与帝国空间政治——考古、流动与文化交流），pp. 112-122；Francis Allard（安赋诗），Diimaajav Erdenebaatar, Sandra Olsen, Alyssa Cavalla, Erika Maggiore, "Ritual and Horses in Bronze Age and Present-Day Mongolia: Some Preliminary Observations From Khanuy Vally"（青铜时代的祭祀和马与今天的蒙古：哈努伊河谷史前观察），in eds. Laura Popova, Charles Hartley and Adam Smith, *Social Orders and Social Landscapes*（社会秩序与社会地理）（Newcastle: Cambridge Scholars Publishing, 2007），pp. 151-167.

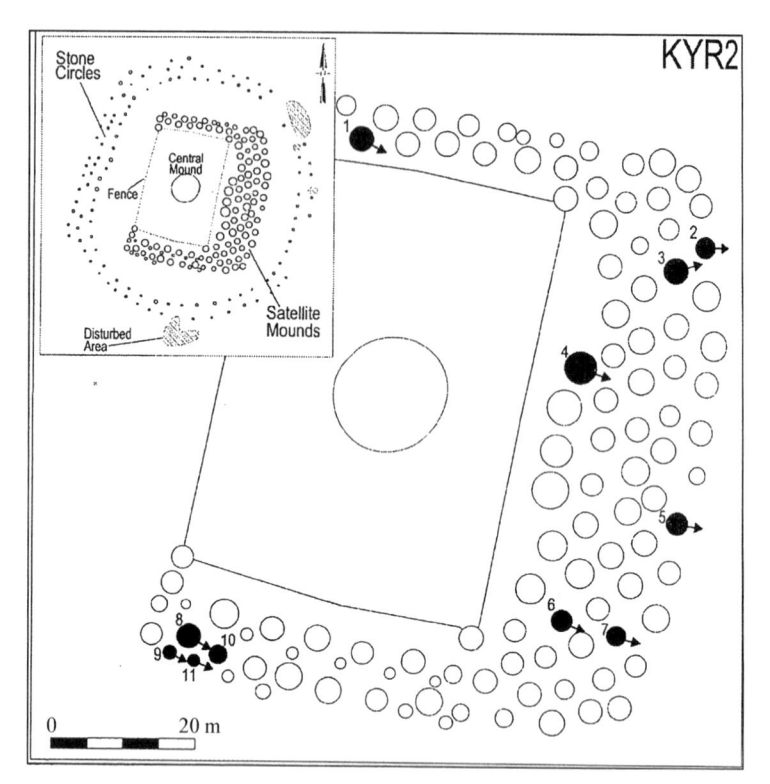

图十九　蒙古哈努伊河谷(Khanuy Valley)积石冢平面图
(采自"Ritual and Horses in Bronze Age and Present-Day Mongolia"[青铜时代的祭祀和马与今天的蒙古],p.152)

几百匹马(图十九)。①

两种发展已经产生：大草原的人们扩大了骑马习俗的影响范围，使其进一步向西发展，穿过西伯利亚南部和蒙古，与此同时传播的还有以马随葬。同时，他们的社会阶层日益分化，因为掌权者统治着族群内的"平民"，并且从

---

① 对于蒙古积石冢的角色的讨论，参考 Joshua Wright, "Organisational Principles of Khirigsuur monuments in the Lower Egiin Gol Valley, Mongolia"(蒙古埃格河下游河谷积石冢墓葬的组织原则), *Journal of Anthropological Archaeology*(考古人类学辑刊)26(2007)：350-365；Francis Allard(安赋诗) and Diimaajav Erdenebaatar, "Khirigsuurs, Ritual and Mobility in the Bronze Age of Mongolia"(积石冢：蒙古青铜时代的仪式与迁徙), *Antiquity*(古物)79(2005)：547-563；William Honeychurch, Joshua Wright and Chuang Amartuvshin, "Re-Writing Monumental Landscapes as Inner Asian Political Process"(内亚政治进程中历史景观的再讨论), in *Social Complexity in Prehistoric Eurasia, Monuments, Metals and Mobility*(史前欧亚大陆的社会复杂性：建筑物、金属与迁徙), ed. Bryan Hanks and Katheryn Linduff(林嘉琳)(Cambridge：Cambridge University Press, 2009), pp.330-357.

图二十　鹿石四面拓片的摹本

（我们能看到腰带上悬挂的兵器，右边上部是盾。蒙古北部，大约公元前1200－前700年。采自 *Drevnyaya Mongoliya*[古代蒙古], fig. 79）

依附者那里得到牲畜和人力等决定性资源，以及建造纪念性建筑物。

鹿石告诉我们同样的故事（图二十）。大多数鹿石都有着同样的风格，一些原本站立着的高的石头上，在圆形顶部的一面刻有人的头部，有时在其余三面中的两面刻有耳环，可能代表了一个有权势的个体，或者更通常的概念是有权势的首领。鹿石的得名是根据其身体的主要部位往往刻画着有序排列的雄鹿，这也许是为了展示刺青或者衣服上的贴花装饰。接下来是水平的腰带，上面悬挂着兵器，经常出现的是刀或剑、以及下边弯曲的弓形器（图二十）。在上部通常会有盾。这些鹿石不仅代表着人，因其随身携带着兵器也意味着是纪念武士取得的成就。[1] 所谓"动物形"的特征就是雄鹿，它从包括

---

[1] V. V. Volkov（沃尔科夫），*Olennye Kamni Mongolii*（蒙古鹿石）（Ulaanbataar: AN MNR Press, 1981），p. 202, fig. 79；中译本由王博、吴妍春译（北京：中国人民大学出版社，2007年）。E. A. Novogrodova 在 *Drevnyaya Mongoliya*（古代蒙古）（Moscow: Nauka, 1989）一书中引用了鹿石上的兵器，第188页。

西亚和中国在内的多个来源获取母题，成为游牧民族最喜爱的装饰传统，穿越整个内亚，包括在适当的时候进入半月形地带。①

因此，积石冢与鹿石组合在一起，表明在公元前第二千年的后期和前第一千年的早期，蒙古人民流动性增强，对于权力的视觉展示有着更强烈的兴趣。这些部族现在有公认的首领，其强大依赖于个人的成功；如同鹿石所透露的，这些首领都是武士；在其邻居崛起时，他们可以依靠自己的成就组成更大的组织，也能承担诸如建造积石冢这样的大工程。这些发展可能对于半月形地带的人们是一种冲击，那时他们已经与商后期和西周早期的邦国有了互动。

使用铁制工具和兵器进一步刺激了游牧民族的行为。铁器可能首先在安纳托利亚和高加索（Caucasus）地区有广泛的应用，后来在公元前第一千年之初传入大草原。不晚于公元前900或前800年，铁器传到大草原东部和半月形地带，正如我们在芮国墓地能够看到铁刃刀子一样。同期，整个欧亚草原北部的部族都有联系，其交流通过大草原重要首领的墓中随葬的铁兵器可见一斑，这些铁兵器装饰着黄金和白银。② 图二十一中的地图表明黄金装饰的铁兵器在如此广大的区域内都可见到。骄傲的所有者更进一步地通过积石冢和鹿石纪念他们的领导能力和组织能力，通过兵器和服饰非常强劲的视觉展示来体现其个人财富和权威。在饰件中，动物形带饰发现于从中原的边地到黑海及更远地区。使用金、银装饰的随身兵器、以马随葬、兵器上的动物主题、马具和服饰等方面的共同传统，记录了几个世纪以来草原各游牧部族之间持久而紧密的联系。

图瓦共和国（Tuva Republic）发现的阿尔赞（Arzhan）Ⅰ号与Ⅱ号大墓（图二十一 j），属于公元前9到前7世纪，表明这里是使用黄金装饰的铁兵器作

---

① 有鹿石，人们就会期望见到斯基泰人三件套：兵器、马具和动物形饰件，这实际上是一种误导，参考 A. M. Khazanov, "The Scythians and Their Neighbors"（斯基泰人及其邻居）, in R. Amitai and M. Biran (eds.) *Nomads as Agents of Cultural Change: the Mongols and their Eurasian Predecessors*（作为文化变革动因的游牧民族：蒙古人与其欧亚草原先辈）(Honolulu: University of Hawai'i Press, 2015), p.33. 确实，在欧亚草原其他地区，这种三件套在同一时期或更早阶段居于主导地位。

② 欧亚草原北部的首领墓随葬铁、黄金，显示其在广大范围区域内有交流，对这一点的概述可以参考 Hermann Parzinger et al., *Im Zeichen des Goldenen Greifen*, *Königs Gräber der Skythen*（金色格里芬标志之下：斯基泰王陵）(Munich, Berlin, London, New York: Prestel, 2008).

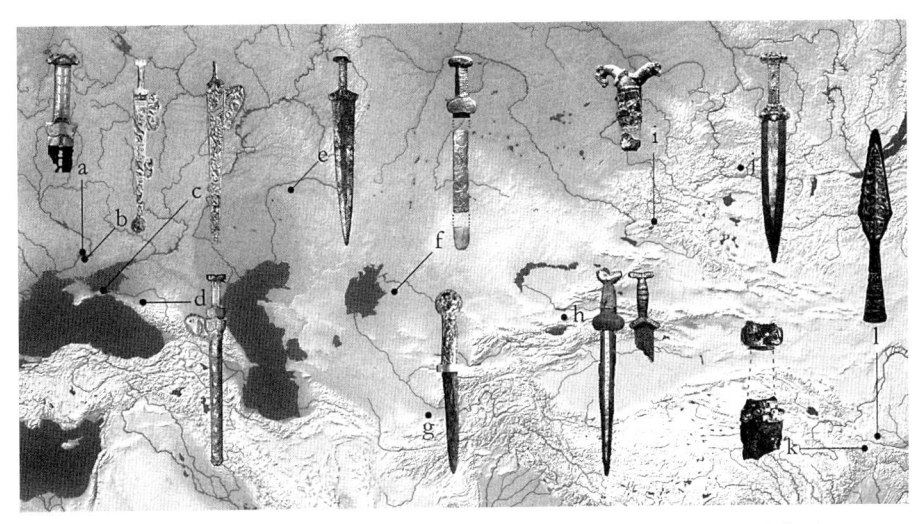

图二十一　黑海到黄河西部欧亚草原北部金银装饰的铁剑和匕首分布图，能够看到相同趣味

a. 切尔托姆利克(Chertomlyk)(公元前4世纪晚期)　b. 索罗卡(Solokha)(公元前4世纪早期)　c. 库尔-奥巴(Kul'-Oba)(公元前4世纪)　d. 克勒梅斯(Kelermes)(公元前7世纪中晚期)　e. 菲利波夫卡(Filippovka)(公元前5—前4世纪)　f. 塔吉斯肯(Tagisken)(公元前6—前5世纪)　g. 蒂拉丘地(Tiliya Tepe)(公元前1世纪-1世纪)　h. 伊塞克(Issyk)(公元前4—前3世纪)　i. 贝雷尔(Berel')(公元前4—前3世纪)　j. 阿尔赞 II(Arzhan II)(公元前6—前5世纪)　k. 礼县(公元前4—前3世纪)　l. 马家塬(公元前4—前3世纪)

(杰西卡·罗森[Jessica Rawson]、Peter Hommel 绘制)

为身份象征的早期中心之一。[①] 此后，向东、向西扩散，证实了大草原具有强有力的社会场。这种移动的高峰期在公元前4世纪到前3世纪到来，此时匈奴尚未崛起，还没有攻击秦和汉。所有的可能性中，御马术的扩散和铁器使用的增长提高了大草原生活的军事化程度，因为大草原竞争愈发激烈，北方人们越来越成为中原定居人口的最主要困扰。然而，有证据表明中原人们在惧怕其邻居的同时，也钦佩、模仿他们，就如同芮伯墓清晰地展示出来的一样（图十八）。

[①] Konstantin Čugunov, Hermann Parzinger and Anatoli Nagler, *Der skythenzeitliche Fürstenkurgan Aržan 2 in Tuva*(图瓦斯基泰时期王陵阿尔赞 II 号大墓)(Mainz: Verlag Philipp von Zabern, 2010).

六 半月形地带的铁兵器与黄金饰品

检视蒙古、西伯利亚和哈萨克斯坦东部到今天中国北部的地图——能够给我们提供如何解释向中原迁移这一问题,其原因在于受到流动人口增长带来的压力(图二十二)。道路、铁路和河流表明穿过大草原和沙漠避开最高山峰的可能路线。只有戈壁真正地成为主要障碍,在气候潮湿的时期,这一障碍也将得到解决。半月形地带的遗址透露出几条路线,铁器、黄金,也可能包括盔甲由此进入半月形地带,再进入到中原(图二十三)。商和西周早期三条主要的交流路线沿途的遗址我们已经在上文提及。

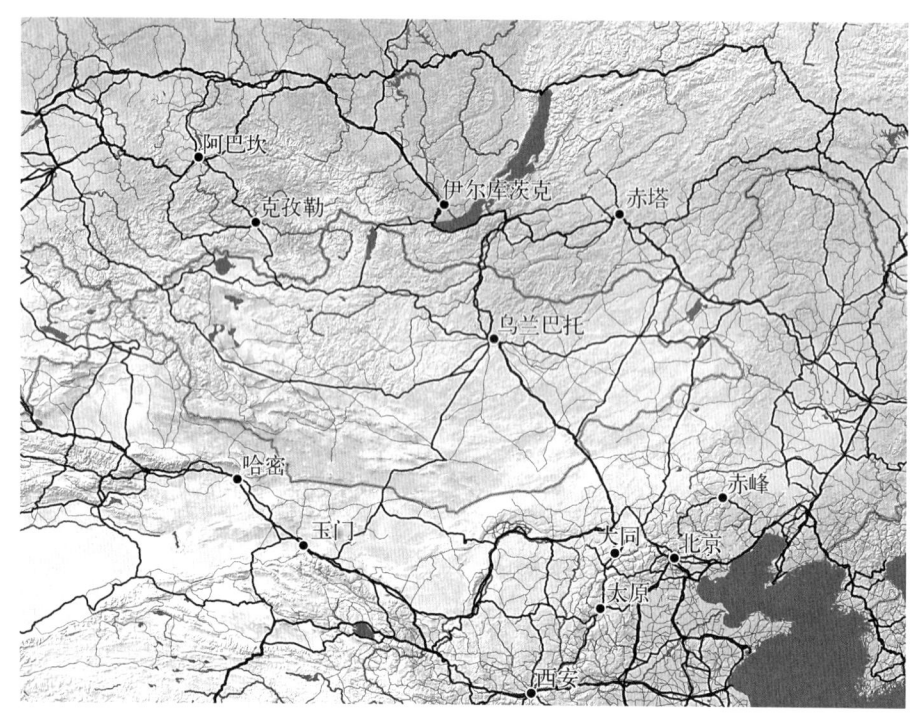

图二十二 欧亚草原东部、蒙古和中国北部地图
(陆路和轨道交流路线,今天仍很重要)

黄河流域的梁带村遗址代表了我所标注的第二条路线,即穿过蒙古中部,越过鄂尔多斯,进入黄河流域的谷地与平原。这条中间路线经过很多其

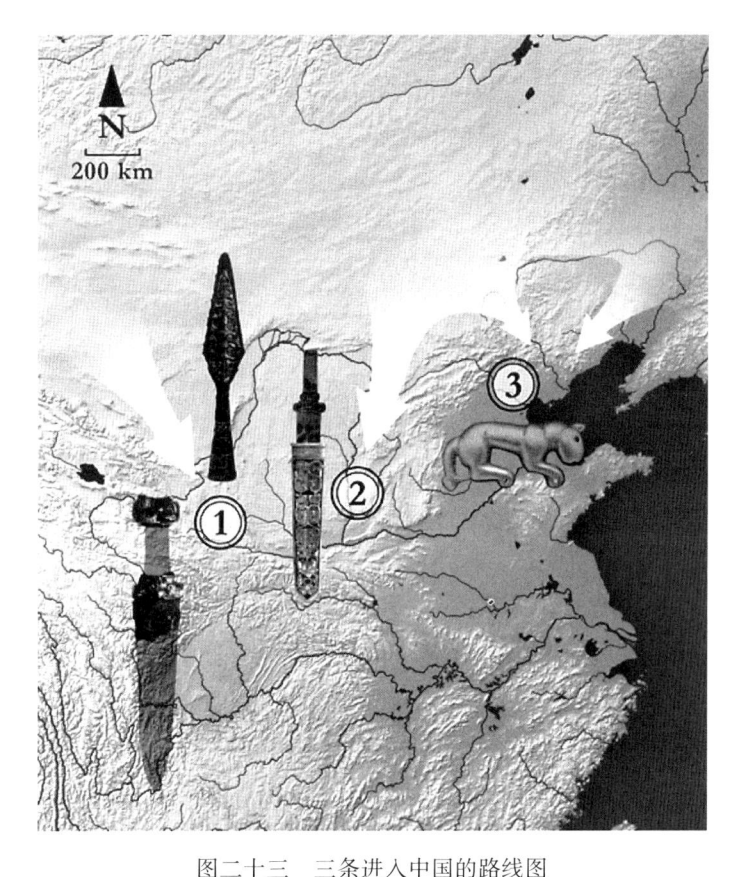

图二十三　三条进入中国的路线图
1. 西线,沿河西走廊　2. 中线,黄河流域向下　3. 东北线,北京附近
（杰西卡·罗森［Jessica Rawson］、Peter Hommel 绘制）

他遗址,在那里早期的部族既拥有大草原类型的兵器,也有一些商人的礼器。梁带村也是半月形地带南部边缘最早的遗址,出土有铁兵器、黄金饰品、玛瑙珠子和小的青铜甲片。当然,黄金、玛瑙珠子、锻造的青铜盾饰在半月形地带其他遗址也有发现,通常时代更早。这些不仅强调了文化习俗和材料持续而缓慢地从大草原进入半月形地带,也表明居住在那里的人们正在不断地适应这些新鲜事物。

西线出蒙古向下进入甘肃走廊,我称之为路线 1(图二十三),也非常明晰、突出。小的黄金甲片与马络头在礼县秦人墓葬中有发现(图二十一 k),可能属于公元前 8 世纪。一件黄金的猫科动物饰品可能原本属于一个被盗的组合,因为附近还发现了时代稍晚的金柄铁剑的一些残片。① 同样的材料组合,如果放在更大范围考虑,在甘肃马家塬时代晚些的外来者墓葬中更丰富,这些墓葬有时被描述成西戎墓(图二十一—1)。马家塬墓地有近60座墓葬,在带饰、项饰、珠子、耳饰等方面极为奢华,还有相当数量的铁器,有的装饰精美,以符合最高等级贵族对随身兵器的需求。对于黄金和铁器毫无节制的使用,与中原墓葬所能见到的并不相同。兵器、饰件、串饰,所有这些都与大草原其他首领墓展示其财富的方式相同,尤其是阿尔赞Ⅱ号墓主人。确实,居住在马家塬的人们喜爱邻居们的兵器、马具和动物饰品。在马家塬墓地发现的大量马车也极为奢华地装饰着青铜、黄金、白银和铁。②

在东北,第三条线路将大草原习俗传入北京地区,在军都山玉皇庙发掘了大型墓地(图二十三)。③ 玉皇庙没有发现铁器,很多墓葬出土有随身兵器,斧和短剑置放在墓主人的腰间;他们都戴着奢华的青铜带饰、串饰,与阿尔赞Ⅱ号墓以及马家塬西戎墓的墓主人一样,有的戴着半月形青铜或黄金项饰。④ 玉皇庙M230出土的青铜S形饰件,器形与图瓦阿尔赞Ⅱ号墓出土的黄金饰件几乎一致,⑤ 显示其与大草原的紧密联系。饰件、随身兵器、不同形制的胄构成了一个新的、引人注目的组合。所有这些对于大草原人们来说都很典型,都在公元前6至前3世纪快速发展进入半月形地带。

在接下来说明进入中原的主要线路之前,短暂离题讨论一下盔甲问题很有必要。盔甲就如同已经提及的兵器和饰件一样,几乎肯定是从大草原引入的。⑥ 骨头和鹿角制作的盔甲在西伯利亚中-晚期青铜时代几个遗址都有发现,这几个遗址都与塞伊玛-图尔宾诺(Seima-Turbino)文化交流现象有关,也与

---

① 黄金被部分盗掘,尽管其中的一些现在已经入藏甘肃省博物馆,参考礼县博物馆、礼县秦西垂文化研究会:《秦西垂陵区》(北京:文物出版社,2004年),第32－42页;金饰铁戈或剑的残件也在同一地区的圆顶山有发现,见104页。
② 简报见有关期刊。综合性的高清图见甘肃省文物考古研究所:《西戎遗珍:马家塬战国墓地出土文物》(北京:文物出版社,2014年),为北京大学赛克勒博物馆2014年展览图录。
③ 四卷本考古发掘报告,见北京市文物研究所编:《军都山墓地:玉皇庙》(北京:文物出版社,2007年)。
④ 北京市文物研究所编:《军都山墓地:玉皇庙》第4册,第47－49页,图版26－31。
⑤ 北京市文物研究所编:《军都山墓地:玉皇庙》第4册,第376页,图版3－4; Konstantin Čugunov, Hermann Parzinger, Anatoli Nagler, *Der skythenzeitliche Fürstenkurgan Aržan 2 in Tuva*(图瓦斯基泰时期王陵阿尔赞Ⅱ号大墓),pl. 31, 52,可以将二者做比较。
⑥ 盔甲是欧洲青铜时代武士拥有的另外一种重要物品,参考 A. F. Harding, *European Societies in the Bronze Age*(青铜时代欧洲社会),pp. 285－291。

格拉兹科沃（Glazkovo）文化有关。出土于茹斯托夫卡（Rostovka）遗址、乐贝迪（Lebedi）Ⅱ号墓，以及索普卡（Sopka）Ⅱ号墓（鄂木斯克省［Omsk Province］）的例证都属于公元前2300－前1300年间；佩雷沃兹诺伊（Perevoznoi）（克拉斯诺亚尔斯克边疆区［Krasnoyarsk Krai］）文化与乌斯蒂尔加（Ust'-IIga）（西斯贝卡利亚［Cisbaikal］）文化也在此期间衰落。① 上述遗址可能受到使用皮制盔甲的影响，据说在安阳M1004发现有这种盔甲。商代没有更多使用盔甲的证据，尽管我们必须接受这种可能性，像皮子这样的有机质材料，可能在我们认出来以前已经腐烂。② 安阳贵族墓也发现几件青铜胄，很可能是受到大草原习俗的影响，在那里皮制的帽子和胄可能很普通。半月形地带与蒙古几个时代稍晚的遗址发现有仿皮青铜胄。③ 甲和胄如果从贵族的近身肉搏战考虑，很有意义。商和西周早期并不强调这种一对一战斗，所以甲和胄的需求也并不大。

然而，根据几个金文字形中显示的一个人拿着兵器和一个球形物体，可以推测商人使用盾（图三e）。圆形的泡可能是盾饰，尽管很多小的商代铜泡可能用作车饰或者马具上的饰件。这种泡最早在二里头和盘龙城墓葬中就有发现。④

---

① 乌斯蒂尔加（Ust'-IIga）文化和佩雷沃兹诺伊（Perevoznoi）文化，参考 A. P. Okladnikov, *Neolit I Bronzovij Vek Pribajka' ya: Glazkovskoe Vremya*（西斯贝卡利亚的新石器与青铜时代：格拉兹科沃时期）。乐贝迪Ⅱ号墓参考 E. N. Chernykh, E. V. Kuz'minykh, L. B. Orlovskaya, "Ancient Metallurgy of Northeast Asia: From the Urals to the Saiano-Altai"（东北亚的古代冶金技术：从乌拉尔到塞安诺-阿尔泰），in ed. Katheryn Linduff（林嘉琳）, *Metallurgy in Ancient Eastern Eurasia from the Urals to the Yellow River*（欧亚草原东部古代冶金技术：从乌拉尔到黄河流域）(Lampeter: Edwin Mellen Press, 2004), pp. 15-36.

② 关于中国盔甲始于东周的研究，参考白荣金、钟少异：《甲胄复原：中国传统艺术全集》（郑州：大象出版社，2008年）。关于中国带有装饰的盔甲，参考宋镇豪、罗琨：《商代的战争与军制》，第471页，图6-22。

③ 胄的使用，参考王彤：《中国北方商周时期的铜胄》（长春：吉林大学博士论文，2004年）。北方地区与蒙古胄的比较，参考 Diimaajav Erdenebaatar, "Burial Materials Related to the History of the Bronze Age in the Territory of Mongolia"（蒙古境内青铜时代历史有关的墓葬材料），in ed. Katheryn Linduff（林嘉琳）, *Metallurgy in Ancient Eastern Eurasia from the Urals to the Yellow River*（欧亚草原东部古代冶金技术：从乌拉尔到黄河流域），pp. 189-221; Y. S. Hudiakov and N. Erdene-Ochir, "Bronze Helmet Recently Discovered in Mongolia"（蒙古新近发现的青铜胄），*Archaeology Ethnology & Anthropology of Eurasia*（欧亚考古学、人种学与人类学）38 / 1 (2010): 53-60.

④ 这种泡可能进一步向西发展，在西亚和大草原，标准的战斗方式是一对一，因为在上述两个地区，泡在整个青铜时代都有使用，根据引用的迈锡尼盾，我们知道泡在公元前第二千年就在地中海使用了，参考 John Chadwick, *The Mycenaean World*（迈锡尼世界）(New York: Cambridge University Press, 1976), 第163页，金属泡可以使盾更坚固。泡可能是在欧亚草原不同地区独立发展起来的，但是从公元前第二千年晚期泡可能更紧密地与半月形地带联系在一起，而不是中原。二里头的泡参考中国社会科学院考古研究所：《偃师二里头：1959年~1978年考古发掘报告》（北京：中国大百科全书出版社，1999年），第255-256页；盘龙城的泡参考《盘龙城》第2册，图版52。

类似的例子也发现于半月形地带,以及更广阔的大草原和西亚地区的遗址。[①]另外一组更大的盾饰发现于宝鸡弻国墓地,其统治者被认为是"外来者"。[②]甘肃西周墓中发掘出一些可能是锻造的铜泡,不是铸作的。正如上文提到的梁带村使用盔甲的例子,也能看出其与北方与西方的联系。[③] 这种泡在大草原广泛使用,既用作饰件,也用在盾上以加强对剑攻击的防御。

七　进　入　中　原

上述三条著名的路线可以非常清楚地追踪到中原。我们将开始更多地关注中间路线,黄河流域的芮伯与其半月形地带邻居竞相展示黄金、铁兵器和盔甲。我们在这里的其他中原诸侯国,如晋、[④]虢、[⑤]应和鲁[⑥]等都能发现这种交流紧密相关的线索,这些诸侯国都使用相同的腰带和铁兵器。[⑦] 然而,北方类型的线索被纳入成套的丧葬习俗中,而在其他更多方面,都是典型的周人特征。

渭河谷地西部遗址表现出与大草原和半月形地带更为紧密的联系,人们采用了沿西线通过甘肃引入的变革。宝鸡附近益门村一座墓葬出土有很多制作精良的铁剑,柄部装饰繁复,但是没有青铜礼器,证实了墓主人并不属于

[①] 对朱开沟、平谷县与琉璃河以及其他半月形地带的例证引用和描述的情况,参考李刚:《中国北方青铜盾饰研究》,《内蒙古文物考古》2006年第2期,第45—54页。

[②] 关于弻国墓地获取自半月形地带的特质的讨论,参考 Jessica Rawson(杰西卡·罗森), "Miniature Bronzes from Western Zhou tombs at Baoji in Shanxi Province"(陕西省宝鸡市西周墓的微型青铜器), *Radiance between Bronzes and Jades—Archaeology, Art and Culture of the Shang and Zhou Dynasties*(青铜与玉器交相辉映——商周考古、艺术与文化)(Taipei: Institute of History and Philology, Academia Sinica, 2013), pp. 23-66.

[③] 甘肃省文物考古研究所:《崇信于家湾周墓》(北京:文物出版社,2009年),彩图版5:1。

[④] 公元前8世纪晋国墓地北赵M8以及羊舌大墓,都位于山西南部,其三角形黄金带饰与梁带村所出者非常相近;北赵M8和羊舌墓,参考北京大学考古学系、山西省考古研究所:《天马—曲村遗址北赵晋侯墓地第二次发掘》,《文物》1994年第1期,第4—28页,彩图版1;山西省考古研究所、曲沃县文物局:《山西曲沃羊舌晋侯墓地发掘简报》,《文物》2009年第1期,第4—14页、26页,图14、15。

[⑤] 三门峡虢国墓地出土的黄金带饰,以及在M2001出土的著名的玉柄铁剑以及铁刃铜戈,见河南省文物考古研究所、三门峡市文物工作队:《三门峡虢国墓》第2册(北京:文物出版社,1999年),彩图版11、12。

[⑥] 王龙正、孙新民、王胜利:《平顶山市北滍村两周墓地一号墓发掘简报》,《华夏考古》1988年第1期,第30—44页;山东省文物考古研究所、山东省博物馆、济宁地区文物组、曲阜县文管会:《曲阜鲁国故城》(济南:齐鲁书社,1982年),第119页,图版72;第121页,图版74;第122页,图版75。

[⑦] 郑州郑国墓出土的黄金虎也表明其与大草原的联系,参考郑州市文物考古研究所、登封市文物局:《河南登封告成东周墓地三号墓》,《文物》2006年第4期,第4—16页,图版20、21。

周文化,而是半月形地带边地部族的一员。① 该墓中出土的带钩等饰件,也是黄金制成。② 公元前 6 世纪被盗的秦静公(大约公元前 576－前 537 年)墓,发现有一些秦国的物品。③ 如果忽略这座大墓可能在下葬不久即被盗,④这些物品主要是一些小的大草原类型的黄金饰件。其他的发现见于凤翔马家塬。此外,东周晚期西安地区的工匠积极地为半月形地带的消费者铸造带饰,我们在一个铸造工匠墓中看到模和范。⑤

转向东部的第三条主要路径,我们来看看在中原和中国东部另一系列的介入和新诠释。山东和安徽的遗址表明其更为直接地获取大草原和半月形地带材料;几个令人惊异的墓葬反映出其更为直接地采用了北方居民的丧葬风俗。两个最为突出的例子:临淄河崖头齐景公墓(公元前 547－前 489 年)(图二十四);⑥安徽蚌埠圆形钟离国墓(图二十五)。两座墓都有不同寻常的特征,独立的中间椁室用于置棺,另外一个椁室用于置放随葬品。两座墓都被盗。钟离墓有殉人,殉人有自己的棺。殉人的安排也在同期的山东郎家庄有发现。⑦ 殉人分棺葬的方式在中原极不寻常,但恰是大草原风俗,正如阿尔赞Ⅱ号大墓一样。

其他能表明与大草原联系的特征,首先,山东墓葬主室周围用巨石块垒砌成墙;⑧其次,河崖头主墓周围有壕沟,填 600 匹马,这些马被精心地排成排。这么夸张地使用马随葬可资参考的例子,见于蒙古的积石冢旁使用马头

---

① 宝鸡市考古工作队:《宝鸡市益门村二号春秋墓发掘简报》,《文物》1993 年第 10 期,第 1－14 页。
② 公元前 6－前 5 世纪在侯马,这种黄金展示对青铜器铸造产生了深远影响,黄金制品上的粒状和条纹都被细心地复制到青铜器表面,杰西卡·罗森(Jessica Rawson)对此有概述,见其 Chinese Jade from the Neolithic to the Qing(新石器时代到清代的中国玉器)(London: British Museum, 1995), pp. 60－67。
③ Carol Michaelson, Gilded Dragons, Buried Treasures from China's Golden Ages(鎏金龙:中国黄金时代随葬的珍宝)(London: British Museum, 1999), pp. 25－26;韩伟等:《凤翔马家庄一号建筑群遗址发掘简报》,《文物》1985 年第 2 期,第 1－18 页。
④ Carol Michaelson, Gilded Dragons, Buried Treasures from China's Golden Ages(鎏金龙:中国黄金时代随葬的珍宝), pp. 29－30,也可参考韩伟等:《凤翔马家庄一号建筑群遗址发掘简报》,第 1－18 页。
⑤ 陕西省考古研究所:《西安北郊秦墓》(西安:三秦出版社,2006 年)。
⑥ 张学海、罗勋章:《齐故城五号东周墓及大型殉马坑的发掘》,《文物》1984 年第 9 期,第 14 页,图 2。
⑦ 山东省博物馆:《临淄郎家庄一号东周殉人墓》,《考古学报》1977 年第 1 期,第 73－123 页;山东省博物馆、临沂地区文物组、莒南县文化馆:《莒南大店春秋时期莒国殉人墓》,《考古学报》1978 年第 3 期,第 317－345 页。
⑧ 山东临淄辛店发现一座墓,晚于我们讨论的临淄和蚌埠两墓,但也是在主室周围垒砌巨石块,参考临淄区文物局:《山东淄博市临淄区辛店二号战国墓》,《考古》2013 年第 1 期,第 32－58 页。

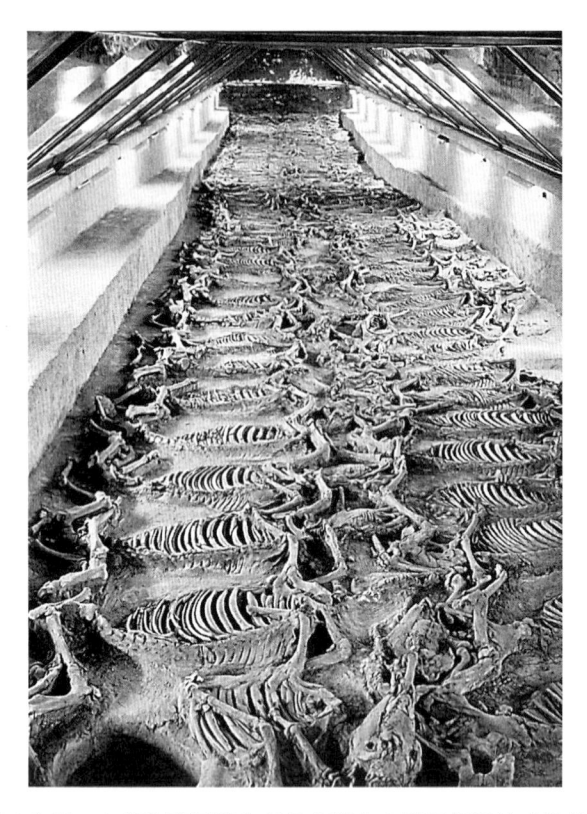

图二十四　山东临淄河崖头齐景公墓出土用于祭祀的成排的马
(临淄齐国历史博物馆。采自 The Formation of Chinese Civilization, An Archaeological Perspective[中国文明形成的考古学观察], fig. 7.42)

的小墓(图十九)。图瓦阿尔赞Ⅱ号墓随葬的马略缺少体系。大草原更西部高加索北部的科斯罗姆斯卡雅(Kostromskaja)一处斯基泰人(Scythian)遗址,主墓周围也埋葬有用于祭祀的马。①

蚌埠的圆形墓也见于安徽凤阳,反映了其他大草原风俗在中国的变形。②

---

① Ellis Minns, *Scythians and Greeks: a Survey of Ancient History and Archaeology on the North Coast of the Euxine from the Danube to the Caucasus*(斯基泰与希腊人：从多瑙河到高加索黑海北岸地区的古代历史与考古学调查)(Cambridge: Cambridge University Press, 1913), p. 225, fig. 128; Jessica Rawson(杰西卡·罗森), "The Eternal Palaces of the Western Han: A New View of the Universe"(西汉的永恒宫殿：一种新的宇宙观), *Artibus Asiae*(亚洲艺术)59.1/2(1999): 5-58, fig. 10-11. 不同游牧部族有着类似的活动,表明他们之间有着持续的互动与交流,使用大量马随葬在很多地区都成为一种习俗,只要其富裕程度足以支撑这种奢侈行为。

② 安徽省文物考古研究所、蚌埠市博物馆：《钟离君柏墓》(北京：文物出版社,2013 年);阚绪杭、周群、唐更生：《安徽凤阳卞庄一号春秋墓发掘简报》,《文物》2009 年第 8 期,第 21-29 页。

蚌埠墓有台阶式入口(图二十五),马家塬墓地以及晚些的蒙古匈奴墓也能见到与之类似的台阶式通道。这里的主要物品保存完整,发人深省。分开的椁室置放着手工制品,包括部分外形清晰的动物骨骼。除了商人和西周早期墓用狗之外,中原贵族墓中动物不与墓主人葬在一起。当然,这种葬式在大草原却几乎十分普遍,马家塬"外来者"墓中使用了很多动物头和骨头。山东和安徽墓给了我们很不寻常的结构,很有可能东部地区部族与北方大草原之间不仅有交流的渠道,而且这里的贵族吸收北方外来者进入他们的集团,使其能够在丧葬习俗上给出建议。像芮伯一样,蚌埠的贵族使用一种混合身份在来世展示自己,他们把周人的仪式和北方军事邻国典型墓葬中的某些个人物品和特征结合在一起。

钟离墓有大量用金箔或鎏金装饰的铅或青铜甲片,也有一件大的泡,可能用于盾饰或者带饰。① 墓中还发现了一把剑。从这一点看,公元前5世纪

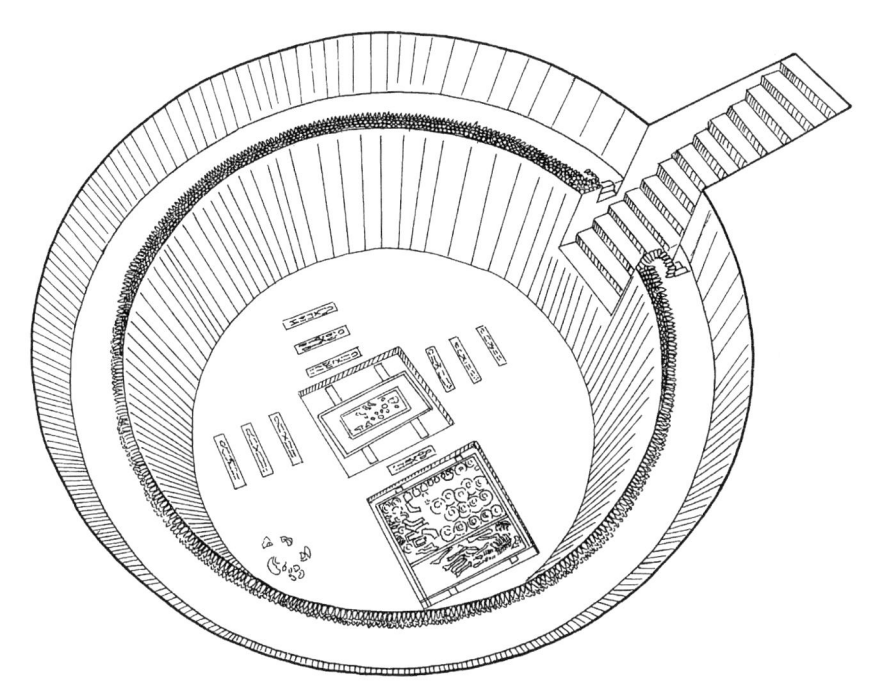

图二十五 蚌埠钟离国墓平面图
(采自《钟离君柏墓》,第1卷,图6)

① 安徽省文物考古研究所、蚌埠市博物馆:《钟离君柏墓》第3册,图版161。

盔甲和剑在中国的中部和东部已经广泛使用。① 地处东南的吴国和越国，因为善于制作精美的剑而闻名，包括文章开头部分引用的勾践剑。这些剑，大草原珍视的金、银装饰通常被青铜器本身高质量的嵌错铭文和专用纹饰取代。越国制作的剑具有非凡品质，受到高度赞誉，例如在望山楚国高级贵族墓的棺室中就随葬了越剑。② 相反，中国西南地区的剑和匕首器型简单，但是技术娴熟，可能更直接地源于大草原的兵器，其特征在沿西部的山区广为人们所知。③ 铁兵器在东周贵族中并不流行，只在秦、汉时才为其所用。

通过这些精美的盔甲和精致的剑，贵族在宣示他们具有独自战败敌人的能力。事实上，中原人们采纳了其邻居的服饰和外观，但不会必然地接受他们的风俗。④ 出土的有装饰的剑数量并不算多，尽管我们可以通过增加计算饰件和带铭文的矛来提高精美随身兵器的数量。公元前4世纪一些容器上的狩猎场景表明人们使用剑或匕首杀死动物。但是很多狩猎场景是借用了半月形地带和大草原邻居的图像，并不必然是中原活动的记录。⑤

一对一战争中的勇武并不是很重要，在得出上述结论时，我受到著名的东周文献《左传》和《战国策》的影响。它们当然揭示了直接卷入战争的贵族经常使用马车。但是这些文献从来没有达到《伊利亚特》及其他西方史诗中描述的英雄的水平。在剑被提及的例子中，《左传》、《战国策》描述的故事表

---

① 当阳曹家岗也发现有青铜盔甲，使用锡箔装饰，参考赵德祥：《当阳曹家岗五号楚墓》，《考古学报》1988年第4期，第455－499页。楚地也很流行使用剑，而且楚人可能从吴、越手中夺占了淮水和长江流域。

② 湖北省文物考古研究所：《江陵望山沙塚楚墓》（北京：文物出版社，1996年）。李学勤指出，吴国和越国制作的青铜器在很多省都有发现，几件剑上有王名铭文。Li Xueqin（李学勤），*Eastern Zhou and Qin Civilizations*（东周与秦代文明），trans. K. C. Chang（张光直）（New Haven and London: Yale University Press, 1985），pp. 197－200.

③ 对于中原剑与北方剑在类型学上的关系的更详细讨论，参 Alain Thote（杜德兰），"Origine et premiers développements de l'epée en Chine"（剑在中国的起源与发展），*Comptes rendus des séances de l'Académie des Inscriptions et Belles-Lettres*（法国金石与铭文学院院刊）147e année, no. 2（2003），pp. 773－802.

④ 这种对于北方人外表的模仿，在上文已经提及，还表现在西周、东周墓葬中组合使用费昂斯、玛瑙珠子、玉和其他半宝石，Jessica Rawson（杰西卡·罗森）在"Ordering the Exotic"（异域秩序）一文中对此有讨论。

⑤ 更多的例子，参考 Charles Weber, *Chinese Pictorial Bronze Vessels of the Late Chou Period*（东周时期画像纹青铜容器）（Ascona: Artibus Asiae, 1968）。

明剑并不是在一对一战争中受欢迎,而是用于暗杀、自杀和伏击。① 另外,剑可能在混合的军士兵团中有使用。军队现在由专业的武士领导,而不是世袭的领导者,贵族的个人勇武可能并不是重要因素。一个人的优点和地位并不是因为使用剑才成就的,而是因为狡猾的计划和领导力。中原统治集团的成功标志在于官僚等级和仪式展示。

官僚等级成为重要角色一个主要原因是国家行政管理规模的扩大,并且越来越复杂。一个突出的标志是军队数量的增长。兵力从公元前7－前6世纪大约10 000人,到公元前5－前3世纪变为巨大的数字,表明战国时的军事实力非常强大。② 在战争的背后是高度组织的社会,管理着土地、粮食储存、兵器与盔甲的制造,③以及贵族生活中的必备品和奢侈品。④ 平民管理者与军事领袖同等重要。车战的重要性衰落了,步兵现在占有绝对优势。不可避免地,中原密集的人口和更高水平的组织能够支持大规模军队取得的成就,而不是庆祝中国的赫克托(Hector)或阿基利斯(Achilles)的技巧。确实,我们不希望受到文献的影响,在给出的一个使用匕首或剑的例子如荆轲刺秦王中,没有人试图用这样的战斗去展现荆轲的道德立场。正相反,在故事中,使用戈或剑的人地位比较低。

公元前4世纪晚期,赵王下令军队在战争中胡服骑射,骑兵这种全新的因素被从大草原和半月形地带介绍进来,射箭技巧而不是剑术成为基本技能。这一措施可能使得中原的作战方式与他们的北方邻居更为接近,也预示

---

① 一些提到剑使用的事件,参考《春秋左传注》(杨伯峻,1990年):襄公十八年(公元前1040年),昭公二十七年(公元前1484年),定公十四年(公元前1595年)。《战国策》(上海:上海古籍出版社,1988年):7.7,《秦策·文信侯出走》,第289页;18.4,《赵策·晋毕阳之孙豫让》,第597页;25.27,《魏策·秦王使人谓安陵君》,第923页;27.22,《韩策·韩傀相韩》,第993页。

② Mark Lewis 认为有几十万人,参考 *Sanctioned Violence in Early China*(中国早期受制裁的暴力)(Albany: State University of New York Press, 1990), pp. 60 - 61. 这一观点受到 Raimund Theodor Kolb 质疑,见其"Ammerkungen zu *Sanctioned Violence in Early China*"("中国早期受制裁的暴力"评论), *Monumenta Serica*(华裔学志)39(1990 - 1991): 351 - 364.

③ 湖北睡虎地简比我们所讨论的时代稍晚,其中记录了制作兵器的详细组织。参考 A. F. P. Hulsewé, *Remnants of Ch'in Law, An Annotated Translation of the Ch'in Legal and Administrative Rules of the 3rd Century B. C. Discovered in Yun-meng Prefecture, Hu-pei Province in 1975*(秦律余论:1975年湖北省云梦县发现的公元前3世纪秦法律和行政官的注释与翻译)(Leiden: E. J. Brill, 1985).

④ Fank Kierman and John Fairbank(费正清) eds., *Chinese Ways of Warfare*(古代中国的战争之道)(Cambridge Mass: Harvard University Press, 1974), p.18. 按:中译本由陈少卿翻译,民主与建设出版社2019年出版。

着在中原诸侯国军队里使用外来因素越来越多。这种把战场上的战争授权给骑兵的做法,成为此后中国一切战争的主要特征。为什么东周贵族不去寻求在一对一战斗中表现自己,更深层次的原因在这里。

八 兵器与来生

墓中随葬兵器不仅建立在生者的身份和地位上,也建立在来生的享受和危险上。礼器毕竟是为了与祖先的宴飨;乐器毫无疑问是为了死后的仪式。早期的玉兵器当然也是为了标识身份与地位(图十六),但是可能也用于保护死者不受恶魔的侵扰。

然而,周人因其与半月形地带之间的紧密联系而取得的成功,似乎打破了随葬玉兵器的习俗。总体而言,以玉仿制周式有胡戈的例证很罕见。商戈这样的旧款式则被保存并重新使用,或者重新铸造。几乎像护身符一样的微型版也被铸造出来。剑这类随身兵器通常不会用玉制作,也表明其在中原文化的内核中并不占有重要地位。

在我们理解东周时期墓葬中随葬兵器的问题时,必须把军事增长的压力考虑在内。重要战争带来的大量死亡留下了大量潜在的敌人,可能会在来生遭遇。因此,我们应该把随葬兵器看作是对可怕的鬼魂或怪物军团的可能反应。太原发掘的晋侯大墓随葬大量兵器。[1] 大墓的墓主人随葬四把剑,同墓中几个殉人的附近有一些戟。这一地区的人们一定与半月形地带及其居民有紧密的联系,因为该墓给我们提供了大草原类型的容器和装备。在同期的其他墓中发现的一些金箔片可能是制作精美的盔甲上的装饰。因此,我们才更强调置放真正的兵器和盔甲是为了在另一世界获得保护。

这个阶段玉器有了新样式。[2] 河南应国墓地高级贵族墓葬出土的黄金带饰的玉质版(像梁带村随葬的那件),强调了在中原玉比黄金更有价值(图二十六),并且强调在来生玉的新角色。[3] 就如同黄金版一样,这条

---

[1] 山西省考古研究所等编:《太原晋国赵卿墓》(北京:文物出版社,1996年)。
[2] 高度装饰的玉牌饰经常替代大草原最为珍视的黄金装饰,参考 Jessica Rawson(杰西卡·罗森), *Chinese Jade*(中国玉器), pp. 64-72。
[3] 河南省文物考古研究所、平顶山市文物管理局、河南大学历史文化学院:《河南平顶山春秋晚期 M301 发掘简报》,《文物》2012 年第 4 期,第 4-28 页,图 30。

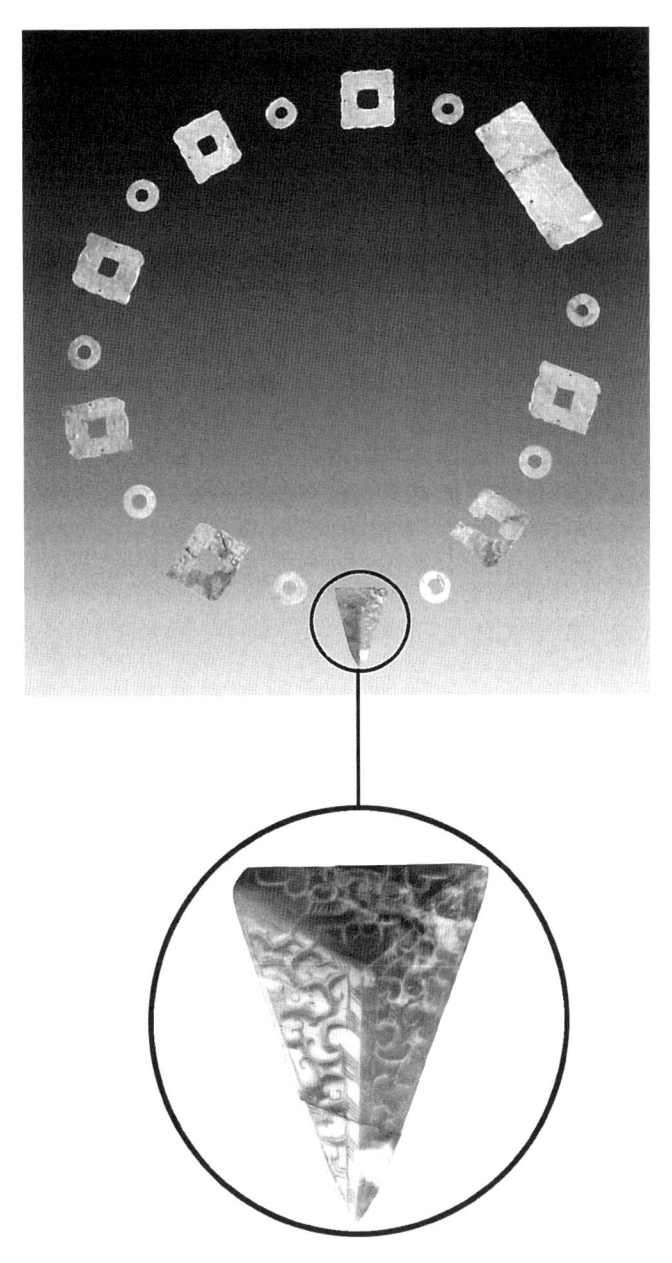

图二十六　平顶山应国墓地出土玉质三角形牌饰的细部
（公元前 6 世纪，采自《河南平顶山春秋晚期 M301 发掘简报》，图 30、34）

腰带有一个三角形单元,还有7个中部有镂孔的方形牌饰,以替代芮伯带饰上透雕龙纹金环。然而,从玉器的外观来看,特别是被鉴定为是带扣的部分,这一版似乎并不会像黄金版那么有实际功用,可能仅用于来生。

然而更值得一提的是,在公元前3世纪的秦始皇陵中,使用石头替代金属制作盔甲。秦始皇为来生提供了一个军械库,里面放满了成套的服装,这些服装都是用铜线编缀小石灰岩片制成。这些服装最初可能被置于木头架子上,后来可能木头架子腐烂垮掉了。这些架子上的服装是为了死后使用。它们通常被设计成兵马俑中军官俑的服饰风格,所以可能是给秦帝国朝廷中高级官员准备的,这些官员就葬在附近陪伴着始皇帝。[1] 与鬼魂作战的恐惧似乎与生时对战争的恐惧一样多。

九 结 语

没有认识到辽阔的欧亚草原人们是在各时代都很活跃的邻居,其风俗和物质文化通过半月形地带到达中原,就无法详细地检视或深入理解中原。中原与西北大草原和半月形地带有着巨大的环境和社会差异,这种差异成为交流的基础。在北方,大草原和半月形地带族群因为个人而凝聚在一起,其勇武使得他们对于资源的诉求合法化,例如从他人那里攫取牲畜。在中原,肥沃的农业土地能够支撑密集的、定居的人口,如果他们想要支持其他活动,粮食资源就需要被统管。从新石器时代晚期开始,建造大型台基和城墙就是对这种控制能力的磨炼。战争中个人的勇武并不是完成这些大型社会项目的方式。结果,两种不同形式的战争,两种不同使用方式而器型又紧密相关的兵器,扎根于两个不同地区,造就了不同的社会场。

大草原和中原人民之间的战争所激发的变革之核心,是两种截然不同的趋势。大草原的兵器在中原被逐步采用,就像很多技术的使用一样,例如青铜器、铁器和马车;确实,与半月形地带和大草原人民的互动持续着,这是不可避免的。但是第二点因素很重要,高度组织的中原政治集团在利用他们所

---

[1] James Lin, "Armour for the Afterlife"(来生的甲胄), in *The First Emperor, China's Terracotta Army*(秦始皇兵马俑), ed. Jane Portal(London: British Museum Press, 2007), pp. 180 – 191.

能获取的这一切的同时,却抵制采用其邻居的军事策略。商人能够使用大草原和半月形地带兵器装备他们强大的军队,却保持并发展出使用大型带刃兵器作为贵族身份的象征。他们一般不使用权杖,只是很少地使用了短剑或匕首。一对一作战中的勇武不是他们才能的必备项,不会使他们因此获得更高级别。为了获取地位,作为军事首领的商人贵族,需要装备和控制大量人口作为步兵,还需要得到王的支持以拥有马车。西周早期同样广泛地使用大草原和半月形地带的兵器和马车,但是也大规模地将其用于国家礼制,最突出的莫过于对马车的喜爱。对于商人和周人来说,大量随葬兵器和马车标识着身份和地位,也提供了所需力量去对抗来生的恶魔和其他潜在威胁。

　　东周的变革很显然是大草原发展的产物。大草原广泛使用的盔甲和剑在中原留下了印迹,似乎这些毕竟是身份和地位的象征。对于北方邻居服饰的模仿,也体现在西周早期流行的组佩上。渴望复制一些大草原类型的特征,而不是他们的风俗,是中原人应对与北方人民冲突的方式中最具有揭示性的特征之一。贵族是否真的认为西方史诗中歌颂的单打独斗的方式是有意义的,这一点很值得怀疑。芮伯可能穿得就像一位大草原首领,但是他可能并不愿意像大草原首领那样去战斗。他在死后所使用的黄金可能另有目的,可能是通过穿得好像大草原一员这种方式,阻止来生潜在的来自大草原的敌人。确实,来生有着与现世战争中一样的恐惧。商代的玉兵器,东周随葬大量兵器的墓葬,秦始皇的兵马俑和石片盔甲,所有这些都告诉我们,应该考虑到贵族来生所要面对的危险,不仅有诸侯国之间的战争,还有大草原的武士。

　　战争肯定会卷入成千上万人。但是与北方不断的战争并没有在中原产生相应的尚武精神。持续不断的战争提高了中国对于强有力官僚组织社会的依赖,以便生产足够多的兵器和粮食去装备、喂养大量的士兵。这种结构确实与北方边地上碎片化的社会组织和军事习俗不同或者相反。这种不同将在中国与周边的关系上持续存在,直到18世纪,如果不是更长久的话。

参 考 文 献

一、原始资料

[1] 刘向：《战国策》，上海：上海古籍出版社，1988 年。

[2] 杨伯峻编著：《春秋左传注》，北京：中华书局，1990 年。

二、二次文献

[1] 安徽省文物考古研究所、蚌埠市博物馆：《钟离君柏墓》，北京：文物出版社，2013 年。

[2] 白荣金、钟少异：《甲胄复原：中国传统艺术全集》，郑州：大象出版社，2008 年。

[3] 宝鸡市考古工作队：《宝鸡市益门村二号春秋墓发掘简报》，《文物》1993 年第 10 期，第 1 - 14 页。

[4] 北京大学考古学系、山西省考古研究所：《天马-曲村遗址北赵晋侯墓地第二次发掘》，《文物》1994 年第 1 期，第 4 - 28 页。

[5] 北京市文物管理处：《北京地区的又一重要考古收获——昌平白浮西周木椁墓的新启示》，《考古》1976 年第 4 期，第 246 - 258 页。

[6] 北京市文物研究所：《琉璃河西周燕国墓地 1973 - 1977》，北京：文物出版社，1995 年。

[7] 北京市文物研究所：《军都山墓地：玉皇庙》，北京：文物出版社，2007 年。

[8] 陈志达：《殷墟武器概述》，《庆祝苏秉琦考古五十五年论文集》编辑组编：《庆祝苏秉琦考古五十五年论文集》，北京：文物出版社，1989 年，第 326 - 337 页。

[9] 甘肃省博物馆文物队：《甘肃灵台白草坡西周墓》，《考古学报》1977 年第 2 期，第 99 - 129 页。

[10] 甘肃省文物考古研究所：《崇信于家湾周墓》，北京：文物出版社，2009 年。

[11] 甘肃省文物考古研究所：《西戎遗珍：马家塬战国墓地出土文物》，北京：文物出版社，2014 年。

[12] 韩伟等：《凤翔马家庄一号建筑遗址发掘简报》，《文物》1985 年第 2 期，第 1 - 18 页。

[13] 河南省文物考古研究所、三门峡市文物工作队：《三门峡虢国墓》，北京：文物出版社，1999 年。

[14] 河南省文物考古研究所、周口市文化局：《鹿邑太清宫长子口墓》，郑州：中州古籍出版社，2000 年。

[15] 河南省文物考古研究所、平顶山市文物管理局、河南大学历史文化学院：《河南平顶山春秋晚期 M301 发掘简报》，《文物》2012 年第 4 期，第 4 - 28 页。

[16] 湖北省文物考古研究所:《江陵望山沙塚楚墓》,北京:文物出版社,1996 年。

[17] 湖北省文物考古研究所:《盘龙城:1963~1994 年考古发掘报告》,北京:文物出版社,2001 年。

[18] 黄翠梅:《流光溢彩·翠绕珠围——西周至春秋早期的梯形牌联珠串饰》,陈光祖主编:《金玉交辉——商周考古、艺术与文化论文集》,台北:中研院历史语言研究所,2013 年,第 559-600 页。

[19] 阚绪杭、周群、唐更生:《安徽凤阳卞庄一号春秋墓发掘简报》,《文物》2009 年第 8 期,第 21-29 页。

[20] 礼县博物馆、礼县秦西垂文化研究会:《秦西垂陵区》,北京:文物出版社,2004 年。

[21] 李刚:《中国北方青铜盾饰研究》,《内蒙古文物考古》2006 年第 2 期,第 45-54 页。

[22] 李刚:《中国北方青铜器的欧亚草原文化因素》,北京:文物出版社,2011 年。

[23] 李水城:《文化馈赠与文明的成长》,吉林大学边疆考古研究中心编:《庆祝张忠培先生七十岁论文集》,北京:科学出版社,2004 年,第 8-20 页。

[24] 李水城:《西北与中原早期冶铜业的区域特征及交互作用》,《东风西渐:中国西北史前文化之进程》,北京:文物出版社,2009 年,第 246-293 页。

[25] 李水城:《赤峰及周边地区考古所见权杖头及潜在意义源》,赤峰学院学报编辑部:《第五届红山文化高峰论坛论文集》,2010 年,第 7-12 页。

[26] 临淄区文物局:《山东淄博市临淄区辛店二号战国墓》,《考古》2013 年第 1 期,第 32-58 页。

[27] 刘学堂、李文瑛:《中国早期青铜文化的起源及其相关问题新探》《藏学学刊》2007 年第 3 期,第 1-63 页。

[28] 卢连成、胡智生:《宝鸡㊈国墓地》,北京:文物出版社,1988 年。

[29] 吕恩国、常喜恩、王炳华:《新疆青铜时代考古文化浅论》,收入宿白:《苏秉琦与当代中国考古学》,北京:科学出版社,2001 年,第 182-183 页。

[30] 罗振玉:《三代吉金文存》,北京:中华书局,1983 年。

[31] 山东省博物馆:《临淄郎家庄一号东周殉人墓》,《考古学报》1977 年第 1 期,第 73-123 页。

[32] 山东省博物馆、临沂地区文物组、莒南县文化馆:《莒南大店春秋时期莒国殉人墓》,《考古学报》1978 年第 3 期,第 317-345 页。

[33] 山东省文物考古研究所、山东省博物馆、济宁地区文物组、曲阜县文管会:《曲阜鲁国故城》,济南:齐鲁书社,1982 年。

[34] 山西省考古研究所等编:《太原晋国赵卿墓》,北京:文物出版社,1996 年。

[35] 山西省考古研究所、曲沃县文物局:《山西曲沃羊舌晋侯墓地发掘简报》,《文物》2009年第1期,第4-14、26页。

[36] 陕西省考古研究所:《高家堡戈国墓》,西安:三秦出版社,1995年。

[37] 陕西省考古研究所:《西安北郊秦墓》,西安:三秦出版社,2006年。

[38] 邵会秋、杨建华:《欧亚草原与中国新疆和北方地区的有銎战斧》,《考古》2013年第1期,第69-87页。

[39] 宋镇豪、罗琨:《商代的战争与军制》,北京:中国社会科学出版社,2010年。

[40] 孙秉君、蔡庆良:《芮国金玉选粹:陕西韩城春秋宝藏》,西安:三秦出版社,2007年。

[41] 田伟:《试论两周时期的青铜剑》,《考古学报》2013年第4期,第431-468页。

[42] 童恩正:《试论我国从东北至西南的边地半月形文化传播带》,文物出版社编辑部编:《文物与考古论集:文物出版社成立三十周年纪念》,北京:文物出版社,1986年,第17-43页。

[43] 王龙正、孙新民、王胜利:《平顶山市北滍村两周墓地一号墓发掘简报》,《华夏考古》1988年第1期,第30-44页。

[44] 王彤:《中国北方商周时期的铜胄》,长春:吉林大学博士论文,2004年。

[45] 沃尔科夫:《蒙古鹿石》,王博、吴妍春译,北京:中国人民大学出版社,2007年。

[46] 乌恩岳斯图:《北方草原考古学文化研究——青铜时代至早期铁器时代》,北京:科学出版社,2007年。

[47] 乌恩岳斯图:《北方草原考古学文化比较研究——青铜时代至早期匈奴时期》,北京:科学出版社,2008年。

[48] 徐汝聪:《用鞢及鞢佩——以梁带村芮国墓地M27出土鞢为例》,陕西省考古研究院、上海博物馆编:《两周封国论衡:陕西韩城出土芮国文物暨周代封国考古学研究国际学术研讨会论文集》,上海:上海古籍出版社,2014年,第221-235页。

[49] 杨建华、邵会秋:《商文化对中国北方以及欧亚草原东部地区的影响》,《考古与文物》2014年第3期,第45-57页。

[50] 袁俊杰:《两周射礼研究》,北京:科学出版社,2013年。

[51] 张文立、林沄:《黑豆嘴类型青铜器的西来因素》,《考古》2004年第5期,第65-73页。

[52] 张学海、罗勋章:《齐故城五号东周墓及大型殉马坑的发掘》,《文物》1984年第9期,第9-14页。

[53] 赵德祥:《当阳曹家岗五号楚墓》,《考古学报》1988年第4期,第455-499页。

[54] 郑州市文物考古研究所、登封市文物局:《河南登封告成东周墓地三号墓》,《文物》2006年第4期,第4-16页。

[55] 中国青铜器全集编辑委员会:《中国青铜器全集》11册,北京:文物出版社,1998年。

[56] 中国社会科学院考古研究所:《殷墟妇好墓》,北京:文物出版社,1980年。

[57] 中国社会科学院考古研究所:《中国考古文物之美2:殷墟地下瑰宝·河南安阳妇好墓》,北京:文物出版社,1994年。

[58] 中国社会科学院考古研究所:《安阳殷墟郭家庄商代墓葬》,北京:中国大百科全书出版社,1998年。

[59] 中国社会科学院考古研究所:《偃师二里头:1959年~1978年考古发掘报告》,北京:中国大百科全书出版社,1999年。

[60] 中国社会科学院考古研究所:《殷周金文集成》,北京:中华书局,2007年。

[61] 中国社会科学院考古研究所:《安阳殷墟花园庄东地商代墓葬》,北京:科学出版社,2007年。

[62] 钟柏生:《新收殷周青铜器铭文暨器影汇编》,台北:艺文印书馆,2006年。

[63] 朱凤瀚:《由殷墟出土北方式青铜器看商人与北方族群的联系》,《考古学报》2013年第1期,第1-28页。

[64] Allan, Sarah et al.. *The Formation of Chinese Civilization*, *An Archaeological Perspective*(中国文明形成的考古学观察). New Haven and London: Yale University Press, 2005.

[65] Allard, Francis(安赋诗) and Erdenebaatar, Diimaajav. "Khirigsuurs, Ritual and Mobility in the Bronze Age of Mongolia"(积石冢:蒙古青铜时代的仪式与迁徙), *Antiquity*(古物)79 (2005): 547-563.

[66] Allard, Francis et al.. "Ritual and Horses in Bronze Age and Present-Day Mongolia: Some Preliminary Observations From Khanuy Vally"(青铜时代的祭祀和马与今天的蒙古:哈努伊河谷史前观察), in eds. Laura Popova, Charles Hartley and Adam Smith, *Social Orders and Social Landscapes*(社会秩序与社会地理). Newcastle: Cambridge Scholars Publishing, 2007, pp. 151-167.

[67] Barfield, Thomas. *The Perilous Frontier*, *Nomadic Empires and China*, *221 BC to AD 1757*(危险的边境:游牧帝国与中国[公元前221年到1757年]). Cambridge Mass and Oxford: Blackwell, 1989.

[68] Bell, Catherine. *Ritual Theory: Ritual Practice*(礼仪论:礼仪实践). New York and

Oxford: Oxford University Press, 1992.

[69] Bunker, Emma(埃玛·邦克). "Gold in the Ancient Chinese World: A Cultural Puzzle"(中国早期世界的黄金: 文化碎片), *Artibus Asiae*(亚洲艺术), 53. 1/2 (1993): 27-50.

[70] Cao, Dazhi(曹大志). *The Loess Highland in a Trading Network*(*1300-1050BC*)(贸易网中的黄土高原: 公元前 1300-前 1050 年). Unpublished thesis, Princeton University, 2014.

[71] Chadwick, John. *The Mycenaean World*(迈锡尼世界). New York: Cambridge University Press, 1976.

[72] Chernykh, E. N.. *Ancient Metallurgy in the USSR, The Early Metal Age*(苏联古代冶金技术——早期金属时代). Trans. Sarah Wright. Cambridge: Cambridge University Press, 1992.

[73] Čugunov, Konstantin V., Parzinger, Hermann and Nagler, Anatoli. *Der skythenzeitliche Fürstenkurgan Aržan 2 in Tuva*(*The Scythian-Period Royal Kurgan Arzhan II in Tuva*, 图瓦斯基泰时期王陵阿尔赞Ⅱ号大墓). Mainz: Verlag Philipp von Zabern, 2010.

[74] Di Cosmo, Nicola(狄宇宙). *Ancient China and its Enemies: The Rise of Nomadic Power in East Asian History*(古代中国及其敌人: 东亚历史上游牧部落势力的崛起). Cambridge: Cambridge University Press, 2002.

[75] Erdenebaatar, Diimaajav. "Burial Materials Related to the History of the Bronze Age in the Territory of Mongolia"(蒙古境内青铜时代历史有关的墓葬材料), in ed. Kathryn Linduff, *Metallurgy in Ancient Eastern Eurasia from the Urals to the Yellow River*(欧亚草原东部古代冶金技术: 从乌拉尔到黄河流域). Lewiston: The Edwin Mellen Press, 2004, pp. 189-221.

[76] Harding, A. F.. *European Societies in the Bronze Age*(青铜时代欧洲社会). Cambridge: Cambridge University Press, 2000.

[77] Hein, Anke. *The Crescent-Shaped Cultural Communication Belt-Reconsidering Tong Enzheng's Model*(半月形文化交流带——童恩正模式的重新审视). BAR International Series, 2679. Cambridge: Archaeopress, 2014.

[78] Honeychurch, William, Wright, Joshua and Amartuvshin, Chuang. "Re-Writing Monumental Landscapes as Inner Asian Political Process"(内亚政治进程中历史景观的再讨论), in *Social Complexity in Prehistoric Eurasia, Monuments, Metals and Mobility*(史前欧亚大陆的社会复杂性: 建筑物、金属与迁徙), ed. Bryan Hanks and Katheryn

Linduff. Cambridge: Cambridge University Press, 2009, pp. 330 – 357.

[79] Honeychurch, William. *Inner Asia and the Spatial Polities of Empire*, *Archaeology*, *Mobility*, *and Culture Contact*(内亚与帝国空间政治——考古,流动与文化交流). New York: Springer, 2015, pp. 32 – 43.

[80] Hudiakov, Y. S. and N. Erdene-Ochir. "Bronze Helmet Recently Discovered in Mongolia"(蒙古新近发现的青铜胄), *Archaeology Ethnology & Anthropology of Eurasia*(欧亚考古学、人种学与人类学), 38/1 (2010): 53 – 60.

[81] Hulsewé, A. F. P.. *Remnants of Ch'in Law*, *An Annotated Translation of the Ch'in Legal and Administrative Rules of the 3rd Century B. C. Discovered in Yun-meng Prefecture*, *Hu-pei Province in 1975*(秦律余论:1975年湖北省云梦县发现的公元前3世纪秦法律和行政官的注释与翻译). Leiden: E. J. Brill, 1985.

[82] Jaffe, Yitzchak. "Materializing Identity—A Statistical Analysis of the Western Zhou Liulihe Cemetery"(物化特征——西周琉璃河墓地的计量分析), *Asian Perspectives*(亚洲观察)51.1 (2013): 47 – 67.

[83] Keightley, David(吉德炜). "Clean Hands and Shining Helmets: Heroic Action in early China and Greek Culture"(洁净的双手与闪亮的头盔:古代中国与希腊文化中的英雄行为), in *Religion and the Authority of the past*(过去的宗教与权威), ed. Tobin Siebers, Ann Arbor: University of Michigan Press, 1993, pp. 253 – 281.

[84] Khazanov, A. M.. "The Scythians and Their Neighbors"(斯基泰人及其邻居), in R. Amitai and M. Brain(eds.) *Nomads as Agents of Cultural Change: the Mongols and their Eurasian Predecessors*(作为文化变革动因的游牧民族:蒙古人与其欧亚草原先辈). Honolulu: University of Hawai'i Press, 2015.

[85] Kierman, Frank and Fairbank, John(费正清)eds.. *Chinese Ways of Warfare*(古代中国的战争之道). Cambridge Mass: Harvard University Press, 1974.

[86] Kohl, Philip. "Shared Social Fields: Evolutionary Convergence in Prehistory and Contemporary Practice"(共享的社会场:进化趋同在史前与当代的实践), *American Anthropologist*(美国考古学家)110.4 (2008): 495 – 506.

[87] Kolb, Raimund Theodor. *Die Infanterie im Alten China*, *Ein Beitrag zur Militärgeschichte der vor-Zhan-Guo-Zeit* (*The Infantry in Ancient China: A Contribution to the Military History of the Pre-Zhan-Guo Period*, 中国古代的步兵:对战国前期军事史的贡献). Mainz: Verlag Philipp von Zabern, 1991.

[88] Kolb, Raimund Theodor. "Ammerkungen zu *Sanctioned Violence in Early China*"("中

国早期受制裁的暴力"评论), von Mark Lewis, *Monumenta Serica*(华裔学志) 39 (1990 - 1991): 351 - 364.

[89] Koryakova, Ludmilla, Epimakov, A. V.. *The Urals and Western Siberia in the Bronze and Iron Ages*(乌拉尔与西西伯利亚青铜、铁器时代). Cambridge: Cambridge University Press, 2007.

[90] Kunio, Shima. *Inkyo bokuji kenkyū*(殷墟卜辞研究). Hirosaki: Hirosaki daigaku Chūgoku gaku kenkyukai, 1958.

[91] Ledderose, Lothar. *Ten Thousand Things, Module and Mass Production in Chinese Art*(万物:中国艺术的模式与大规模生产). Princeton: Princeton University Press, 2000.

[92] Lewis, Mark. *Sanctioned Violence in Early China*(中国早期受制裁的暴力). Albany: State University of New York press, 1990.

[93] Li Xueqin(李学勤). *Eastern Zhou and Qin Civilizations*(东周与秦代文明), trans. K. C. Chang(张光直). New Haven and London: Yale University Press, 1985.

[94] Li Feng(李峰). *Landscape and Power in Early China, The Crisis and Fall of the Western Zhou, 1045 - 771 BC*(中国早期地理与政治:西周[公元前 1045 -前 771 年]的危机与衰落). Cambridge: Cambridge University Press, 2006.

[95] Lin, James. "Armour for the Afterlife"(来生的甲胄), in *The First Emperor, China's Terracotta Army*(秦始皇兵马俑), ed. Jane Portal(白珍). London: British Museum Press, 2007, pp. 180 - 191.

[96] Lin Yün(林沄). "A Reexamination of the Relationship between Bronzes of the Shang Culture and of the Northern Zone"(商文化与北方地区青铜器关系的再思考), in K. C. Chang ed., *Studies of Shang Archaeology, Selected Papers from the International Conference on Shang Civilization*(商代考古研究:商文明国际会议论文选). New Haven and London: Yale University Press, 1986, pp. 237 - 273.

[97] Linduff, Katheryn(林嘉琳). "Zhukaigou, Steppe Culture and the Rise of Chinese Civilization"(朱开沟,大草原文化和中原文明的崛起), *Antiquity*(古物) 69 (262, March 1995): 133 - 145.

[98] Linduff, Katheryn, Bunker, Emma and Wu En. "An Archaeology Overview"(考古观察), in Emma Bunker ed., *Ancient Chinese Bronzes of the Eastern Eurasian Steppes from the Arthur M. Sackler Collections*(从赛克勒藏品看欧亚大草原东部中国古代青铜器). New York: Arthur M. Sackler Foundation, 1997, pp. 18 - 98.

[99] Linduff, Katheryn. "Women's Lives Memorialized in Burial in Ancient China at Anyang"（古代中国安阳墓葬所反映的女性生活）, in *The Pursuit of Gender: Worldwide Archaeological Approaches*（性别追踪：世界范围内的考古研究）, ed. S. Nelson（倪德卫）and M. Rosen-Ayalon. Walnut Creek, Calif: Alta Mira Press, 2002, pp. 257 - 287.

[100] Linduff, Katheryn. *Metallurgy in Ancient Eastern Eurasia from the Urals to the Yellow River*（欧亚草原东部古代冶金技术：从乌拉尔到黄河流域）. Lampeter: Edwin Mellen press, 2004, 15 - 36.

[101] Linduff, Katheryn. "What's Mine is Yours: The Transmission of Metallurgical Technology in Eastern Eurasia and East Asia"（我的也是你的：冶金技术在欧亚草原东部与东亚之间的传播）, in eds. Sharada Srinivasan and Srinivasa Ranganathan, *Materials and Civilization: BUMA VII Proceedings*（材料与文明：金属与合金使用的起源第七次国际会议论文集）(September, 2009): 8 - 14.

[102] Linduff, Katheryn and Yang Jianhua. "Ritualization of Weapons in a Contact Zone: Between Past and Present"（互动地区兵器的仪式化：过去与现在之间）, in Charles Hartley, Bike Yazicioğlu, Adam Smith, *The Archaeology of Power and Politics in Eurasia*（欧亚草原的权力与政治的考古学研究）. Cambridge: Cambridge University Press, 2012, pp. 173 - 187.

[103] Mei, Jianjun（梅建军）. "Early Metallurgy in China: Some Challenging Issues in Current Studies"（中国早期冶金技术：当前研究面临的挑战）, in ed. Jianjun Mei and Thilo Rehren, *Metallurgy and Civilization*, *Eurasia and Beyond*, *Proceedings of the 6th International Conference on the Beginnings of the Use of Metals and Alloys* (*BUMA VI*)（冶金技术与文明：欧亚草原及其他，金属与合金使用的起源第六次国际会议论文集）. Beijing and London: Archetype Publications, 2009, pp. 9 - 16.

[104] Michaelson, Carol. *Gilded Dragons, Buried Treasures from China's Golden Ages*（鎏金龙：中国黄金时代随葬的珍宝）. London: British Museum Press, 1999.

[105] Minns, Ellis. *Scythians and Greeks: a Survey of Ancient History and Archaeology on the North Coast of the Euxine from the Danube to the Caucasus*（斯基泰与希腊人：从多瑙河到高加索黑海北岸地区的古代历史与考古学调查）. Cambridge: Cambridge University Press, 1913.

[106] Novogrodova, E. A.. *Drevnyaya Mongoliya*（*Ancient Mongolia*，古代蒙古）. Moscow: Nauka, 1989.

[107] Okladnikov, A. P.. *Neolit I Bronzovij Vek Pribajka' ya: Glazkovskoe Vremya*（*Neolithic*

and *Bronze Age of Cisbaikalia*(西斯贝卡利亚的新石器与青铜时代:格拉兹科沃时期). Moscow: Academy of Sciences of the USSR Press,1955.

[108] Pfaffenburger, Bryan. "Social Anthropology of Technology"(技术的社会人类学), *Annual Review Anthropology*(人类学年鉴) 21 (1992): 491 - 516.

[109] Parzinger, Hermann et al.. *Im Zeichen des Goldenen Greifen, Königs Gräber der Skythen* (*Under the Sign of the GoldenGriffin*, *The Royal Tombs of the Scythians*, 金色格里芬标志之下:斯基泰王陵). Munich, Berlin, London, New York: Prestel, 2008.

[110] Pićon, Carlos A. et al.. *Art of the Classical World in the Metropolitan Museum of Art, Greece, Cyprus, Etruria, Rome*(大都会艺术博物馆中的古典世界艺术:希腊、埃特鲁西亚、塞浦路斯、罗马). New Haven and London: Yale University Press, 2007.

[111] Rawson, Jessica(杰西卡·罗森). *Chinese Jade from the Neolithic to the Qing*(新石器时代到清代的中国玉器). London: British Museum, 1995, pp. 60 - 67.

[112] Rawson, Jessica. "The Eternal Palaces of the Western Han: A New View of the Universe"(西汉的永恒宫殿:一种新的宇宙观), *Artibus Asiae*(亚洲艺术) 59. 1/2 (1999): 5 - 58.

[113] Rawson, Jessica. "Ordering the Exotic: Ritual Practices in the late Western and Early Eastern Zhou"(异域秩序:西周晚期和东周早期的礼俗), *Artibus Asiae*(亚洲艺术) 73. 1 (2013): 5 - 74.

[114] Rawson, Jessica. "Miniature Bronzes from Western Zhou tombs at Baoji in Shanxi Province"(陕西省宝鸡市西周墓的微型青铜器), *Radiance between Bronzes and Jades—Archaeology, Art and Culture of the Shang and Zhou Dynasties*(青铜与玉器交相辉映——商周考古、艺术与文化). Taipei: Institute of History and Philology, Academia Sinica, 2013, pp. 23 - 66.

[115] Scott, James. *The Art of Not Being Governed, An Anarchist History of Upland Southeast Asia*(不受统治的艺术:东南亚高地的无政府主义历史). New Haven and London: Yale University Press, 2009.

[116] Shelach-Lavi, Gideon(吉迪). *Prehistoric Societies on the Northern Frontiers of China, Archaeological Perspectives on Identity Formation and Economic Change during the First Millennium BCE*(中国北方边疆地区的史前社会:公元前1千年间身份标识的形成及经济变化的考古学观察). London and Oakville: Equinox Publishing Ltd. 2009.

[117] Shelach-Lavi, Gideon. *The Archaeology of Early China, From Prehistory to the Han Dynasty*(中国古代考古:从史前到汉代). Cambridge: Cambridge University Press,

2015, pp. 205 – 222.

[118] Shelach-Lavi, Gideon. "Steppe Land Interactions and Their Efforts on Chinese Cultures during the Second and Early First Millennium BCE"（公元前 2 千年与前 1 千年早期大草原土地交流及其对中原文化的影响）, in Reuven Amitai and Michael Biran eds., *Nomads as Agents of Cultural Change*, *The Mongols and Their Predecessors*（作为文化变革动因的游牧民族：蒙古人与其先辈）. Honolulu：University of Hawai'i Press, 2015, pp. 10 – 31.

[119] So, Jenny（苏芳淑）and Bunker, Emma（埃玛·邦克）. *Traders and Raiders on China's Northern Frontier*（中国北方边境的贸易者和侵略者）. Seattle and London：Arthur M. Sackler Gallery, Smithsonian Institution, University of Washington Press, 1995.

[120] Thote, Alain（杜德兰）. "Origine et premiers développements de l'epée en Chine"（"The origin and preliminary development of sword in China", 剑在中国的起源与发展）, *Comptes rendus des séances de l'Académie des Inscriptions et Belles-Lettres*（法国金石与铭文学院院刊）147e année, no. 2（2003）：773 – 802.

[121] Thote, Alain. "Shang and Zhou Funeral Practices：Interpretation of Material Vestiges"（商、周丧葬习俗：物质遗迹的解读）, in ed. John Lagerwey（劳格文）and Marc Kalinowski（马克）, *Early Chinese Religion*, *Part One: Shang through Han（1250 – 220AD）*（中国早期信仰,第一部分,商至汉［公元前1250 –公元 220 年］）. Leiden and Boston：Brill, 2009, pp. 103 – 142.

[122] Turchin, Peter. "A Theory for Formation of Large Empires"（大帝国建立的理论）, *Journal of Global History*（全球史杂志）4（2009）：191 – 217.

[123] Volkov, V. V.. *Olennye Kamni Mongolii*（蒙古鹿石）. Ulaanbataar：AN MNR Press, 1981.

[124] Watson, William（华威廉）. *Cultural Frontiers in Ancient East Asia*（古代东亚的文化边境）. Edinburgh：Edinburgh University Press, 1971.

[125] Weber, Charles. *Chinese Pictorial Bronze Vessels of the Late Chou Period*（东周时期画像纹青铜容器）. Ascona：Artibus Asiae, 1968.

[126] Wright, Joshua. "Organisational Principles of Khirigsuur monuments in the Lower Egiin Gol Valley, Mongolia"（蒙古埃格河下游河谷积石冢墓葬的组织原则）, *Journal of Anthropological Archaeology*（考古人类学辑刊）26（2007）：350 – 365.

[127] Wu Hsiao-yun（吴晓筠）. *Chariots in Early China*, *Origins*, *Cultural Interaction and*

Identity(中国早期马车：起源，文化交流与一致性). Oxford: BAR International Series, 2013.

［128］ Yan Sun(孙岩). "Cultural and Political Control in North China: Style and Use of Bronzes of Yan at Liulihe 琉璃河 during the early Western Zhou Period"(中国北方的文化与政治控制：西周早期琉璃河燕国墓地青铜器器形与用途), ed. Victor Mair (梅维恒). Contact and Exchange in the Ancient World(世界早期的联系与交流). Honolulu: University of Hawai'i Press, 2006, pp. 215 – 237.

［129］ Yates, Robin(叶山). "Early China"(早期中国), in War and Society in Ancient and Medieval Worlds(世界古代和中世纪战争与社会), ed. Kurt Raaflaub and Nathan Rosenstein. Cambridge Mass and London: Harvard University Press, 1999, pp. 7 – 45.

（原文刊载于《故宫学术季刊》第三十三卷第一期，2015 年）

Steppe Weapons in Ancient China and the Role of Hand-to-hand Combat

Jessica Rawson

The early societies of central China in the Yellow and Wei River Valleys, concentrating on cereal crops, were surrounded to the north and north-west by very different groups of people, who herded animals. In the paper, following Tong Enzheng, this border area is named the arc. The cultures of peoples in the arc were closely connected with those of the mobile pastoralists on the steppe in Mongolia and South Siberia. Through this link, metallurgy came into central China, as did many weapon types. However, the large populations supported by the fertile agriculture of the Central Plains were, by the Shang dynasty, organised into large infantry forces to combat the attacks by much smaller groups of invading pastoralists. Thus while the two forces used some similar weapons, their military tactics were very different. The paper points out that, individual combat by the elite does not seem to have been practised in the Shang and Western Zhou periods. Even in the Eastern Zhou, When swords and daggers were borrowed from the arc and the Steppe, the central Chinese relied far more on massive armies than on individual personal military prowess typical of the steppe. The paper illustrates the routes by which these weapons were acquired and surveys some relevant textual sources. The last section emphasises the role of weaponry and armour for the dead.

社会学视角下的西周王年
制度及其应用(者)[*]

夏玉婷

(德国慕尼黑大学汉学研究所)

几千篇西周青铜器铭文中,只有几百篇包含着历日信息。在这几百篇中,只有几十篇包含了"完整的日期记载",即王年、月份、月相和干支四个要素。[①] 这些历日信息完整的铭文历来是西周年表研究中的关键。[②] 这种研究旨在揭示西周时期佚失的历史内容,包括各周王在位时间,以及具体事件的时间等。从这个层面而言,历日信息不完整,或是缺乏这种信息记载的铭文,从史学角度来看是有缺憾的。事实上,现代社会,人们非常关注时间的严格计量,以及事件发生的准确时间,那么我们自然会有疑问,只有年和月份没有日,或是只有月、日却没有年的时间记录方式有什么用。然而,西周时期用于记忆过去的王年似乎并未成为每一个人的自觉需求。[③] 笔者认为,作为记录事件发生时间的通行方式,西周王年并不是特意地自上建立的,而是王室侍

---

[*] 张经翻译,原作者校对。原研究得到德国 Gerda Hankel 基金资助,中文翻译得到 Harrassowitz Verlag 许可。在翻译过程中作者对原文内容做了一些修订。

[①] 关于"完整的日期记载"参考夏含夷(Shaughnessy)(1991年,第134-155页)。

[②] 基于青铜器铭文上历日信息对西周年表所做的研究,成果非常多。近期的研究有朱凤瀚、张荣明(1998年)、李学勤(1999年)、王世民(1999年)、夏商周断代工程专家组(2000年)、杜勇等(2002年)、Dewall(1965年)、倪德卫(Nivison)(1983年)、班大为(Pankenier)(1981-1982年,1992年)、夏含夷(1991年,2009年)。尽管这些杰出的学者做了大量工作,公元前841年之前的西周诸王年的重建,仍然未能达成共识。我不想参与这一讨论,而是使用了倪德卫与夏含夷(1991年,第284-285页)构建的西周历史分期。

[③] 关于社会学、心理学及人类学的"记忆产生"理论,参考王明珂(2001年)。

从圈逐渐习得的,而且这些侍从才是新型档案得以发展的功臣。关于这一点我们主要基于以下分析获得:

1. 金文中"年"是如何使用的?
2. 哪类事件使用"年"的方式记录?
3. 谁使用"王年",用意是什么?
4. 周贵族中王年的认知是怎么增长的? 与西周社会的变化有什么关系?

一 西周金文中的"年"

西周金文中,年的概念用"年"和"祀"来表达。"年"的本意是收成,因为一年有一次收成,所以"年"的含义扩展到表达时间。[①]"祀"指的是秋季收成之后,对祖先有规律的祭祀。[②] 因此,两个用词都与农业生产的过程有关,但后者也与周祭有关。两个词都用于时间记录中。从西周中期开始,"年"的使用开始占有绝对优势,到西周晚期,"祀"彻底不再使用。只有王自己还在西周晚期继续用"祀"作为衡量时间的概念。[③]

对王年、月份、月相、干支四要素俱全的铭文,中外学者已经进行了很多研究。[④] 然而,更多铭文的要素都不完整,缺少一个或几个要素(干支,月相,

---

[①] 戴遂良(Wieger),1965年,第24页;也见于高本汉(Karlgren),1957年,Nr. 364 a-d。

[②] 高本汉,1957年,Nr. 967 d-h。周人从商人那承袭的"祀"字,它的原意是周祭之一。正如冯时所论,商人的周祭与太阳年并不完全等同(冯时,1996年,第38-40页);郭静云(Olga Gorodetskaya)最近引用了商䍙其二祀、四祀、六祀铭文(《集成》5412,5413,5414)论证"祀"的周期可以比年长(郭静云,2008年)。祀作为一种祭祀,也参考高岛谦一(Ken-ichi Takashima,2009年)。然而,西周金文中,祀通常解释为指年。

[③] 见厉王(公元前857-前842年)亲自铸作的默钟、默簋(《集成》358,4317)。关于金文中的"默"字解释为文献中厉王的"胡"字参考穆海庭、朱杰原,1983年;夏含夷,1991年,第169-172页。《集成》中第三篇用祀的铭文是询簋(《集成》4321),过去被定为西周晚期。根据这篇铭文,作器者询可能是师酉簋(《集成》4288)中师酉的后裔或儿子。郭沫若认为询簋是西周晚期的宣王器,修正了他过去的观点,认为师酉簋作于夷王时期(公元前899/897-前873年)。他假定师酉是询的父亲,师酉也会生活到宣王初期(郭沫若,1960年,第8页)。然而,最近发现的师酉鼎,据其鸟纹可以重新确认师酉的生活年代要提早(朱凤瀚,2004年),相应地,他的儿子询生活年代也应该提早。此外,询簋的器形与同属于西周中期的器物(如豆闭簋、虎簋、乖伯簋、即簋)相似。夏含夷甚至认为应该把师酉与询的父子关系颠倒(夏含夷,1999年;李峰[Li Feng],2004年第7页引用)。所以,把询簋划在西周晚期是不正确的。属于西周中期的询簋以复古的方式在纪年部分使用"祀"字,以及把纪年放在铭末的做法,都可以理解。近来王晖先生也把厉王用"祀"现象解释为"复古"行为。参考王晖,2015年,第125页。

[④] 见本文首页注②。

月份,纪年),例如西周早期的命簋,只有月份、月相和干支: ①

> 唯十又一月初吉甲申,王在华。王赐命鹿。用作宝彝。命其永以多友簋。(《集成》4112)

即使西周早期的几位周王在位时间能够确定,我们也无法断定这件事发生在哪一位周王在位时期,因为该器并没有记录王年。

"年"和"祀"可以用于计算王年,记录事件发生的时间。同时,只有"年"组成了"万年"。"万年"不用于时间记录而是用于铭文的终段——所谓"嘏词"部分。② 嘏词主要关系到青铜礼器的将来使用,以保佑家族幸福和财富的延续。③ 西周晚期梁其鼎既使用时间记录,同时也使用了嘏词:

> 唯五月初吉壬申,梁其作尊鼎,用享孝于皇祖考,用祈多福,眉寿无疆,畯臣天[子?],其百子千孙,其万年无疆,其子子孙孙永宝用。(《集成》2768)

嘏词中,"年"没有用于计量时间,相反,"万年"表达的是不可计量的时间。就像梁其鼎所示,"万年"与永、无疆等词语都表达永远、无穷、不可胜数的意思。

《集成》中属于西周早期的3 731篇铭文中,只有一小部分使用年(52篇)或祀(19篇)来表达"一年"的意思。④ 大部分铭文都很短,不包括时间的记录,也不包括嘏词。更短的铭文只包括作器者名,或所谓的"族徽",或祖先的日名,或上述元件的组合。尽管如此,超过一半的铭文数(1 843篇)明确地表达了礼器的铸作行为("作"),以此强调个人对于家族财富的贡献(见

---

① 根据青铜器的面貌和铭文的内容,《集成》中收录的属于西周时期的可用于定量分析的铭文,都可以归属于三个阶段之一。西周274年的历史常被分成三个阶段:早期(武王至昭王,公元前1045-前957年),中期(穆王至夷王,公元前956-前858年),晚期(厉王至幽王,公元前857年-前771年)。即使四要素俱全的铭文能够确定绝对年代,大部分青铜器的年代也只能大体上划入早、中、晚三期的一个阶段。确实,缺乏准确时间记录并不那么完美,例如我们经常不能判断一件器物属于早期的后段,还是中期的早段。然而,尽管不是那么精准,这种分期还是帮助我们分析将近三百年的历史中作器者的行为发生了哪些变化。
② 青铜礼器铭文的结构分析,参考夏含夷,1991年,第73-84页。
③ 关于中国古代信仰的目的是为了获得快乐和幸福,参考刘华夏(Kryukov),1988年;蒲慕州(Poo Mu-chou),1988年。
④ 《集成》中把青铜器与铭文视作一个整体。但是某些文本可能记载于几件器物上,这些器物甚至是不同器型,在《集成》中都被当作独立铭文。在本研究中,为了得到关于"年"的概念和用途的总体印象,笔者首先从总体上考虑了《集成》中使用"年"字的铭文的数量。而且,我总是区分"铭文"和"文本",把所有相同的铭文看作一篇文本。

表一)。财富不仅具有制作精美青铜器的物质价值,更主要地是有在祖先崇拜框架下的神圣潜力。包含上述双重含义的"宝"是西周早期铭文中第二个最经常被提及的概念(1 048 篇),并非偶然。只有 38 篇西周早期铭文在时间记录部分采用了纪年(19 篇用年、19 篇用祀),但是有 33 例在嘏词部分使用了万年。由于"作"器的例子很少有纪年,可以理解为这种行动未被当作过去的时间节点以示纪念,而且人们认识到礼器的现世价值并不取决于其生产时间。器物在这里、在此时的存在,以及将来潜在的礼仪用途,才是礼器使用者关注的重点。礼器能够永远使用,家族能够传递万代的信心仍然没有破碎,因此,他们很少清晰地考虑将来的期限有多长。

表一　铭文中与青铜器的生产、使用和时长相关的概念

时期	总数	作	宝	永	万年	无疆
早期	3 731	1 843	1 048	75	33	1
中期	871	776	587	339	231	7
晚期	1 246	1 136	981	966	558	128

相反,西周中期,超过半数的铭文都企望能够获得"万年"长久,或者家族能够永远持续。到西周晚期,这种企望已经在 80% 的铭文中都能见到。与西周早期相比戏剧性的变化可能反映了对于未来的焦虑,[1]因为人们认识到周朝全盛的高峰期已过的事实。周边紧张局面,昭王南征而死,军事损失,周贵族阶层不可避免的内耗,这些都极大地削弱了周朝建立初期的乐观主义。[2] 因此,中期与晚期的作器者热烈地祈求他们的礼器(并通过礼器所体现的家族)能够永远存在,希望获得祖先的更多支持。意识到生命与财富的有限性,使得周人更关心测量时间、记录事件发生的日期。

值得注意的是,早期,"年"作为时间记录与作为"万年"词组的部分,从

---

[1]　参考王霄冰的论文《早期中国的未来观念》。
[2]　夏含夷指出,早期铭文中缺少永久使用的祈求可能是因为当时的青铜礼器通常被埋在墓葬里,因此后裔不能实用它们。然而,随葬礼器的习俗源于人并不会因为死亡而终结的观念,因此死亡并不会阻止器主继续向他的祖先献礼,从而为其子孙后代赢得无尽的支持。

来不会在一篇铭文中连用。① 到西周中期,"年"的两种不同含义经常同时并存(参考表二)。即使在西周中、晚期,还是只有五分之一使用"年"的铭文文本把"年"作为时间记录的元件。② 绝大多数的例子中,"年"都在嘏词部分用作企望不可计量的、无尽的家族延续的"万年"用语中。因此,虽然很多能定做青铜器的周贵族熟知以"年"作为时间计量的观念,但是只有相对很少的人数有兴趣记录事件发生的精确时间。

表二　铭文文本中"年"作为时间计量和作为无限时间的象征

时期	只使用"万年"	年或祀仅作为计量时间	万年、年兼用
早期	32	11	0
中期	135	9	20
晚期	259	16	37

二　王年制度与采用"王年"的事件

根据表一,西周三个阶段有纪年的铭文所记录的时间绝大多数都与觐见周王(偶有王后)或是作器者的直接领主有关。在这些觐见活动中,周王或者是其他领主赏赐物品,经常直接地任命官员,责以职事。③ 此外,周王在接见臣下时,有时也评判争议。④ 因此,不管与"任命"是否有关(见下文),所有觐见作为政治互动与交流的手段,其中的一部分同时也是行使行政和管辖权的方式。⑤ 西周早期只有一篇有纪年的铭文没有涉及任何觐见,是王作器,七年王壶:

王七祀。王铸。(《集成》9551)

在中期和晚期的铭文中,一些并非是觐见的事件也偶有标明纪年者,其

---

① 这并不是说把时间看作为能计量的单位与把时间看作为无止境的单位两种想法不能在共同论言中并存:西周早期在嘏词中使用"永"的概念的作器者同时可以在时间记录中纪"年"。所以这种限制仅仅关乎"年"一词的用途。
② 从这点出发,我限定了我的研究只使用《集成》中的数据,只考虑哪些有独特内容的文本,我因此称之为"文本",以便把它们与铭文区分开来,因为几篇铭文可能包括同一文本的副本。
③ 关于西周礼品交换,参考刘华夏,1997年;柯鹤立(Cook),1997年。
④ 铭文中这些争议经常与土地所有权有关。参考劳武利(Lau),1999年,第353－380页。
⑤ 对于王室接待的政治作用的讨论,参考夏玉婷(Khayutina),2002年和2010年。

在总数中所占比例,随着时间推移不断提高(图一)。我们在下文中还会进一步讨论其中的细节。

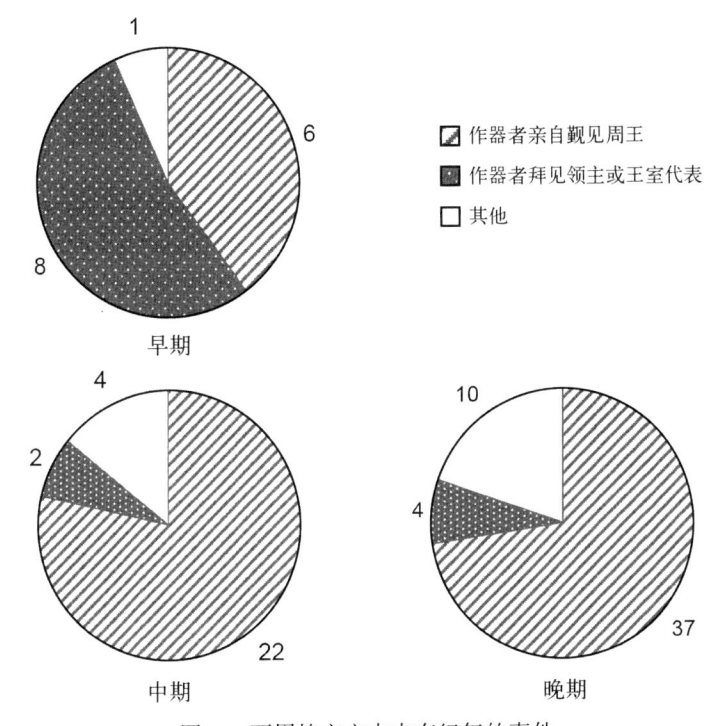

图一　西周铭文文本中有纪年的事件

西周大多数有王年的铭文都是建立在周王在位时间的计数上,例如,写明周王在位年数,却不透露周王的名字,可能是出于禁忌,如:

唯王十又二年三月既望庚寅,王在周。(走簋,《集成》4244)

尽管"王"字并不总是在年数的前面,总体来说学者还是假定年数就是周王在位的时间。[①]

然而,纪年并不总是建立在年数上,也可能表达为与某一特定事件相关。早期的名"中"的军长,征服了澴水谷地,在今湖北省北部的孝感附近建立了统治,与之相关的一件器铭:

唯王令南宫伐虎方之年,王令中先省南或。(中方鼎,《集成》2751)

---

① 参考夏含夷,1991年,第147页。根据金文,南方非周姓诸侯登(邓)所用历法与周人的不同,《集成》2643;4055。

周人统治区域遥远东方(今天的山东省)的一个官员"旅",在其铭文中也使用了同样的纪年方法:

唯公大保来伐反夷年,在十又一月庚申,公在盩师。公赐旅贝[十朋]。(旅鼎,《集成》2728)

今河南省洛阳附近发现的属于西周早期的作册睘卣。作器者记录了他的长官到今陕西省的王都去观礼的事情:

唯公大史见服于宗周年,在二月既望乙亥。公大史咸见服于辟王,辨于多政。唯四月既生霸庚午,王遣公大史,公大史在丰,赏作册睘马。(《集成》5432)

使用"年"的事件都不会是一些自然现象,例如旱灾、蝗灾,或者是彗星出现等等,而通常都会是社会事件。①但并不是事件本身,如"伐反夷年"被用作参考,而是事件中的核心人物(通常是周王),就像我们引用的铭文旅鼎、作册睘卣,上述西周记录的作者能够使用周王,以及直接领主作为纪年的参考点。

地方贵族举行的会见记录成为西周早期铭文中的独特小组。值得注意的是,他们通过事件确定纪年,而且事件的参考点是当地领主或周王,如:

唯天子休于麦辟侯之年。(麦尊,《集成》6015)

这表明,那些与周王没有直接互动的人,通过其领主,也可以在记录时间时,把王作为核心人物。无论如何,王年不会出现在他们所作铭文中。我们还有一点不清楚,不是作为周王的直接属下,而是其属下的属下,尤其是那些居于距离王核心区很远的人,不使用王年的原因是因为不愿意,还是不关心,或者是因为某种限制。

西周中期、晚期,《集成》中几乎所有时间记录都是以王年为基础的,这并不一定意味着这时王年成为通行的计时标准,而可能与事件的性质有关。这时期大部分有纪年的事件都是觐见周王,拜见地方领主的铭文则很少。王年并没有完全替代以事件确定时间的方式,地方领主仍可作为时间记录参考点,如:

唯十又三月既生霸丁卯,爰从师雔父戍于古师之年,爰蔑曆,仲竞父

---

① 王晖把这种记录方法归入"大事系'年'的方式"。参考王晖,2015年,第122页。

赐赤金。（叔尊，《集成》6008）

尽管在西周中期和晚期的铭文中以相关事件确定时间的情况很少，但是这种记录时间的方式在早期中国一直存在，直到战国晚期。特别是楚王给噩君启所签发的青铜车、舟节，①也在包山楚墓竹简中能见到这种纪年方式。②他国使者来访，或者外敌入侵之"岁"都可以是用来标记时间的事件。这种纪年方式在某种程度上与西周青铜器记录的方式不同。在编年史家眼中，作为参考点的不只是楚王或是诸侯，也可以是其他人，甚至可能是外国人。相反，在西周记录中，事件只会与高级人物相关，他们往往占据着周邦或者地方区域中心位置，作器者因为是其下属而把他们看作基准点。因此，西周记时法与政治权威及等级社会秩序有关。后期楚国观察事件的焦点的转移，可能与春秋战国时期的社会变化和思想变动有关，这一点不在本文的讨论范围内。另外一方面，对于时间、事件、人物的多焦点观察并不局限于楚或东周时期，在西周时期也表现出来。西周记录中把时间与权威人物联系起来，可能依赖于纪年使用者的社会地位，以及他所述事件的特性。由于大多数事件都是觐见，东道主（通常指周王）被选择为参考点毫不奇怪。与此同时，其他的参考点也可能有应用，但是，因为相关事件被认为不值得铭记于青铜器上，可能被记录在易腐材料或者口口相传等等，所以，不在我们的讨论之列。

尽管周王作为时间计量的参考点可能被解释为是因其权威，我们可能惊讶地发现不是所有的提到周王的文本都包括时间记录（参考表二）。西周早期这种铭文非常少（15∶81），但是中期和晚期，这种情况在逐渐变化（39∶64，56∶36）。不仅如此，甚至在晚期，关于周王的记录，几乎一半都是关于他与作器者之间的会见，但是并没有特别提到具体的时间。这表明，为了记住过去发生的事件，具体时间信息不是必需的，其他记忆支柱可实现同样的功能。

正如图二所示，西周早期，当时间参考还没有成为记载事件的流行方式，记录中经常明确周王举行礼仪或接待作器者的地点。西周中期、晚期，随着王年记录方式受欢迎的程度不断增长，有地点的记录的比例并没有减少。特

---

① 噩君启车节，《集成》12110。
② 湖北省荆沙铁路考古队，1991年。

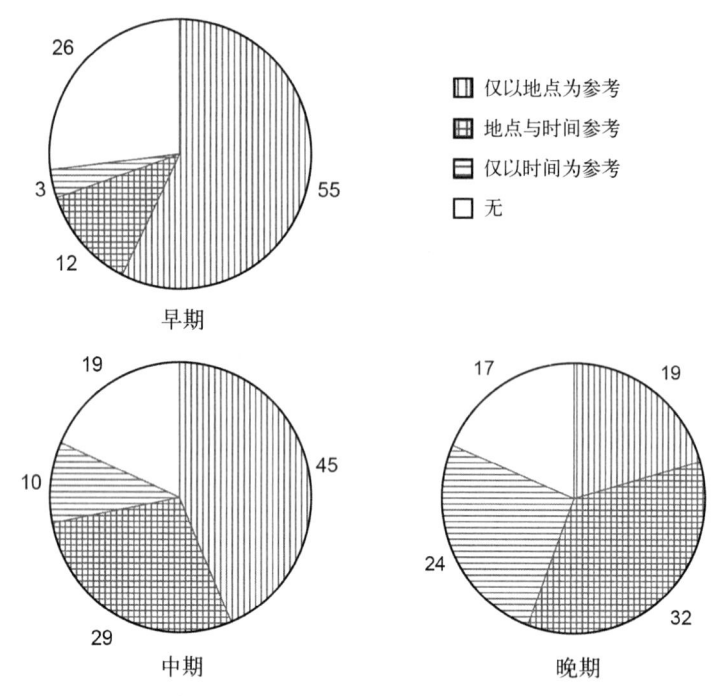

图二 提到周王的铭文文本中有纪年和地点的情况

别是在西周早期,以时间为参考仅是对地点参考的补充。只有三个例子是单独使用时间为参考点。尽管在接下来的时期,更多记录提到时间而不明确地点,如果与时间和地点都使用的情况相比,这种记录的数量仍然非常小。这表明周人观察事件的方式,首先是基于地理的,其次才是依赖它们在时间长河中的位置。就算已经建立起了一套普遍的纪念性的手段,王年没有替代传统方式,即把事件与确切发生地点相连。

认知心理可以帮助我们理解为什么在对过去事件的记录中地点会压倒时间。1908年,西美尔(Georg Simmel)在其关于空间观念的先锋研究中写道:

地点,通常比时间更容易被感知到,通常也容易发展出与记忆更强烈的联系力。因此,尤其在独特的、感性强势的互动情况下,记忆更趋向与地点连接起来。[1]

---

[1] 西美尔,1908年,第475页。关于时间、地点与记忆之间关系的最新心理学与文化研究,参考Lynch,1972年;Lowenthal,1975年;Benson,2001年;Tuan, Yi-Fu 2001年。

但是为什么时间参考最终战胜地点参考？为什么事件的精确时间开始比简单记录模式更受青睐？为什么王年开始比其他计算时间的方式更流行？最后，为什么王年开始应用，以及如何应用？原本作为王室活动或觐见的时间记录，为什么开始拓展到生活的其他范畴？考虑到西周国家和社会组织三百年间发生的变化能够帮助我们寻找到这些问题的答案。

三 王年制度与周邦的社会机构

周邦官僚化形成与标准化进程中，对于王年关注的增长，探求其原因似乎很诱人。[①] 周邦最重要的管理行动——任命某些人为王室服务，以及给他们发出特定命令——在很多青铜器铭文中都有记载。上述行动是在觐见王室时开展的，尽管不是所有的觐见都以行政管理为目标。对于新官员的册命，或者对于已经任命的官员的"申命"，被书写在简册上，在仪式上由官员大声地读出来。[②] 这些任命书的一份可能在王室档案中存档，而另一份则给收件者。青铜器上的册命记录通常被认为是这种任命书的完整，或选择性的副本。[③]

仪式上宣读的大多数册命文都有独特的标准化结构和相同的用语，师颖簋提供了这种记录的例证：

> 唯王元年九月既望丁亥，王在周康宫，旦，王各大室，司工㪔伯入右师颖，立中廷，北向，王呼内史遣册命师颖，王若曰：师颖，先王既命女作司土，官司㵋阘，今余唯肇绅乃命，赐女赤芾朱璜、銮旗攸勒，用事。拜稽首，敢对扬天子丕显休，用作朕文考尹伯尊簋，师颖其万年子子孙孙永宝用。（《集成》4312）

这篇铭文包含了全部时间四要素：干支、月相、月份和纪年。因此，即使

[①] 关于西周官僚化的问题，参考顾立雅（Creel），1970年，第125－127页；李峰，2001－2002年与2003年。

[②] 更为合理的看法，命令不是在仪式中写下来的，而是事先拟定的（参考李峰，2001－2002年，第50、143页；Kern，2007年，第122－126、152－157页）。

[③] 册命为授权仪式或是任命仪式不同的解释，参考齐思和，1947年，1980年，第52－66页；陈梦家，1956年，第182－198页；顾立雅，1970年，第122－127页；刘华夏，1997年，第122－136页；Kane，1982－1983年，第17页；罗泰（Falkenhausen），1993年；杨静刚（Yeung Ching-kong），1996－1997年；李峰，2003年。

在现代人眼中,这也是合格的真正文档,不仅记录了发生了什么事情,也有准确的时间记录。我们可以假设,一旦这样的文档实践建立起来,册命或特定的命令及其发生的具体时间,会被准确地记录在竹简和青铜器上。然而,在数十件提到与册命或特别命令相关的觐见铭文文本中,四要素俱全的方式还是并不普遍。图三表明册命和特令记载中有纪年与地点的比率。引人注意的地方在于西周各阶段册命或特令记载中,这一比率几乎与觐见周王,包括那些与行政任务无关的内容(比较图二),在全部铭文中所占比率大体相当。这表明在据称反映周邦官僚化迅速建立的铭文中,记录政府行为时间或地点的规范还未完全建立。因此,周邦仍然不能或无意把王年当作通行的时间计量方式,也没有强制实施把它当作所有的行政或社会事件的参考点。

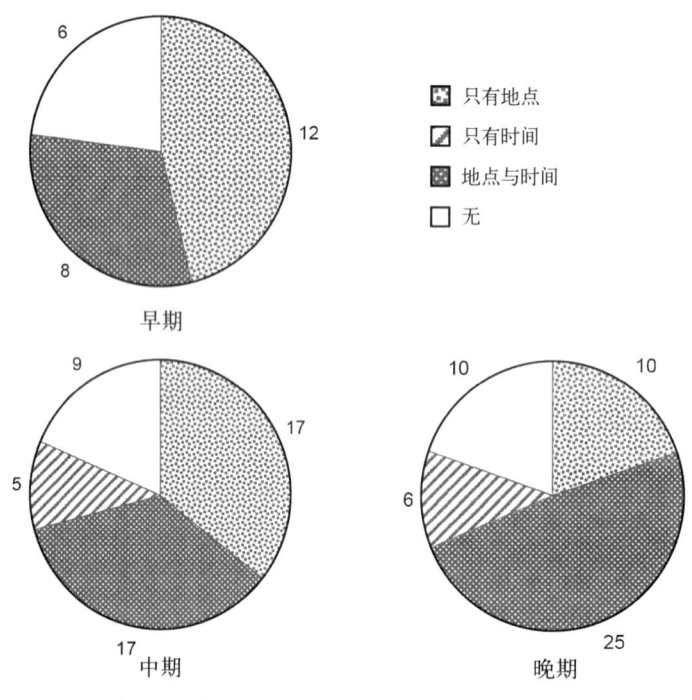

图三 册命记录文本中使用的时间与地点的情况

这种情况导致我们需要再次讨论,假定青铜器铭文内容与竹简上的王室命令之间存在一定关联。在青铜器铭文中,如师颖簋,先是详细讲述了仪式的情况,之后引述了命令。命令的正文,是"王若曰"之后引入的部分,不会包括任何关于时间、地点的内容。我们会问,假设在王室档案中保留的,在竹简上所载的命令文件是否包含时间记录?值得注意的是,颁行新的命令时,正如师颖的例子,当周王提到过去颁行的命令,从不或是不能指明后者的具体时间。因此,贵族宗庙中置放的青铜器上的记录,可能是唯一的保存着关于册命情况完整的载体。据此,周人对于纪年关注的提高,不应该是各种事项都官僚化体系的副产品或由王室官员推行的措施,很可能是由下至上对周庭行政记录实践的不完善的一种响应。

还有,作为记录事件的一种方式,王年重要性的提高与周邦的发展进程相关,尤其是西周行政管理和疆域结构的变革。

正如图四所示,西周早期,周王的统治采取一种移动的方式。为了建立对于新领域的控制或者镇压敌对势力,周王经常亲征。周王有三个都城或居

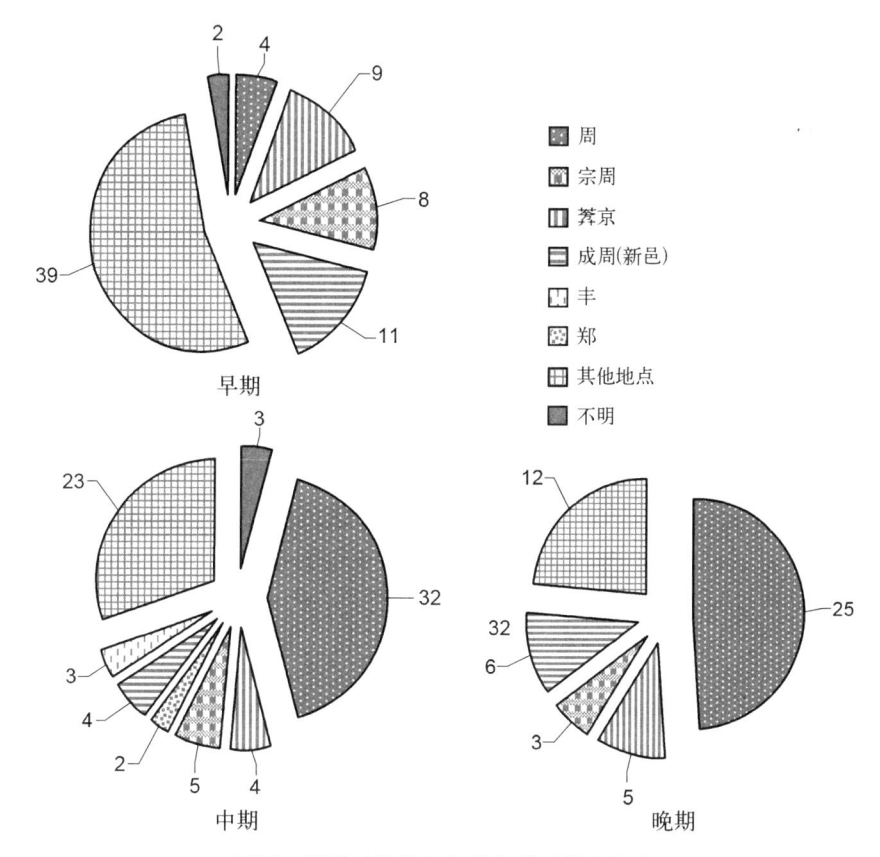

图四 西周三期铭文记载的周王所在地点

住区：宗周、岐周和成周。他们除了来往于三地之间外，还在疆域内到处巡视，以确保下属的忠诚。他们的行程并不规律。因此，不仅是被西美尔所提到的地点具有"更强烈的联系力"，而且能够到某地觐见周王，成为十或数十年内最荣耀的事情，使得记录者要明确他们与周王会面的地点。

西周中、晚期，周王并没有停止在领土内的巡视。瘨所做的记录让我们能够了解西周中期后段周王的行动：①

唯三年四月庚午，王才（在）丰，王呼虢叔召瘨，赐驹两。（瘨鼎，《集成》2742）

唯三年九月丁子（巳），王在郑，飨醴，呼虢叔召瘨，赐羔俎。己丑，王在句陵，飨逆酒，呼师寿召瘨，易（赐）麂俎。（瘨壶，《集成》9727）

隹四年二月既生霸戊戌。王才周师彔宫。各（格）大室。即立（位）。 司马共右瘨。王乎（呼）史年册。（瘨盨，《集成》4462）

隹十又三年九月初吉戊寅，王才成周司土淲宫，各大室，即立，遟父右瘨。王乎乍册尹册易瘨。（十三年瘨壶，《集成》9723）

作为周王的随从之一，瘨对于王年应该非常熟悉。对于其他人来说，周王在某地，或者甚至其巡视某人的居住地都可以作为事件发生的记忆坐标：

唯五月初吉甲戌，王在旁，格于大室，即立中廷，井叔内右师察，王呼尹氏册命师察。（弭叔师察簋，《集成》4253）

尽管在中、晚期觐见有时也在其他地方举行，但通常是安排在王室重要中心——岐周。岐周举行的觐见记载通常明确时间四要素并非偶然。纪年的方法使得日历的使用者在同一地点发生的不同事件中凸显出来。这可能解释为什么西周中、晚期事件发生的纪年传播更广。同时，即使四要素俱全的记录中，地点的记录也很少遗漏。西周晚期的地点记录甚至更精确，大多数作器者在记录册命地点之后都会明确宫或庙的名字。这反映了西周晚期周王还没建立唯一的觐见中心，也就是说，所有的政治和行政上的交流也不

---

① 瘨器首先发现于庄白窖藏，参考周原考古队，1978年。关于铭文中提到的周王与其时间测定学界中存在一些争议。本文把瘨的文本按照时间先后而排列。这些日期不能排在同一日历中，表明瘨可能服务于至少两位不同的周王。因此，其中所提到的事件的次序并不明显。最近，大多数学者赞同瘨铭作于公元前9世纪的前四分之一世纪之内（参考李学勤，1979年；倪德卫，1983年；马承源，1987年，第三卷，第192—195、206页；夏含夷，1991年，第114—115、284页）。基于器形与铭文的分析，罗泰（1993年；2006年）和史红庆（2007年）提出了一个9世纪中期的年表。根据本研究的目的，我并没有做太多的日历重建，把瘨器排在了西周中期后半段。

集中在一地。^① 在周原,周王在几个行政和会见场所之间的来往可能有比较固定的路线,甚至是具有象征性的特征。^② 因此,地点作为参考并没有被纪年取代。

四 王年与"私人"事件

西周中、晚期,具有私人性质的一些事件,例如为祭祀祖先,财产(财务或土地)争议,或者聘礼、嫁妆的媵器,可能使用纪年。这种有纪年的私人记录的数量不多,但是随时间增长。我们可以假定王年最初使用主要是为了记录与周王有关的事件,包括周王主导的政府行为,逐渐地转换为西周社会里通行的时间准绳。分析与觐见周王无关的纪年记录,能够阐明政治与行政之外,那些生活范围也出现对于编年的需求。这也透露出王年的私人使用者的范围有多广。

就像早期阶段一样,后来的周王自己也成为纪年的使用者。他们零星地在他们自己的记录中应用纪年,但是并不认为有必要在各处都要插入时间记录。^③

另一方面,一些人在私人记录中使用纪年,却没有任何明显的缘由:

> 唯卅又三年八月既死辛卯,王在成周。伯宽父乍(作)宝盨。子子孙孙永用。(伯宽父盨,《集成》4438)

非常有趣的是,这件器物是 1978 年在陕西省岐山县凤雏村的一处青铜器窖藏中发现的。^④ 这表明伯宽并不是在见过周王之后就立即使用王年铸作礼器,而是在之后为了明确时间才使用的。

---

① 参考夏玉婷,2010 年。
② 李峰提出了周王在一些"办公场所"规律性活动的假说(2001-2002 年)。
③ 五年默钟,《集成》358;默簋,《集成》4317,两件由厉王委托铸造的铭文都包含纪年记录。相反,同一时期的默钟,《集成》260,并不包含任何关于时间的信息,只有期望对四隅的控制能够"万年"的内容。
④ 在西周王年的研究中,厉王在位的时间争议很大。伯宽父盨通常被认为是厉王在为 37 年的例证(参考刘启益 1979 年)。倪德卫与夏含夷认为厉王在位的时间没有那么长,因此他们把所有王年数比较高的铜器铭文都测定于宣王期(夏含夷,1991 年,第 284-285 页;倪德卫,1997 年)。随之,他们把伯宽父盨排在了公元前 793 年。由于厉王和宣王都属于西周晚期,上述的矛盾不影响本文的分析。

尽管伯寛父铸作簋的时候使用纪年的原因我们还不清楚,许多其他"私人"记录阐明,在觐见王室之外的其他层面也能采用王年作为参考点。

两种重要的,能使用纪年的私人事件包括财产争议,以及嫁妆或聘礼。

第一种记录中的一个例证是裘卫盉:

> 唯三年三月既生霸壬寅,王称旗于丰,矩伯庶人取瑾璋于裘卫,裁八十朋,厥贾其舍田十田。矩又取赤琥两、麂韨两、贲鞶一,裁[廿朋],其舍田三田。(《集成》9456)

记录中的剩余部分是关于土地测量的过程和决议,几个邻居土地所有者和王室官员参与其事。尽管作为仪式一部分的土地交换可以归类为私人事务处理,它仍然是一种公共管理的事件,也可能记录于官方文献。不过,官方文献中这种土地交换有纪年不是强制性的,而是可选的,就像王室命令记录一样。甚至在王室会见中,受到周王影响的土地分配或者再分配的记录,并不必须有纪年。① 格伯簋就是一个例证,记录的是关于财富的私人交涉,但是没有使用纪年:

> 唯正月初吉癸巳,王在成周,格伯取良马乘于倗生,厥贾卅田,则析。(《集成》4262)

需要强调的一点,格伯为了"典田",命令他的书史铸作这件簋。这表明,他把这篇铭文看成是正式文件,但是他不需求时间的明确记录。② 本例中,正如上面讨论的会见的记录,此时以周王所在地点为参考已经被纪年取代。

关于嫁妆或聘礼的记录,时间的使用也是不规律的。大多数例子中,只明确了月份,而没有纪年。通常,他们也没有提到周王的行动或所在。以此为背景,叔尃父盨是个例外:

> 唯王元年,王在成周,六月初吉丁亥,叔尃父作郑季宝钟六、金尊盨四、鼎七,郑季其子子孙永宝用。(《集成》4454)

另外一例使用纪年的例子是番匊生壶:

---

① 周王主导的土地重新分配的记录中使用了纪年的例证可以见于永盂,《集成》10322;大簋,《集成》4298;曶比鼎,《集成》2818;曶比盨,《集成》4466。王室授予土地却没有纪年,只是明确了月份、干支和王所在地点的例子更多,如折方彝,《集成》9895;南宫中鼎,《集成》2785;大克鼎,《集成》2836 等等。以王之名,王室官员主导的土地授予的记录,也有不使用王年的记录,如多友鼎,《集成》2835;不嬰簋,《集成》4328。

② 关于格伯簋更为详细的分析,参考劳武利,1999 年,第 297–311 页。

唯廿又六年十月初吉己卯,番匊生铸媵壶,用媵厥元子孟改乖(妃)。(《集成》9705)

如果人们在上述财物谈判和缔结婚姻纽带的记录中都使用了纪年,不是按照,而是偏离当时记录中不需要准确编年这一普遍接受的习俗,调查其原因似乎很合理。

一些使用纪年的私人事件记录提供了非常有趣的细节,在其他的例证中,这样的信息在别处仍然能够取得。

记录土地交换的裘卫盉发现于一个青铜器窖藏,同出的器物还有一些也是同一人所作器。裘卫簋的记录有着全部要素:二十七年,三月,既生霸,戊戌(《集成》4256)。在这篇铭文中,周王赏赐给裘卫很多礼物。这一事件发生在穆王(公元前956年-前918年)二十七年(公元前930年)。裘卫盉所载的土地转移发生在第三年,即恭王三年(公元前915年)。[1] 因此,在裘卫记录私人事件中使用王年之前,他已经服务于王室。两年后(公元前913年)卫参与了另外一起财物转移,公元前909年他又因为有功受到周王慷慨的赏赐。[2] 要注意的是,参与土地转移的另一方有着更高的身份和地位,应用王年,卫可能在提醒这个人,他也是周王的臣子,也处于周王的保护之下。

另外两例财产的争议是在琱生与召伯虎之间,时间可能是厉王(公元前857年-前842年)或宣王(公元前827/825年-前782年)[3]五年和六年。这两个人是表兄弟,同属于召家族。他们都在周内政和军事管理上享有很高的职位。[4] 最近,陕西扶风五郡发现一个青铜器窖藏,在出土的器物中,有两件铭文相同的铜尊,也记录了琱生与召伯虎之间的土地纠纷。[5] 这些器物发现的地方可能就是琱生的居住地。显然,居于周原,在王室核心地区岐周附近,琱生、召伯与周王有着多方面的联系。他们在私人记录中使用王年的事实间

---

[1] 参考夏含夷,1991年,第284-285页;倪德卫,1997年。
[2] 五年卫鼎,《集成》2831;九年卫鼎,《集成》2831;参考夏含夷,1991年,第153页。
[3] 参考琱生簋,《集成》4292;召伯虎簋,《集成》4293。关于其他测定参考谭戒甫,1961年;李学勤,2007年。李学勤在后文把厉王在位时间排在公元前877年-前842年。
[4] 召穆公是厉王时期最高长官之一。厉王流放之后,"厉王太子静匿召公之家"(司马迁:《史记·周本纪》,第143页)。宣王的时候,召伯虎成为最高的军事长官之一。据《诗经·崧高》和《江汉》他在淮汉地域打了几场战争。召伯虎可能(不是必然的)是在琱生的铭文所提到的召伯。琱生在周庭中占据了宰的位置(参考师毁簋,《集成》4324)。
[5] 参考宝鸡市考古研究所等,2007年;宝鸡市考古队等,2007年;夏玉婷,2014年。

接地表明,虽然周王并没有明显地插手这次冲突和裁决,琱生可能通过这种方式寻求周王作为争议仲裁的权威。也表明了周王核心地区的居民可以在没有王室介入的情况下最终解决冲突和保持社会安宁。

同样地,有纪年的媵器或聘礼的作者并不是随机地使用王年。叔専父盨发现于陕西西安郊区的张家坡一座墓葬中,一共有四件。① 墓主人骨架无存,因此无法判断其性别。除了四件盨,随葬品包括三件鼎、两件壶,因此可以判断墓主人级别很高,但是比我们上文提到的叔専父盨铭中的郑季要低。郑季,祭祀时可以使用七鼎,可能是一邦君的女儿。还不清楚的是,叔専父是否是她的父亲或丈夫郑伯的私名,他居住在周人另外一个核心区宗周。② 毫无疑问,居住于周人核心区,拥有重要地位的贵族成员能够经常接触到周王。

番匊生初看似乎不属于与周王直接有关的圈子。他可能是番邦的贵族之一。在西周和春秋时期的铭文中番邦的首领可能称为侯或伯。③ 二十世纪八十年代,属于春秋早期番君铸造的器物发现于河南省潢川、信阳县内。④ 上述发现表明番是汉、淮盆地的众多小邦之一。⑤

西周时期,周王寻求对南国诸邦的政治控制。周人与汉、淮地区政体之间的交流模式在军事冲突与政治联姻之间变化着。大多数南方的政体很可能都保持了高度的自主权。只有到春秋中期楚国强大起来,开始并吞其邻邦的时候,它们才失去了独立。番匊生,一位南方小政体的贵族成员,在给女儿的媵器上采用了周王纪年,他的女儿嫁给了乖(或者可能是芈)姓贵族。芈是楚及其他一些汉水盆地小政体的姓。这些政体与周人关系不太密切。因此,番匊生的行为很引人注目。然而,通过其他材料的分析,我们还可以揭示这种行为的政治背景。

另外一件属于西周晚期的铜器番生簋盖(《集成》4326),铭文记录了周

---

① 参考中国社会科学院考古研究所沣西发掘队,1965年。
② 公元前806年,宣王分封他的弟弟友于郑(参考司马迁:《史记·郑世家》,第1757页)。传记文献没有与更早的郑邦相关的记录。按照寰盘,《集成》10172,宣王二十八年(公元前798年)早期郑伯的后裔寰来见周王。寰的母亲是姬姓,因此与周王有血亲关系。另外一篇铭文表明早期郑家族可能为姜姓的(矢王簋盖,《集成》3871)。
③ 参考番君酓伯鬲,《集成》732;番伯酓匜,《集成》10259。
④ 郑杰祥、张亚夫,1979年;信阳地区文管会,1980年。
⑤ 番可能是传记文献里的"潘"国。它的主要范围在今河南省南部的固始县(参考张杰祥、张亚初,1979年,第93页)。这一邦国在其他文献中也可以称"滪"(参考李学勤,1980年)。

王为番生安排的任命仪式,表明他是王朝的高臣之一。[①] 尽管两人的名称都包括"番"字,番匊生和番生不必须为同一个人。他们可能是与番邦统治阶层有关的两名成员。另外一篇铭文证实了周王从番娶妻的事实。[②] 这些例子表明,西周晚期的番和周王室之间的关系实际上相当密切。因此,番按照周朝的标准调整了它的日历,而且番贵族有理由使用周王纪年。番匊生抓住了日历的重要性,这是一种隐蔽地寻求周王室支持的方式。通过媵器铭文,番匊生不仅是说给女儿,也是说给她未来的丈夫。通过提到周王年,他提醒他的女婿,在地缘政治空间中,周王是作为和平与权利的保证。需要指出的是,出于这一目的并不必须参照王年,而是一般而言的周历。媵器记录中也有不使用王年,而使用"王正月"的例子,这可能也具有同样的功能。

最后,在宣王三十三年铸造了盨的伯寛父,并不只是一个普通人。包括这件器物在内的青铜器窖藏发现于岐周一处宫殿附近,这座宫殿构成了复杂仪式的一部分。[③] 这座宫殿必然用于正式接见仪式,从周统治的黄昏一直到西周灭亡。尽管没有伯寛父这个人的更多细节透露出来,窖藏的位置标明他在某种程度上与周庭有紧密的联系。没有任何特别的目的,只是为了记录器物铸造的事实,他可能思念那位他本人强烈依附的周王,使用王年只是为了保持他与时王的联系。

五 结 语

基于《殷周金文集成》中有纪年铭文的分析,接下来可以得到如下结论:

王年最初的应用可能是为了构建和记录周王的活动。记录很可能保存在王廷,主要关注周王作为祭主的行为。与商代的情况相似,周祭"祀"礼也可能被书写于档案,并记录于编年中。然而,这种假说无法证实,因为周王室的档案并没有保存下来。能够确认的只有在周王亲自定做的青铜器铭文中,

---

① 本文的原本已经在出版社待刊的时候,李峰先生发表了他对于西周官僚化的研究,把番生簋盖看作是研究周行政机构的重要资料之一。参考李峰,2008年,第63-67页。此后笔者对番生的身份做了研究,推测他可能是周王与番改的儿子;参考夏玉婷,2014年,第64页。

② 参考王禹:王作番改齍禹(《集成》645),表明番与周宗族的另外一个分支姬姓的鲁近亲通婚。鲁侯禹就是鲁公子与番通婚的证据(《集成》545)。

③ 参考陕西周原考古队,1979年。

"祀"可以被计数,以便记录王室礼器铸造的时间,这种方法一直延续到西周晚期。西周早期之后,其他作器者记录事件的时候只使用"年"而不使用"祀"字。这意味着,对"祀"字的采用可能有一些限制。

周贵族成员所铸作的铭文记录里,王年很规则地用于纪念王室会见。因为在后期觐见的功能是作为西周政治交流和行政管理的方式之一,可以假定王年在政治和行政层面发挥着独特作用。然而,与册命有关的觐见王室的记录,时间记载是可选的。这表明王年在正式交流中仍然不是不可缺少的结构因素。在王廷中存放的官方记录档案中,它可能尚未普遍地使用。甚至青铜器铭文中记录任命以及具体命令颁行的时间,可能是许多王室臣属对于尚未成体系的王室档案与书记实践所给予的回应。

西周中、晚期使用纪年的铭文数量增长,表明王年的重要性逐渐提高。周人社会把这种计量时间的方式当作通行标准,其接受度得到提高,考虑到其使用者的社会背景,特别是那些与姻亲缔结或财产纠纷等"私人"事件有关的铭文,有助于我们理解这一点。

王年的使用者,包括那些"私人"内容的记录者,都参与到政治互动中,他们一般也直接服务于周王。这个群体肯定比同时期能定做青铜器的贵族整体数量少得多。很多与周王没有直接联系的,或者因为某种原因不愿意向周王表示忠诚的人,在他们定做的青铜器铭文中就没提到周王,也没使用王年来记录所发生的事情。值得注意的是,那些并不直接服务于周王,而是受雇于周王官员的人,尤其处在遥远地区者,在记录所发生的事件时并不使用王年。可能只有王臣才能注意和准确地知道王在位多少年,因此才能在他们的记录中使用王年。通过这种方式,他们自动地显示出他们与周王的密切关系,以及相应的他们在周政治和行政管理体系中的高级身份。

对于王室管理来说,精确的时间记录不必须有关键意义。假如在准备新命令时,曾经颁行给某人或其祖先的命令的副本仍然能够找到,并且能够作为参考,它有无具体时间记录无所谓。但是,在贵族互相竞争、争论、谈判的情况下,那些过去与权力、荣誉的分配有关的册命带来的秩序,比贵重物品和土地分配的早晚可能更为重要。很有可能王室官员通过他们被周王指派参与活动等等的时序、频率来衡量其身份、地位。尽管现有的青铜器铭文只反映了与土地有关的冲突,可以假想在其他方面发生冲突时,记录也会被用作寻求解决的参考。竞争中一个冲突方的立场不仅取决于事件发生的时间,也可以取决于他与周王的关系如何。由于对周王在位年数熟悉的人数不多,而且他们一般地跟王廷直接互动,把王年作为时间记录的元件就能显示其属于王朝的内幕人士圈。在有纪年的媵器和聘礼铭文中,使用王年和王室日历可能被用作隐含地寻求王室支持和保护,反映了出嫁妇女的父亲希望女婿及其家族对新妇的行为符合礼制。

王年如此不寻常的衍生功能的出现,与西周社会和政治形势的变化有关。随着从早期周王室的流动行政方式向中、晚期建立以岐周为行政中心的转变,王年赢得了更为重要的意义,它使得人们能够分辨在同一地点举行的并且有着常规性内容的事件,尤其是任命仪式。另外,西周晚期时,被招来为王室服务的一些新人,不必然全部是世官世族的成员。[1] 周王给他们分封土地不大,赏赐物品不丰厚,因此新晋官员的经济实力不足,更大程度地依赖于其与周王之间的关系。周核心区域里所有的土地已经被分割,因此这里的人口密集及社会压力加大。[2] 同时,周边缘地区的政体与周人的互动加强,包括其贵族与周王室、地方诸侯及其他周强族联姻。[3] 这些过程使得周王作为社会和政治和平的保障者、冲突的仲裁者的作用越来越重要。各级贵族对于秩序和规则的需求奠定了王权作为社会轴心的基础,因而,王年的作用不断蔓延可以理解为其进程的产物。

使用"王年"显示了作器者的身份和地位,表明其尊贵,有助于达成协议,解决冲突。青铜器铭文同时作为产生社会记忆的一种方式,[4]保存在宗庙,并在祭祀活动中使用,礼器上的铭文不仅致敬于祖先,也是为了传于后裔,子孙后代就要"永宝用"它们。当然,祖先功绩记录作为后代的精神之源。因此,我们有理由提问,依据王年记录事件发生的时间,是否有助于产生更优质的、更有价值的过去记忆。

很多窖藏青铜器是由一个家族几代人提供的,包括一些四要素俱全的有"完整记录"的,以及一些没有任何时间信息,甚至没有铭文的器物。从早期

---

[1] 参考李峰,2004 年。
[2] 参考劳武利,1999 年。
[3] 参考夏玉婷,2014 年。
[4] 参考王明珂,2001 年。

传递到后代没有文字的器物,也能帮助唤起对先代人们的回忆。① 记载作器者的名字和他们所参与的事件能保证对他们的记忆可以持续更长时间,而且不会与对其他人的记忆混淆(在口口相传的过程中后种情况很容易发生)。值得注意的是,两件西周时期的世系记录——史墙盘和逨盘——都把家族世系与当时在位的周王的谱系关联起来,而没有提供任何准确的时间信息。② 这表明,西周时期祖先的传记有无精确的时间记录,并不必然地有关键的意义,而且有日期不一定就比没有日期的记录更好地帮助保持后裔的纪念活动。同时,同一家族成员,如史墙的儿子瘨或逨本人,在制作其他器物的时候又使用了王年纪年方式。这些准确的记录都与他们自己而不与他们的家族历史有关。这表明,周人对于现世秩序的渴望持续增长,远超对过去准确编年的需求,这也导致了青铜器铭中使用纪年的频率提高了。

参 考 文 献

[1] 宝鸡市考古队等:《陕西扶风县新发现一批西周青铜器》,《考古与文物》2007 年第 4 期,第 3 – 12 页。

[2] 宝鸡市考古研究所等:《陕西扶风五郡西村西周青铜器窖藏发掘简报》,《文物》2007 年第 8 期,第 4 – 27 页。

[3] 陈梦家:《西周铜器断代》第三部分,《考古学报》1956 年第 1 期,收入王梦旦:《金文论文选》,图鸿制版印刷公司,1968 年,第 145 – 209 页。

[4] 杜勇等:《金文断代方法探微》,人民出版社,2002 年。

[5] 冯时:《天文学的萌芽期》,薄树人:《中国天文学史》,台北文津出版社,1996 年,第 7 – 60 页。

[6] 郭静云(Gorodetskaya,Olga):《中华文明历史观念之形成刍议》,"史学现代化问题"国际学术研讨会论文集,南开大学,2008 年,第 22 – 24 页。

[7] 郭沫若:《弭叔簋及訇簋考释》,《文物》1960 年第 2 期,第 5 – 8 页。

[8] 湖北省荆沙铁路考古队:《包山楚简》,文物出版社,1991 年。

[9] 李学勤:《西周中期青铜器的重要标尺——周原庄白、强家两处青铜器窖藏的综合

---

① 青铜器作为对于过去的可视参考,历史记忆作者;参考罗泰,2006 年,第 38 页。
② 参考史墙盘,《集成》10175;逨盘,参考田率,2008 年。

研究》,《中国历史博物馆馆刊》1979年第1期,第29-36页。

[10] 李学勤:《论汉淮间的春秋青铜器》,《文物》1980年第1期,第54-58页。

[11] 李学勤:《夏商周年代学札记》,辽宁大学出版社,1999年。

[12] 李学勤:《琱生诸器铭文联读研究》,《文物》2007年第8期,第71-75页。

[13] 刘启益:《伯宽父盨铭与厉王在位年数》,《文物》1979年第11期,第16-20页。

[14] 罗泰(Lothar von Falkenhausen):《有关西周晚期礼制改革及庄白微氏青铜器年代的新假说——从世系铭文说起》,臧振华:《中国考古学与历史学之整合研究》,中研院历史语言研究所,1997年,第2卷,第651-676页。

[15] 马承源:《商周青铜器铭文选》第三卷,文物出版社,1987年。

[16] 穆海亭、朱捷元:《新发现的西周王室重器五祀㝬钟考》,《人文杂志》1983年第2期,第118-121页。

[17] 齐思和:《周代锡命礼考》,《燕京学报》1947年第32期,第197-226页;转引自齐思和:《中国史探研》,中华书局,1980年,第50-66页。

[18] 陕周原考古队:《陕西扶风庄白一号西周青铜器窖藏发掘简报》,《文物》1978年第3期,第1-18页。

[19] 陕西周原考古队:《陕西岐山凤雏村西周建筑基址发掘简报》,《文物》1979年第10期,第27-34页。

[20] 史红庆:《十三年癸壶断代新考》,《殷都学刊》2007年第4期。

[21] 司马迁:《史记》,中华书局,1959年,1973年再版。

[22] 谭戒甫:《周召二簋铭文综合研究》,《江汉论坛》1961年第2期,第43-52页。

[23] 田率:《陕西眉县青铜器窖藏与西周单逨家族》,《中国历史文物》2008年第4期,第82-88页。

[24] 王晖:《论西周金文记时语词及大事系"年"的史学意义》,《北京师范大学学报(社会科学版)》2015年第1期,第122-132页。

[25] 王明珂:《历史事实、历史记忆与历史心性》,《历史研究》2001年第10期,第136-147、191页。

[26] 王世民等:《西周青铜器分期断代研究》,文物出版社,1999年。

[27] 夏含夷:《父不父,子不子——试论西周中期询簋和师酉簋的断代》,《中国古文字与古文献》1999年第1期,第62-64页。

[28] 夏商周断代工程专家组:《夏商周断代工程1996-2000年阶段成果报告:简本》,世界图书出版公司,2000年。

[29] 信阳地区文管会:《河南信阳发现两批春秋铜器》,《文物》1980年第1期,第42-

45 页。

[30] 郑杰祥、张亚夫:《河南潢川县发现一批青铜器》,《文物》1979 年第 9 期,第 91 - 93 页。

[31] 中国社会科学院考古研究所沣西发掘队:《陕西长安张家坡西周墓清理简报》,《考古》1965 年第 9 期,第 447 - 450 页。

[32] 中国社会科学院考古研究所:《殷周金文集成》(简称《集成》),中华书局,1984 - 1994 年。

[33] 朱凤瀚、张荣明:西周诸王年代研究,贵州人民出版社,1998 年。

[34] 朱凤瀚:《师酉鼎与师酉簋》,《中国历史文物》2004 年第 1 期,第 4 - 10 页,转 35 页。

[35] Benson, Ciarán. *The Cultural Psychology of Self: Place, Morality and Art in Human Worlds.* London: Routledge, 2001.

[36] Cook, Constance A. (柯鹤立). "Wealth and the Western Zhou"(西周的财富). BSOAS 60. 2 (1997): 253 - 294.

[37] Creel, Herlee Glessner (顾立雅). *The Origins of Statecraft in China: Volume 1: The Western Chou Empire* (中国治国术的起源). Chicago: Chicago University Press, 1970.

[38] Falkenhausen, Lothar von (罗泰). "Issues in Western Zhou Studies: A Review Article" (西周研究专题), *Early China* 18 (1993): 152 - 167.

[39] Falkenhausen, Lothar von. *Chinese Society in the Age of Confucius (1000 - 250 BC). The Archaeological Evidence* (孔子时代[公元前 1000 - 前 250 年]的中国社会:考古学证据). Los Angeles: Costen Institute of Archaeology, University of Los Angeles, 2006.

[40] Kane, Virginia C.. "*Aspects of Western Chou Appointment Inscriptions: The Charge, the Gifts, and the Response*"(西周赏赐铭文的问题:命书、赐品和对扬),*Early China* 8 (1982 - 1983): 14 - 28, esp. 17.

[41] Karlgren, Bernhard (高本汉). *Grammata Serica Recensa* (汉文典). BMFEA 29 (1957): 1 - 232.

[42] Khayutina, Maria (夏玉婷). "Host-Guest Opposition as a Model of Geo-Political Relations in Pre-Imperial China". *Oriens Extremus* 43 (2002): 77 - 100.

[43] Khayutina, Maria. "The Royal Year-Count of the Western Zhou Dynasty (1045 - 771 BC) and its Use(r)s: A Sociological Perspective". In *Time and Ritual in Early China* (中国古代的时间与仪式), edited by Xiaobing Wang-Riese (王霄冰) and Thomas O. Höllmann (贺东劢). Asiatische Forschungen Monographienreihe (亚洲研究丛书). Wiesbaden: Harrassowitz Verlag, 2009, pp. 125 - 151.

[44] Khayutina, Maria. "Royal Hospitality and Geopolitical Constitution of the Western Zhou Polity (1046/5 – 771 BC)". *T'oung Pao* 96. 1/3 (2010): 1 – 77.

[45] Khayutina, Maria. "Marital Alliances and Affinal Relatives (sheng 甥 and hungou 婚购) in the Society and Politics of Zhou China in the Light of Bronze Inscriptions"(周代社会政治中的婚姻联盟与姻亲——从金文"生"与"婚媾"谈起). *Early China* 37 (2014): 39 – 99 (中文版待刊).

[46] Kryukov Vassili M. (Крюков Василий М., 刘华夏). "Дары земные и небесные (к символике архаического ритуала в раннечжоуском Китае)"(地和天的赠品：论周初古代礼仪的象征意义), *Этика и ритуал в традиционном Китае*(中国传统伦理与礼仪), Москва: Восточная литература, 1988.

[47] Kryukov, Vassili M.. Ритуальная коммуникация в древнем Китае (古代中国的礼仪交际). Москва-Тайбэй: Институт Востоковедения РАН, 1997.

[48] Lau, Ulrich(劳武利). *Quellenstudien zur Landvergabe und Bodenübertragung in der westlichen Zhou-Dynastie (1045? – 771 v. Chr.)*(西周[公元前1045？-前771年]土地分配与土地流转的渊源研究). Sankt Augustin: Institut Monumenta Serica, 1999.

[49] Li Feng (李峰). "Offices' in Bronze Inscriptions and Western Zhou Government Administration"(金文官制与西周政府管理), *Early China* 26 – 27 (2001 – 2002): 1 – 72.

[50] Li Feng. "'Feudalism' and Western Zhou China: A Criticism"("封建主义"与中国西周批判), *HJAS* 63 (2003): 115 – 144.

[51] Li Feng, "Succession and Promotion: Elite Mobility During the Western Zhou"(继承与提升：西周时期贵族的流动), *Monumenta Serica* 52 (2004): 1 – 35.

[52] Li Feng. *Bureaucracy and the State in Early China: Governing the Western Zhou* (西周的政体：中国早期的官僚制度与国家). Cambridge: Cambridge University Press, 2008.

[53] Lynch, Kevin. *What Time is This Place*. Cambridge, MA: MIT Press, 1972.

[54] Lowenthal, David. "Past time, Present Place: Landscape and Memory", *Geographical Review* 60. 1 (1975): 1 – 36.

[55] Magdalena von Dewall. "New Data on Early Chou Finds: Their Relative Chronology in Historical Perspective"(周初新资料——从历史角度看其相对年代),《庆祝李济先生七十岁论文集》,台北：清华学报社,1965年,第503 – 570页。

[56] Martin Kern(柯马丁). "The Performance of Writing in Western Zhou China"(西周时期书写的表现), in *The Poetics of Grammar and the Metaphysics of Sound and Sign*(语

法诗学与声音和符号的形而上学），ed. Sergio La Porta and David Shulman, Leiden：Brill, 2007, pp. 122 – 126、154 – 157.

［57］ Nivison, David S.（倪德卫）."Dates of Western Zhou"（西周纪年）. Harvard Journal of Asiatic Studies 43（1983）：481 – 580.

［58］ Nivison, David S. "Fully Dated Western Zhou Bronze Inscriptions（时间要素俱全的西周青铜器铭文）", http：//www.stanford.edu/~dnivison/WZBronzes.html, 1997.

［59］ Pankenier, David W.（班大为）. "Astronomical Dates in Shang and Western Zhou"（商和西周的天文纪年）, Early China 7（1981 – 1982）：2 – 37.

［60］ Pankenier, David W.（班大为）. "Reflections of the Lunar Aspect on Western Zhou Chronology"（西周年代学中月相的考察）, T'oung Pao 78（1992）：33 – 76.

［61］ Poo, Mu-chou（蒲慕州）. In Search of Personal Welfare. A view of Ancient Chinese Religion（寻求一己之福——中国古代的信仰世界）. Albany：State University of New York Press, 1998. 按，中文版本由允晨出版社 1995 年出版，上海古籍出版社 2007 年修订再版。

［62］ Simmel, Georg（西美尔）. Soziologie. Untersuchungen über die Formen der Vergesellschaftung（社会学：关于社会化形式的研究）, Berlin：Duncker & Humblot, 1908.

［63］ Shaughnessy, Edward L.（夏含夷）. Sources of Western Zhou History: Inscribed Bronze Vessels（西周史资料汇编：青铜器铭文）. Berkeley：California U.P., 1991.

［64］ Shaughnessy, Edward L.. "Lunar-Aspect Terms and the Calendar of China's Western Zhou Period"（四分月相与周代历法）. In Time and Ritual in Early China（中国古代的时间与仪式）, edited by Xiaobing Wang-Riese and Thomas O. Höllmann. Asiatische Forschungen Monographienreihe. Wiesbaden：Harrassowitz Verlag, 2009, pp. 15 – 32.

［65］ Takashima, Ken-ichi（高岛谦一）. "Jìsì（祭祀）: A Reconstruction of the Ji Sacrifice and the Si Ritual in Ancient China"（祭祀——古代中国"祭"与"祀"的语义重构）. In Time and Ritual in Early China（中国古代的时间与仪式）, edited by Xiaobing Wang-Riese and Thomas O. Höllmann. Asiatische Forschungen Monographienreihe. Wiesbaden：Harrassowitz Verlag, 2009, pp. 33 – 68.

［66］ Tuan, Yi-Fu. Space and Place: The Perspective of Experience. San Diego：University of Minnesota Press, 2001.

［67］ Wang Ming-ke（王明柯）. "Western Zhou Remembering and Forgetting"（西周记忆与遗忘）, Journal of East Asian Archaeology 1（1999）：231 – 250.

[68] Wang-Riese, Xiaobing. "Conceptions of Future in Early China"(早期中国的未来观念). In *Time and Ritual in Early China*(中国古代的时间与仪式), edited by Xiaobing Wang-Riese and Thomas O. Höllmann. *Asiatische Forschungen Monographienreihe*. Wiesbaden: Harrassowitz Verlag, 2009, pp. 169 – 188.

[69] Wieger, Leon(戴遂良). *Chinese Characters: Their Origin, Etymology, History, Classification and Signification. A Thorough Study from Chinese Documents*(从文献看汉字：起源、字源、历史、分类与含义). New York: Paragon Book Reprint Corp, 1965.

[70] Yeung Ching-kong(杨静刚). "Did the Royal Investiture Ceremony Exist in Early Western Zhou?"(西周早期王室分封仪式存在吗?). In *Ancient Chinese and Southeast Asian Bronze Age Cultures. Proceedings of a Conference held at the Edith and Joy London Foundation property, Kioloa*(中国及东南亚青铜时代文化：伊迪斯和乔伊伦敦基金会奇欧罗会议论文集), NSW. 18 – 12 February, 1988, edited by F. David Bulbeck and Noel Barnard. Taipei: SMC Publishing Inc., 1996 – 1997, pp. 470 – 486.

(原文收录于 Wang-Riese, Xiaobing、Thomas O. Höllmann. *Time and Ritual in Early China*[中国古代的时间与仪式]. Wiesbaden: Harrassowitz Verlag, 2009, pp. 125 – 151)

The Royal Year-Count of the Western Zhou Dynasty (1045 – 771 BC) and Its Use(r)s: A Sociological Perspective

Maria Khayutina

Of over six thousands Western Zhou bronze inscriptions, only several hundred contain dates, while only several dozens of these contain "full dating formulas" specifying a year of a certain — unnamed — king, a month, a term, referring to a month's division, and a day of the ritual sexagenarian cycle. Whether to introduce a date in an inscription was plausibly a matter of individual choice of bronze objects' commissioners. Approaching "time" as a social construct, this paper therefore examines the uses of the royal year-count kings against the social background of its users. This analysis reveals that initially, the royal year-count was used to structure and to register the activities of the king, whereas most early records of events referred not to the time, but to the place where they took place. The growing number of year-references in inscriptions from the Middle and Late Western Zhou periods as compared to the Early period demonstrates that the significance of the royal year-count was gradually increasing, although the circle of its user was mostly limited to the Zhou metropolitan elite. Occasionally, year-dates even appear for dating of private events such as marriages. This can be understood as an outcome of increasing social complexity coupled with the growing demand of metropolitan residents for more order and regulation. Nevertheless, the facultative application of the royal year-count even in records of royal receptions related to appointments and the issue of commands suggests that precise dating was not indispensable in official record-keeping. Indicating precise dates of events relevant to commissioners' change of status in bronze inscriptions could even be a response to unsystematic documentary practices of royal scribes and secretaries. At the same time, the lack of dates in commemorations of ancestors suggests that precise dating was used only for structuring the present, whereas there was no demand for an accurate chronology of the past.

从金文看宗妇在祭祀活动中的地位

张 经

(北京联合大学考古研究院)

《诗经·小雅·楚茨》中讲:

执爨踖踖,为俎孔硕。或燔或炙。君妇莫莫,为豆孔庶。为宾为客,献酬交错。礼仪卒度,笑语卒获。神保是格,报以介福,乃寿攸酢。

礼仪既备,钟鼓既戒。孝孙徂位,工祝致告:神具醉止。皇尸载起。鼓钟送尸,神保聿归。诸宰君妇,废彻不迟。诸父兄弟,备言燕私。

这是一首"贵族祭祀祖先的乐歌",①诗中所言"君妇",郑玄笺:"谓后也。凡嫡妻称君妇,事舅姑之称也。"②《广雅》也云:"嫡,君也。"诗中之君妇,即与宗子共同主持祭祀祖先礼仪活动的嫡妻,既言"诸父兄弟",很显然为大宗。《礼记·内则》中讲:"適子、庶子祗事宗子、宗妇。"孔颖达疏:"宗妇,谓大宗子之妇。"因而,君妇即"宗妇",③也称为主妇、夫人,屡见于礼书。根据《礼记·丧服小记》:"别子为祖,继别为宗,继祢者为小宗,有五世而迁之宗,其继高祖者也,是故祖迁于上,宗易于下。尊祖故敬宗,敬宗所以尊祖祢也。庶子不祭祖者,明其宗也。庶子不为长子斩,不继祖与祢故也。"大宗和小宗是有

---

① 高亨:《诗经今注》,上海古籍出版社,1985年。
② 《毛诗郑笺》,《四库备要》本,册三,十一页。
③ 宗妇还有另外一种含义,即同宗之妇,《礼记·祭统》:"宗妇执盎从。"《疏》曰:"谓同宗之妇。"本文中只讨论作为宗子嫡妻的,而不涉及此作为同宗族人之妇。

严格区分的。据前所引《楚茨》，宗妇在祭祀以及之后的宴飨活动中非常重要，但宗妇参与的祭祀活动主要是什么，以及由此所反映的社会和宗族内的地位是怎样的，有进一步讨论的必要。本文即主要依据商周金文资料，具体探讨一下作为大宗子嫡妻的宗妇所参与的祭祀活动以及由此所反映的社会地位问题，以就教于方家。

一 制作宗庙祭祀礼器

明言宗妇、研究者多有讨论的属于春秋早期的宗妇诸器群，出土于陕西省的鄠县，原为吴大澂旧藏，可确知者共有七鼎、四簋、二壶、一盘，铭文皆相同。其文为：

王子剌公之宗妇䣙婴为宗彝䵼彝，永宝用，以降大福，保𢓊䣙国。（《殷周金文集成》[①]2683－2689；4076－4087）

马承源认为䣙是夫姓，婴为古姓。[②] 事实上，对于金文中的妇姓问题，因为关系到国族的姓氏和族属，学者多有讨论，甚至试图总结其规律。[③] 张淑一撰文指出以往在妇姓称国规律总结中存在的问题，认为对于那些人物关系不明确的器物，在探讨时应该更为慎重。[④] 我们认为，这个意见还是非常中肯的。具体到本器铭的认识上，婴姓女子嫁到䣙国，称王子剌公，郭沫若认为是周天子之子的小封国，姬姓。[⑤] 其夫为"王子"，表明是这一支的大宗。谥称剌公，则宗子已经不在世，其妻子作为宗妇仍能以遗孀的身份制作宗庙祭祀礼器，当如陈昭容所指出的那样，宗妇在当时的家族中有特殊的地位。[⑥]

与之相类的，商晚期标识有亚醜族徽的几件器物：

[①] 中国社会科学院考古研究所编：《殷周金文集成》（修订增补本），中华书局，2007年。以下金文凡出自该书者，仅标识编号，不再另注明版本。
[②] 马承源主编：《商周青铜器铭文选》，文物出版社，1988－1990年。
[③] 参考李仲操：《两周金文中的妇女称谓》，《古文字研究》第17辑，中华书局，1994年；王育成：《从两周金文探讨妇名"称国"规律——兼谈湖北随县曾国姓》，《江汉考古》1982年第1期；曹定云：《周代金文中女子称谓类型研究》，《考古》1999年第6期；李龙海：《对〈周代金文中女子称谓类型研究〉一文的补充》，《华夏考古》2008年第2期。
[④] 张淑一：《两周金文女子称谓"规律"再探讨——兼论"杨姞壶"的问题》，《考古与文物》2009年第5期。
[⑤] 郭沫若：《两周金文辞大系图录考释》，录36，中华书局，2000年。
[⑥] 陈昭容：《周代妇女在祭祀中的地位——青铜器铭文中的性别、身份与角色研究（之一）》，收入《妇女与社会》，中国大百科全书出版社，2005年。

> 尊铭：亚醜者姤以大子障彝。(《三代吉金文存》①11.28.3)
> 罍铭：亚醜者姤以大子障彝。(《三代》11.42.2)
> 觥铭：亚醜者女以大子障彝。(《三代》17.26.5)

铭文表明，这几件礼器都是者姤(或作女)为祭祀大子所制作的器物。大子，即长子，也可以称为元子、适子，见于小臣缶鼎、堇鼎、番匊生壶等，也即我们所讨论的宗子。者姤能够为宗子制作祭器，应该是嫡妻身份，即我们所讨论的宗妇。此宗妇所制作的器物也属于用于宗庙祭祀的礼器。

再比如属于战国时期楚器的曾姬无恤壶：

> 唯王廿又六年，圣趄之夫人曾姬无恤，望安兹漾陲，蒿间之无匹，用乍(作)宗彝尊壶，后嗣用之，职在王室。(9710)

关于圣趄，有不同的说法，但多数以为是楚声王(？－前402年)。称"夫人"表明曾姬无恤是嫡妻，她制作的这件器物，也是用于宗庙祭祀的礼器，并且希望后嗣"职在王室"。

1974年陕西宝鸡茹家庄西周墓出土了弭伯鼎，铭："井姬眔亦偪祖考夋公宗室，又孝价孝，辥保弭伯，乍(作)井姬用贞(鼎)簋。"(2676,2677)井姬为弭伯的妻子，称伯表明是这一支的大宗，所以，井姬的身份也属于我们所讨论的宗妇。她制作的礼器虽然为自用，但铭中称"夋公宗室"，表明其与宗庙祭祀的关系。

宗妇能够制作用于宗庙祭祀的礼器，因此在受到赏赐的时候，有时甚至获得礼器。例如西周中期器县妃簋：

> 唯十又三月既望，辰才(在)壬午，伯犀父休于县妃，曰：戲，乃任县白(伯)室，易(赐)女(汝)妇爵、觏之戈，周(琱)玉、黄𢀛。县妃奉扬伯犀父休，曰：休伯哭蒀恤县伯室，易(赐)君我唯易(赐)寿(侜)，我不能不眔县伯万年保，辥敢隊于彝，曰其自近日孙=子=毋敢望(忘)伯休。(4269)

任，从郭沫若读，郭并引《广雅·释诂》"任，有也"解为"为县伯内助"。② 杨树达释："室，妻也。"③但孙诒让以为"县妃"是伯犀父的女儿，曹兆兰也认

---

① 罗振玉：《三代吉金文存》，中华书局，1983年。以下简称《三代》。
② 郭沫若：《两周金文辞大系图录考释》，录38，释67，中华书局，2000年。
③ 杨树达：《积微居金文说》(增订本)，科学出版社，1959年，第115页，"白犀卣跋"。

为县妃簋是媵器,所记是父女之间的对话,近有高兵的看法与此近同,认为是伯犀父为女儿订婚的过程,是儿女婚姻大事为"父母之命"的反映。① 但是从县妃的应答辞来看,伯犀父赏赐县妃,是因为体恤县伯宗族,而且铭末县妃表示"其自今日孙=子=毋敢望(忘)伯休",何其隆重,如是父亲与女儿之间,似无此必要。亦未见有诸多明确是媵器的器铭中,使用如此之语,因而县妃簋以不看作是媵器为宜。

考之金文,室的用法或指宗庙,金文中屡言周王赏赐时,所各之"大室",大室多从属于某宫,唐兰认为这里的宫,是指宗庙而言。② 由宗庙而代称公族,因而,金文中有时候称公族为公室,就是因为室所具有的宗庙含义。《孟子·滕文公上》说诸侯灭国时往往"毁其宗庙,迁其重器"也是同样的原因。所以,我们认为,这里的室,乃是指县伯宗族,因而,郭说可从。县妃为县伯内助,并受到伯犀父的赏赐,表明其身份应为宗妇。

伯犀父赏赐给县妃的物品里,有妇爵,《仪礼》中屡次提及主妇在祭祀过程中使用爵:

> 主妇洗爵于房,酌,亚献尸,尸拜受,主妇北面拜送。
> 主妇左执爵,右抚祭。
> 主妇洗爵,酌,致爵于主人,主人拜受爵,主妇拜送爵。③

可能妇爵指的就是在宗庙祭祀活动中,妇人持用的祭器。下所言之玉等物品,亦皆为祭祀用玉礼器。金文中,像这样以礼器赏赐女性者,并不多见,曹兆兰对此进行过统计,④如果再和男子受赐礼器的数量对比一下的话,相差悬殊。而以祭祀用礼器赏赐宗妇,也是因为宗妇在宗族祭祀中不可或缺的地位,以及其能够制作宗庙祭祀礼器。

根据以上商周时期青铜器铭文,宗妇能够制作宗庙祭祀礼器,甚至是获得礼器的赏赐,充分说明宗妇在宗族祭祀活动中占有其一席之地,即使在宗子去世之后,仍然保有其特殊的地位。

---

① 高兵:《从金文看西周的媵婚制度》,《海南师范学院学报》(社会科学版)2006 年第 5 期。
② 唐兰:《西周青铜器铭文分代史征》,中华书局,1986 年。
③ 《仪礼·特牲馈食礼》。
④ 曹兆兰:《金文与殷周女性文化》,北京大学出版社,2004 年,第 86 页。

二　主持与求子有关的祭祀活动

商和西周早期金文中,屡有子某或某子之称谓,根据省卣铭:"甲寅,子商(赏)小子贝五朋,省扬君商(赏)。"(《三代》13.38)学者们认为子应指的是宗子,也即《诗经·大雅·板》中所言"宗子维城"的宗子,与之相应的,使用"女子"称谓的,可能就是指"宗妇",①我们认为这一研究结论是允当的。宗子称子,宗妇称女子,其用法类似于"君"与"女君",②"公子"与"女公子"之称。③ 属于商代晚期器物有子作妇姵卣:

子乍(作)妇姵彝,女子母庚宓祀障彝,冀。(5375)

子为宗子,为妻子妇姵制作了一件器物,这件器物在她宓祀婆婆母庚的时候使用,与之可以对读的有属于西周早期器物顯卣:

顯乍(作)母辛尊彝,顯易(锡)妇婴,曰:用将于乃姑宓(?)。(5388)

妇婴与顯为夫妇,母辛是顯的母亲,妇婴的婆婆。顯为祭祀母亲辛制作的礼器,却赏赐给妻子妇婴,在她宓祀婆婆的时候使用。两铭中都提到的宓,是祭祀婆婆,即上一代宗妇的时候的一种祭仪,可读作闷,《诗经·鲁颂·闷宫》:

闷宫有侐,实实枚枚。赫赫姜嫄,其德不回,上帝是依,无灾无害,弥月不迟。是生后稷,降之百福。

"闷宫",毛传:"闷,闭也。先妣姜嫄之庙在周,常闭而无事。孟仲子曰:是禖宫也。"郑玄笺:"闷,神也。姜嫄神所依,故庙曰神宫。""实实枚枚",朱熹《集传》:"实实,巩固也。枚枚,砻密也。"④关于祀高禖求子,已经多有讨论,大家并没有太大的争议。因而,我们认为,所谓宓祀婆婆,也是为求子。关于某些妇女因为其特殊身份,而成为其他妇女求子祈福的祭祀对象,在甲骨卜辞中

---

① 连劭名:《殷商青铜器铭文释丛》,载《学术集林》卷十一,上海远东出版社,1997年;朱凤瀚:《论商周女性祭祀》,收入《中国社会历史评论》,天津古籍出版社,1999年;陈英杰:《商代金文中之"女子"铭辞说略》,《考古与文物》2010年第4期。

② 女君见《礼记·杂记上》,第225页。金文中也有指女君者,如作册睘卣和尊,尊铭:"才(在)斥,君令余作册睘安夷伯,夷伯宾睘用贝布……";卣铭:"唯十又九年,王才(在)斥。王姜令作册睘安尸(夷)伯。尸(夷)伯宾睘贝布。扬王姜休……"则君,指女君,王姜。

③ 女公子见《左传·襄公十五年》。

④ 朱熹:《诗经集传》,中华书局,1999年。

即有很多例子,如示壬、示癸、大乙的配偶妣庚、妣甲、妣丙等人就成为后世"求生"的对象:

  贞妇好有子。贞祝于母庚。(《甲骨文合集》①13926)
  辰卜……求生妣己……妇……(《合集》21060)
  辛巳贞,其求生于妣姚庚、妣丙。牡牡、白豕。
  贞,[其]求生于[妣]庚、妣丙。(《合集》34081)
  戊辰贞,其求生于妣庚、妣丙。在祖乙宗卜。
  辛巳贞,其求生于妣庚、妣丙。牡牡、白豕。(《合集》34082)
  卜,争贞,求王生于妣庚、于妣丙。一月。(《怀特氏等收藏甲骨文集》71)
  辛卯贞,其求生于妣庚、妣丙。一牢。(《小屯南地甲骨》750)

因此,器铭中的宓祀婆婆的活动可能与求子有关。这种祭祀仪式,由宗妇主持,参与者为宗族内的适龄生育女子。值得注意的是,顈卣是妇婴的丈夫制作了又赏赐给妻子的。陈英杰认为是妻子与丈夫为君臣关系的反映,②是很有道理的。宗子与宗族成员之间的关系,具有君臣等级的性质,在这点上,宗妇虽然因其嫡妻的身份有特殊地位,但并不能超越宗子或与之有对等的关系。

三　有自己主持的宗庙

根据商周金文,宗妇有自己主持的宗庙,这在属于西周中期的器物尹姞鬲中表达得很明确:

  穆公乍(作)尹姞宗室于澡林,唯六月既生霸乙卯,休天君弗望(忘)穆公圣粦明龀事先王,各于尹姞宗室澡林,君蔑尹姞历,易(锡)玉五品,马四匹。拜稽首,对扬天君休,用乍(作)宝。(754、755)

尹姞是穆公的妻子,某公之配偶,属于宗妇。③ 宗室,即宗庙,《诗经·召南·采蘋》有:"于以奠之,宗室牖下。"毛传:"宗室,大宗之庙也,大夫士祭于宗

---

① 郭沫若主编:《甲骨文合集》,中华书局,1993年。以下简称《合集》。
② 陈英杰:《商代金文中之"女子"铭辞说略》,《考古与文物》2010年第4期。
③ 此从朱凤瀚说,见其《商周家族形态研究》(增订本),天津古籍出版社,2004年。

庙，奠于牖下。"其用法正同。同样的用法还见于善鼎、周生豆等，也有径言宗的，如父癸宗彝："耳乍(作)父癸宗尊彝。"《说文》："宗，尊祖庙也。""鯀林"，金文中有"颜林"(2831)，"畈林"(4322)等，由"司易(场)、林、吴(虞)、牧"(4270、4271)的用法可知其性质相类，可能为草木比较繁茂的地方。为什么宗庙要建在这里？《礼记·祭义》云："古者天子诸侯必有公桑蚕室，近川而为之。"《正义》云："近川而为之者，取其浴蚕种便也。"那么，鯀林宗庙是不是有类似的特殊用意，尚不得而知。

尹姞所主持的宗庙位于草木繁茂的林区，既言"穆公作"，当是穆公为其修建的。这与前铭所提到的宓祀婆婆的祭器由丈夫所作，可以放在一起考虑，都表明宗子与宗妇的上下等级关系。鯀林宗庙很重要，天君（一般认为是昭王的太后）不但亲自光临尹姞的宗室，并且对她进行赏赐。尹姞也称公姞，见于公姞鬲：

> 唯十又二月既生霸，子中(仲)渔雙池，天君蔑公姞历，事(使)易(锡)公姞鱼三百，拜頴(稽)首，对扬天君休，用乍(作)齍鼎。(753)

记载了天君赏赐公姞三百条鱼。鱼用以荐宗庙，《吕氏春秋·季春纪》："天子焉始乘舟，荐鲔于寝庙。"以及《季冬纪》："命渔师始渔，天子亲往，乃尝鱼，先荐寝庙。"能获得祭祀宗庙用鱼的赏赐，也说明公姞与宗庙祭祀之间的密切关系。而且获得鱼的赏赐是非常荣耀的事情，1995年初在香港出现的老簋，铭："佳五月初吉，王才(在)莽京，鱼(渔)于大澨。王蔑历老，易(赐)鱼百。老拜頴(稽)首，皇扬王休，用乍(作)且(祖)日乙尊彝，其万年用夙夜于宗。"[1]老因为获得一百条鱼的赏赐，就制作宗庙祭器，足见此事之荣耀。而尹姞一次就获得三百条鱼的赏赐，可见恩宠有加。

天君，或作天尹，也称为君，根据铭文的记载，作为周天子的妻子，参与祭祀，主持宴飨，并赏赐和管理内史、师氏等官员，并管辖内务以及手工诸业等，正像有学者所指出的那样，西周时期后妃在内政和外务上都很活跃。[2] 王后

---

[1] 张光裕：《新见老簋铭文及其年代》，《考古与文物》2005年增刊。大澨读从李家浩：《释老簋铭文中的"澨"字——兼谈"只"字的来源》，《古文字研究》第27辑，中华书局，2008年，第245-250页。

[2] 参考刘启益：《西周金文中所见的周王后妃》，《考古与文物》1980年第4期；谢乃和：《金文中所见西周王后事迹考》，《华夏考古》2008年第3期；谢乃和：《西周后妃无与政事说考论》，《中国历史文物》2006年第1期。

如此，像尹姞等身份为"宗妇"者，能够有主持的宗庙，也就并非怪事了。

与宗子共同主持重大的宗庙祭祀活动，是宗妇的一项非常重要的职事，因此《礼记·祭统》中才会讲："故国君取夫人之辞曰：'请君之玉女，与寡人共有敝邑，事宗庙社稷。'此求助之本也。夫祭也者，必夫妇亲之，所以备内外之官也，官备则具备。"国君娶妻时，求婚使臣致辞，用共同主持宗庙祭祀指称缔结百年之好；反之，当夫妇礼仪致辞时，则又把不能共同主持宗庙祭祀作为不能共同生活的代名词，即《礼记·杂记下》所说："诸侯出夫人……使者将命曰：'寡君不敏，不能从而事社稷宗庙，使使臣某，敢告于执事。'"也就是说，祭祀活动一定要有夫妇共同参与，这样才能使内外的事宜具备，所用器具也才会完备。《礼记·祭统》有云："夫祭有十伦焉：见事鬼神之道焉；见君臣之义焉；见父子之伦焉；见贵贱之等焉；见亲疏之杀焉；见爵赏之施焉；见夫妇之别焉；见政事之均焉；见长幼之序焉；见上下之际焉。"可以说，祭祀对于维系以宗法为纽带的社会等级关系来说，是非常重要的活动，所谓"亲亲尊尊长长，男女有别"[①]都可以通过祭祀活动体现出来，这也是商周祭祀非常频繁的原因。因此，宗妇在其中的作用也就越发不可替代了。对于普通贵族身份的妻子而言，已是如此，对于主持宗庙祭祀的宗妇而严，其事体之隆，地位之重，自不待赘言。

宗妇所主持的宗庙，本文以为或与《礼记》所载之妇教内容有关。《昏义》载："是以古者妇人先嫁三月，祖庙未毁，教于公宫；祖庙既毁，教于宗室。教以妇德、妇言、妇容、妇功，教成祭之，牲用鱼，芼之以蘋藻，所以成妇顺也。"按郑玄的注解，宗室指的是大宗之家。下云"教成之者，女师也"，"谓三月教之，其教已成，祭女所出祖庙，告以教成也"。[②] 所谓"祖庙未毁"，郑注："高祖为君者之庙也，以有缌麻之亲。"也就是说，女子与国君有一个共同的高祖，仍有"缌麻"之亲者，如公宫内学习妇礼；如果"祖庙既毁"，与君主的关系连"缌麻"之亲都不是了，就入大宗之家（即"宗室"）进行培训。至于培训的内容与前面大体相同，所谓德、容、言、功也不外乎是生活的技巧，生产的技能。

宗妇在祭祀礼仪中，协助宗子完成祭祀，作用不可替代，因此，孔子讲："宗子虽七十，无无主妇；非宗子，虽无主妇可也。"《疏》："宗子领宗男于外，

---

① 《礼记·丧服小记》。
② 《礼记正义》册二十，卷六十一。

宗妇领宗女于内,礼不可缺,故虽七十之年犹必再娶。然此谓大宗之无子或子幼者,若有子有妇可传继者,则七十可不娶矣。"宗妇甚至因而有其所主持的宗庙,并主掌某些与求子等相关的祭祀活动,主持宗族内女性生活、生产技能教育之事。宗妇在祭祀活动中的职事决定了她在宗族内、社会上都享有尊贵的地位,即使是在宗子死去之后,作为遗孀,地位也并不会丧失,甚至可能因为子为宗子而得到加强。《礼记·内则》说:"適子、庶子祇事宗子、宗妇,虽富贵,不敢以贵富入宗子之家,虽众车徒舍于外,以寡约入。子弟犹归器衣服裘衾车马,则必献其上,而后敢服用其次也;若非所献,则不敢以入于宗子之门,不敢以贵富加于父兄宗族。若富,则具二牲,献其贤者于宗子,夫妇皆齐而宗敬焉,终事而后敢私祭。"庶子和其他的嫡系的兄弟,必须尊崇敬重宗子、宗妇,因此,才会在某些青铜器铭中反映出对宗妇的寄望,如属于春秋时期的晋公盆,铭辞中晋公在对祖上功业回顾之后,云:

剌㸚(暴)獸(胡)𧻚,囗玫虢者,不(丕)乍(作)元女,囗媵簋四酉,囗囗囗囗,虔龏盟[祀],以答[扬]皇卿,固亲百黹。雖今小子,整辥尔容,宗妇楚邦,乌(无)谷万年,晋邦佳翰,永康宝。(10342)

关于此晋公是谁,尽管有不同的意见,[1] 但此晋公盆是晋公嫁长女于楚,为她制作的媵器是很明显的。杨树达认为这篇铭文是"晋嫁女求欢于楚,以图自保"的反映,并引《孟子》中关于"昔齐景公涕出而女于吴,以中原之上国,嫁女于夷狄之仇邦"的记载,以为"二事盖正相类似矣"。[2] 铭文虽有残泐,仍可大体通读,体察其意,所论极是。晋公希望通过晋楚之间的联姻,可以达到巩固晋楚之间关系,缓解晋所面临的困难,团结诸臣于公室的目的。晋公之所以对这次政治联姻厚望如此,就是因为他的女儿嫁过去,可以"宗妇楚邦"的缘故。为楚之宗妇,将会在内外事务中占据一席之地,所以晋公才会表露其愿望和期待。这一方面当然如研究者所指出的那样,妇女独立性丧失,成为筹码和交易,但是另一方面,依仗母国的势力,凭借平衡母国与夫国关系的尴尬处境,某些妇女在政事上表现得非常活跃,这也是东周贵族妇女参政比较

---

[1] 郭沫若:《两周金文辞大系图录考释》和杨树达《积微居金文说》(第73页,《晋公盨跋》)中都认为此嫁女的晋公是晋定公;李学勤认为这次联姻是在晋平公世,参见其《晋公𥂴的几个问题》,《出土文献研究》1985年第6期。

[2] 杨树达:《积微居金文说》,第73页,《晋公盨跋》。

多的一个重要原因。

尽管宗妇能够制作宗庙祭祀礼器，主持某些祭祀仪式，并有自己主持的宗庙，但从总体上来说，宗妇是因为宗子而贵，其与宗子之间也仍具有君臣性质的关系存在，所以尽管有宗妇自作器，但有些祭器来自宗子的赏赐，宗室也是宗子所建，所以，也不宜因此将宗妇的地位估计过高。

The Status of Zongfu in the Worship Based on the Inscriptions on Bronzes

Zhang Jing

Zongfu was the entropy wife of Zongzi who played an irreplaceable role in the ritual festival, even presided over her own ancestral temple and presided over some praying for pregnant and other relious activities and the matter of the lives of female within the clan with the education of their production skills and living experiences. According to Zongfu's ministry within the clan, she enjoyed a distinguished position in the clan and the society. Even Zongzi died, she still had a special status as a widow and might even be strengthened because her kid was Zongzi. However, it was inappropriate to overestimate Zongfu's status.

汉帝国与希腊化世界的交往
——再议海昏侯墓金器中的花丝装饰[①]

刘 艳

（西北工业大学文化遗产研究院）

"天马"在《史记》、《汉书》中屡有提及，是产自乌孙（伊犁河流域）、大宛（费尔干罕）和康居（撒马尔罕）等地的良驹宝马，以体形高大、健壮著称。公元前2世纪，汉廷遣使至乌孙求得良马，名曰"天马"。前103年，汉武帝命李广利再次率军出征大宛，终获数千匹汗血马凯旋，称为"天马"，更乌孙马为"西极马"，并作《天马歌》。[②] 太始二年（前95年），武帝又下令新铸褭蹏（马蹄）金和麟趾金，以应白麟、天马等祥瑞。[③] 数千载后，在江西南昌的最新考古发现，证实了"马蹄金"和"麟趾金"并不仅仅是传说。2011至2020年之间，江西省文物考古研究所在南昌市大塘坪乡观西村东北的汉代紫金城城址发现西汉海昏侯陵园，并对墓地进行了发掘清理。[④] 其中一号墓的主人为武帝之孙海昏侯刘贺（前92－前59年），墓中发现一批装饰精美花丝的马蹄金

[①] 本项研究得到教育部人文社科交叉学科规划基金资助，项目编号：20YJAZH071。原稿"The Han Empire and the Hellenistic World: Prestige Gold and the Exotic Horse"刊于 *Mediterranean Archaeology and Archaeometry* 2020（20/3），在翻译过程中，作者对原文内容做了修订。

[②] 《汉书》卷61，第2697－2703页。

[③] "有司议曰，往者朕郊见上帝，西登陇首，获白麟以馈宗庙，渥洼水出天马，泰山见黄金，宜改故名。今更黄金为麟趾褭蹏以协瑞焉"。《汉书》卷6，第206页。

[④] 江西省文物考古研究所：《南昌市西汉海昏侯墓》，《考古》2016年第7期，第45－62页；中国社会科学院考古研究所、江西省文物考古研究院：《江西南昌西汉海昏侯刘贺墓主棺实验室考古发掘》，《文物》2020年第6期。

和麟趾金(图一,1),它们的出现被认为受到匈奴草原文化的影响,[①]或与汉武帝以来社会上层流行的神仙信仰有关。[②] 本文在以往研究基础上,借助考古资料、历史文献与科学分析等多重证据,对马蹄金和麟趾金的产地、花丝技术的源流和文化象征意涵进行探讨。

1. 南昌海昏侯墓发现的马蹄金、麟趾金及金币　　2. 新疆焉耆出土的黄金龙纹带扣

图一

　　花丝(filigree)是一种古老的细金工艺,由纤细的金、银细丝构成平面或立体图案,或形成镂空设计。花丝工艺约公元前三千纪起源于近东,最早见于西亚的乌尔王陵(前2600－前2400年),青金石串饰上的吊坠以金丝盘成四个螺旋纹,中间以扭丝相连。[③] 花丝制品在古代美索不达米亚,叙利亚和小亚细亚都有发现,[④]以公元前7－前4世纪古希腊、伊特鲁利亚和斯基泰文化黄金制品中的花丝装饰尤为精细。在中国境内发现的实物中,如海昏侯墓金器那般精细的花丝制品在公元前2世纪之前极为少见。今见的汉代金饰,花丝一般与珠化(granulation,也称"金珠焊缀")工艺联合使用,如新疆焉耆博格达沁古城发现的一件龙纹带扣(图一,1),边缘装饰不同形态的花丝,主纹由一条大龙和七条小龙构成,龙形的轮廓以花丝和较大的金珠构成,尤其是

[①] 刘慧中:《海昏侯刘贺墓出土马蹄金、麟趾金意义探析》,《南方文物》2017年第1期。
[②] 韦正:《马蹄金、麟趾金与汉代神仙信仰》,《南方文物》2017年第1期。
[③] Barbara Armbruster(芭芭拉·安布鲁斯特). "Technological Aspects of Selected Gold Objects from Ur—Preliminary Results and Perspectives"(乌尔墓的部分黄金制品的技术分析——初步研究结果). In Hauptmann, A. & Klein, S. (eds.) *The Royal Tombs of Ur, Mesopotamia: New Investigations, New Results from the Examination of Metal Artifacts and other Archaeological Finds*(美索不达米亚乌尔王陵:金属器和其他考古发现的新研究和新成果). *Metalla*(金属、矿物和采矿)22 (1), 2016: 113-135.
[④] Jack Ogden (杰克·奥格登). *Jewellery of the ancient world, Materials and techniques*(古代世界的珠宝,材料和工艺). London: Trefoil Books, 1982.

龙脊以金珠从大至小依次排列，同时以细密的金粟填满龙身其他部位，并镶嵌绿松石等，技艺精湛。① 其他的细金制品多见于湖南和广西、广州等沿海地区的汉晋墓（前1世纪-公元5世纪），以多面金珠最为典型——以花丝掐成小圆环构成多面体，并在小圆环连接处装饰小金珠，极尽奇巧。这些细金制品的造型和工艺都不是中国固有，因此被认为是经由海上或陆路丝绸之路传入中国的舶来品。②

南昌海昏侯墓发现的细金制品，为深入探讨早期花丝工艺的发展与外来影响提供了新的佐证。目前科学检测的一些相关成果，为探索汉代细金制品的技术特征、金属成分、来源与产地等问题提供了重要的线索，一些黄金作品虽然从表面上看来面貌同一，但材料分析的结果却揭示它们在制作工艺上有本质的区别。本文重新检视江西南昌等地出土的汉代细金制品，借助科技考古提供的相关数据，厘清汉代细金制品中的一些外来工艺和源流，并对这些外来技术是如何传入中国境内的，以及如何被用于本地制作、纳入当地信仰和思想体系之中等一系列问题进行探讨。

一　海昏侯墓出土的细金制品

江西南昌海昏侯墓出土的478件金器中，以73件马蹄金和麟趾金最引人注目。马蹄金形如其名，形体中空，状如马蹄，铸造而成，壁面饰四道规整的横向波纹，底面呈椭圆形，口部覆盖琉璃片，有些已脱落，口沿有不同的花丝装饰。麟趾金的设计也如此，但形体较为修长。马蹄金的定名一直存在争议，但一般认为马蹄金的出现与文献中描述的太始二年币制改革有关。③ 相关实物在汉代的墓葬和窖藏中屡有发现，但口沿饰花丝的非常少见。在海昏侯墓发现之前，河北定县中山怀王刘修墓（前55年）中曾出土四枚两种大小

---

① 韩翔：《焉耆国都、焉耆都督府治所与焉耆镇城——博格达沁古城调查》，《文物》1982年第4期。

② 孙机：《建国以来西方古物在我国的发现与研究》，《文物》1999年第10期；齐东方：《碰撞与融合——丝绸之路上的外来金银器》，收入《西域：中外文明交流的中转站》，合肥：黄山书社，2016年。

③ 杨君：《马蹄金和麟趾金考辨》，《中国钱币》2017年第3期；胡金华：《河北定县40号汉墓出土黄金货币及相关的几个问题》，《中国钱币》2018年第3期；黄盛璋：《关于马蹄金、麟趾金的定名、时代与源流》，《中国钱币论文集》，北京：中国金融出版社，1985年。

的马蹄金和一枚麟趾金(图二,3),口部镶饰白玉或琉璃面,口沿有精细的花丝图案。①

1. 江西南昌海昏侯墓地1号墓内棺　　2. 棺内出土纪年铭金饼

3. 河北定县汉墓发现的马蹄金（左）和麟趾金（右）

图二

海昏侯墓出土的马蹄金按尺寸可分为大马蹄金和小马蹄两类,其上铸有"上"、"中"、"下"等不同的字铭。马蹄金为铸造而成,在口沿饰有丰富多边的装饰图案,按丝的形态,可分为素丝(plain wire)、扭丝（twisted wire）、桥洞丝(corrugated wire)、赶珠丝(beaded wire,连珠纹)和码丝(helicoid wire,或称"螺丝")。② 素丝是构成花丝的基本装饰元素,即截面为圆形的细丝。在中

---

① 河北省文物研究所：《河北定县40号汉墓发掘简报》,《文物》1981年第8期。
② 本文对部分花丝的定名和分类借用了当代细金工艺的称谓,参见杨一一等：《西汉废帝海昏侯刘贺墓出土马蹄金、麟趾金花丝纹样的制作工艺研究》,《南方文物》2018年第2期,"巩丝"在本文被称为"桥洞丝",因花丝形态命名,参见图三,5;Jack Ogden（杰克·奥格登）."Revivers of the Lost Art: Alessandro Castellani and the Quest for Classical Precision"（回顾消逝的艺术：亚历山德罗卡斯特拉尼和对古典细金工艺的探寻）. In Walker, S. and Soros, S. W.（ed.）*Castellani and Italian Archaeological Jewelery*（卡斯特拉尼与意大利考古珠宝艺术）. New Haven: Yale University Press, 2004, pp. 181 – 198.

国古代，素丝的制作一般使用"细条扭卷法（strip twisting）"，即将锤打好的细薄金片沿着一个方向搓卷，直到捻紧成一根圆形丝。[1] 两根素丝可以扭结成一根扭丝；两根扭丝分别沿着一根素丝上、下两端反向排列，可构成麦穗纹。使用简单的工具可将一根素丝弯曲成桥洞丝和码丝。赶珠丝表面看起来与珠化工艺生成的连珠纹无异，却是一种特殊的花丝，使用特定工具制成。

赶珠丝（beaded wire）最早出现在公元前14-前13世纪的古埃及，在希腊金饰中更常见。典型实例包括爱琴海罗德岛（前408年）古城和黑海地区马其顿王朝时期的泽尔韦尼（Derverni）墓葬中出土的金耳饰（图三，1）。[2] 赶珠丝由特殊的工具制成，公元12世纪的意大利僧侣学者泰拉努斯（Theophilus Presbyter）在其手稿中描述过制作赶珠丝的两种方法：将圆形丝放在一件单面有半球形凹槽的金属工具下，凹槽两端呈斜坡形，将圆丝旋转、移动，可生成规则的连珠纹；另一种是将一根圆丝放入上、下均有凹槽的金属印模之间，一只手持着圆丝沿着凹槽旋转、移动，另一只手捶打金属印模，也能生成赶珠丝（图三，2）。[3] 国家博物馆的杨一一等人曾使用传统的花丝工具对海昏侯墓细金制品的赶珠丝、码丝、桥洞丝和扭丝进行了成功复原。[4] 遗憾的是，考古遗存中并未发现任何相关的工具，迄今尚未得知古代的赶珠丝是如何制作的。

根据花丝的不同形态和组合方式，可将海昏侯墓细金制品的装饰分为以下三类（图三，3）：A式 包括17枚大马蹄金（图三，4），口沿外缘装饰的花丝相同，自上而下依次为赶珠丝、赶珠丝构成的小圆环组成一圈装饰带，再是赶珠丝和码丝。

B式 包括31枚小马蹄金，口沿的花丝可分为三种亚型：BI自上而下依次为赶珠丝、由正反向扭丝和素丝组成的麦穗纹、桥洞丝；BII与BI相同，

---

[1] Emma C. Bunker（艾玛·邦克）. "Gold Wire in Ancient China"（古代中国的金丝）. *Orientations*（东方艺术品）(28)1997：94-95.

[2] Melina Filimonos and Angeliki Giannikouri. "Grave Offerings from Rhodes: Pottery and Jewellery"（罗德岛墓葬随葬品：陶器和珠宝）. In Gabrielsen, V. and Bilde, P. (eds.) *Hellenistic Rhodes: Politics, Culture, and Society*（希腊化时期的罗德岛：政治、文化与社会）. Aarhus: Aarhus University Press, 1999; Dági, M. "'ΚΛΕΙΤΑΙ ΔΩPON': Gold jewellery from tomb Z at Derveni"（"ΚΛΕΙΤΑΙ ΔΩPON(Kleita's Gift)"：德尔维Z号墓出土的黄金珠宝）. *Studies of the Ancient World*（古代世界研究）13 (2013)：85-103.

[3] Tamla, U & Varkki, H. "Learning the Technologies of Making Beaded Wire"（学习制作赶珠丝）. *Eesti Arheoloogia Ajakiri*（爱沙尼亚考古学杂志）13 (2009)：36-52.

[4] 杨一一，2018年.

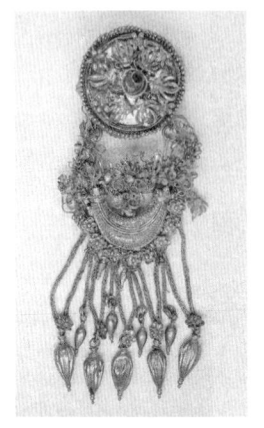

1. 希腊泽尔韦尼(Derverni)墓葬出土的金耳环

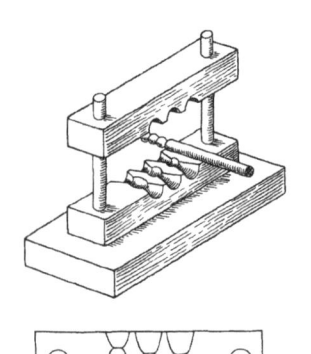

2. 泰拉努斯手稿中制作赶珠丝的工具(Erhard Brepohl复原)

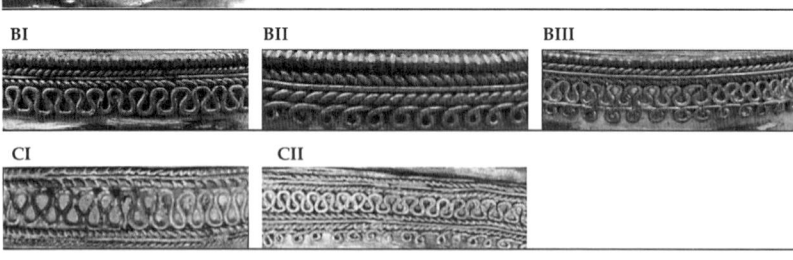

3. 海昏侯墓马蹄金、麟趾金的花丝类型

4. 海昏侯墓大马蹄金上的花丝装饰

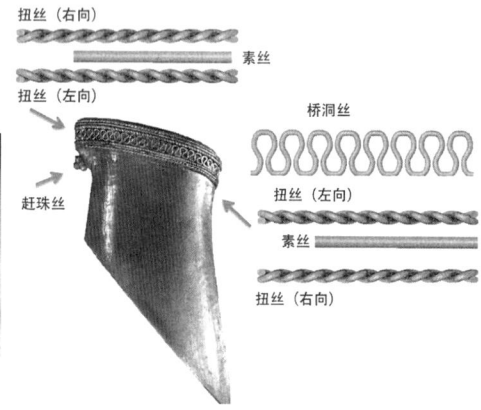

5. 海昏侯墓麟趾金上的花丝装饰

图三

只是桥洞丝换成一圈码丝;BIII自上而下依次为赶珠丝、麦穗纹、桥洞丝和码丝（表一）。

表一　海昏侯墓马蹄金的花丝类型

类型	数量	字铭	赶珠丝	扭丝（正向）	素丝	扭丝（反向）	码丝	桥洞丝
A	9	上	3				1	
	4	中	3				1	
	4	下	3				1	
BI	12	上	1	1	1	1	1	
	2	中	1	1	1	1	1	
	1	下	1	1	1	1	1	
BII	6	中	1	1	1	1		1
	2	中	1	1	1	1		1
	3	下	1	1	1	1		1
	2	下	1	1	1	1		1
BIII	1	上	1	1	1	1	1	1
	1	中	1	1	1	1	1	1
	1	下	1	1	1	1	1	1

C式　包括25枚麟趾金，上壁周缘装饰花丝，后壁有一赶珠丝盘成的圆环状结节，口沿的花丝也可分为两种亚型：CI两组麦穗纹间以桥洞丝（图三，5）；CII与CI类似，仅在第二组麦穗纹下多饰一圈码丝（表二）。

表二　海昏侯墓麟趾金的花丝类型

类型	数量	字铭	扭丝（正向）	素丝	扭丝（反向）	码丝	桥洞丝	赶珠丝
CI	12	上	2	2	2		1	1
	4	中	2	2	2		1	1
	3	下	2	2	2		1	1
	1	无	2	2	2		1	1
CII	1	上	2	2	2	1	1	1
	4	中	2	2	2	1	1	1

海昏侯墓金器花丝的基本构成要素虽相同,但在制作不同类型的花丝作品时,工匠选择性地使用了不同的花丝形态,以及排列组合上的一系列变化,最终创造出非常不同的视觉效果。此外,这批马蹄金和麟趾金的制作工艺相通,但也有一些差异:文字标识并无统一规范。如大马蹄金底部有铸字和贴字,铸字有"上"和"下"字,贴字只有"中"字。小马蹄金也有铸字与贴字两种,有1件无字。工匠水平不一,有的制作较精细,有些略粗。很显然,这批马蹄金和麟趾金很可能不是同一批制成的。[1]

二　金属成分和技术特征分析

北京大学考古文博学院使用便携式 XRF 光谱仪对海昏侯墓的 73 件马蹄金和麟趾金进行了无损检测,分析结果表明大、小马蹄金和麟趾金含金量非常高,为 98.0%-99.5%,银含量很低,为 0.2%-1.6% Ag。每类器物的金属组成相同(图四,1),都使用提炼过的纯金制成。[2]

根据已刊布的资料,除了海昏侯墓所出的金器,迄今共有五件汉代的细金制品做过无损检测:

标本1:辽宁省大连营城子西汉晚期墓出土的龙纹带扣(图四,2),装饰十条龙;[3]

标本2:朝鲜半岛乐浪遗址石岩里 M9 东汉墓出土的龙纹带扣(图四,3),装饰七条龙;[4]

标本3:广州恒福路西汉墓出土的一枚多面金珠(图四,4);[5]

标本4-5:蒙古肯特省巴彦阿达尔嘎县杜尔利格纳尔斯(Duurlig nars)

---

[1] 江西省文物考古研究院、北京大学考古文博学院:《江西南昌西汉海昏侯刘贺墓出土部分金器的初步研究》,《文物》2020 年第 6 期。
[2] 江西省文物考古研究院,2020 年。
[3] 大连市文物考古研究所、大连营城子汉代墓地考古工作队:《辽宁大连市营城子汉墓群 2003M76 的发掘》,《文物》2019 年第 10 期。
[4] Ro, J. Y. and Yu, H. S. "A Study of Metalworking Techniques Seen in the Gold Buckle from Seogam-ri Tomb No. 9"(石岩里 9 号墓出土黄金带扣的金属技术研究). *Conservation Science in Museum*(博物馆保护科技)17(2016):1-16.
[5] 广州市文物考古研究院:《广州出土汉代珠饰研究》,北京:科学出版社,2020 年。

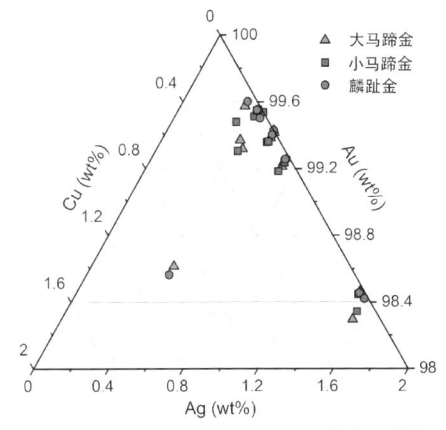

汉帝国与希腊化世界的交往　　169

1. 海昏侯墓出土马蹄金、麟趾金的成分特征

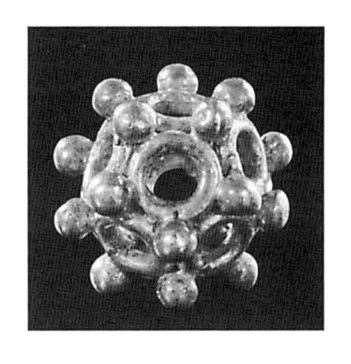

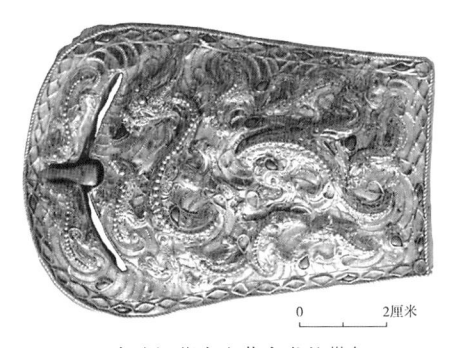

2. 大连汉墓出土黄金龙纹带扣

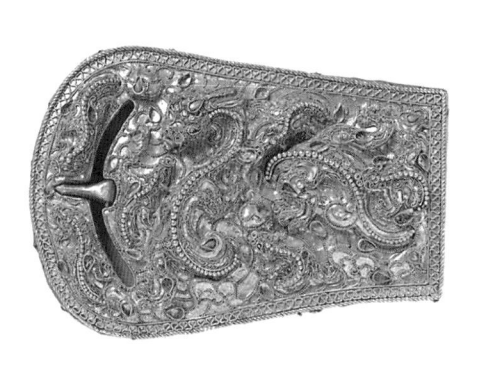

3. 乐浪遗址石岩里M9东汉墓出土的龙纹带扣

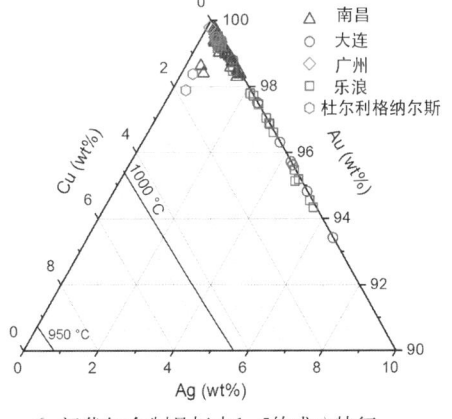

4. 广州汉墓出土的多面金珠

5. 蒙古杜尔利格纳尔斯匈奴墓出土的多面金珠

6. 汉代细金制品标本1—5的成分特征

图四

M2匈奴墓发现的两枚多面金珠(图四,5);[1]

南昌、大连、广州、杜尔利格纳尔斯和石岩里这五地发现的细金制品都采用了花丝工艺,年代在公元前2世纪至公元2世纪之间。金属成分的分析结果显示以上标本的含金量都非常高(平均值高于95%)。其中南昌海昏侯墓出土的马蹄金和麟趾金的含金量最高(图四,6),大连和石岩里出土的两件龙纹带扣含银量相同。

从花丝的形态来看,海昏侯墓金器上的扭丝和桥洞丝也见于大连、乐浪的龙纹带扣的花丝装饰;乐浪龙纹带扣边缘的花丝装饰由扭丝、桥洞丝和素丝三种形态的花丝组成,而大连龙纹带扣则为扭和素丝,其间填嵌小菱格纹,并在菱格内镶嵌绿松石。这类龙纹带扣在甘肃天水、湖南安乡、安徽寿县也有发现,可能由政府掌控的官府作坊生产,由中央政府赐给当时边疆地区的首领。[2] 从这几件金器具有不同的技术特征和装饰风格来看,它们不一定产自同一作坊。

细金制品对焊接技术的要求非常高。在古代世界主要有三种焊接法:(1)熔焊,即在低于焊件熔点的温度下仅通过加热使焊件表面熔化实现相互连接;[3] (2)金-银两元合金或金-银-铜三元合金焊接,即使用了熔点低于焊件的合金焊料;(3)铜盐焊接,一般用鱼胶和铜盐混合粘剂将金珠粘连在金属基体表面,加热后铜化合物变成氧化铜,鱼胶会炭化,等加热到859摄氏度,氧化铜被还原成金属铜,与器面完全熔合,而微量铜和金熔合成合金。[4] XRF能谱仪的测试结果表明,标本1-5采用了不同的焊接工艺(表三)。南昌马蹄金、麟趾金与广州恒福路汉墓的多面金珠焊接法相同,都使用了金-银合金焊接;[5]蒙古和乐浪的细金制品为铜盐焊接,大连的龙纹带扣则采用了熔

---

[1] Yu, H. S. "Analysis of Bronze Artifacts and Gold Ornaments Excavated from Xiongnu Tombs No. 2-4 at Duurlig Nars in Mongolia"(蒙古杜尔利格纳尔斯2-4号匈奴墓出土黄金饰品和铜器分析). *Journal of Conservation Science*(保护科学)28/2(2012):175-184.

[2] 邢义田:《再论"中原制造"——欧亚草原古代金属动物纹饰品的产销与仿制》,收入孟宪实、朱玉麟主编:《探索西域文明——王炳华先生八十华诞祝寿论文集》,上海:中西书局,2017年;郭物:《作为政治信物的汉晋瑞兽纹带扣》,《故宫博物院院刊》2020年第7期。

[3] Robert, P. M. "Gold Brazing in Antiquity, Technical Achievements in the Earliest Civilizations"(古典时代的黄金焊接工艺,早期文明中的技术进步). *Gold Bulletin*(黄金公报)6 (1973):112-119.

[4] Ware, J. "Metal Fusion and Granulation"(珠化工艺和金属焊接). Unpublished M. A. thesis. Rochester Institute of Technology,1965.

[5] 江西省文物考古研究院,2020年。

焊法。合金焊接和铜盐焊接法在古埃及、伊特鲁利亚和地中海地区具有悠久的历史。[①] 大连带扣采用的熔焊法，在中国境内仅此一例，但因目前测试的标本非常有限，熔焊法是否为中国本土的发明，或由域外传入，尚不得而知。

表三　汉代细金制品的焊接工艺

器　型	年　代	出　土　地	焊接工艺	出　处
龙纹带扣01	前1世纪	大连营城子汉墓	熔焊法	谭盼盼等2019
龙纹带扣02	公元8年	乐浪遗址石岩里M9汉墓	铜盐焊接	Ro and Yu 2016
多面金珠01	前2－前1世纪	广州恒福路汉墓	金－银合金焊接	广州市文物考古研究院2020
多面金珠02－03	前1世纪	蒙古杜尔利格纳尔斯匈奴墓	铜盐焊接	Yu 2012

在显微镜下观察大连龙纹带扣上素丝的结构，可见金丝上有较长的螺旋"接缝"痕迹（图五，1），[②]这种技术特征也见于美国罗德岛设计学院博物馆（RISD）希腊耳环的金丝显微结构（图五，2），这是采用"细条扭卷法"制作金丝的典型特征。[③] 在那时制作完美的细金制品并不易，尤其是在龙纹带扣、马蹄金这种造型较复杂的基体上焊缀金珠或花丝，要比在平面基体上难得多，需要对温度的精确掌控和娴熟的焊接技术，稍有不慎，就会留有遗憾。在SEM扫描电镜下观察大连龙纹带扣的微观结构，可以看见有的小金珠已脱落，还有的因为过度加热而熔化变形（图五，3）；[④]南昌马蹄金的花丝装饰中，可以看到其中一件大马蹄金口沿上以赶珠丝制成的小圆环之间，有一小截赶珠丝被工匠用来填充间隙（图五，4），来弥补制作中的技术缺陷。

---

① Parrini, P., Formigli, E. and Mello, E. "Etruscan granulation: analysis of orientalizing Jewelry from Marsiliana"（伊特鲁利亚珠化：马西利亚纳的东方化首饰分析）. *American Journal of Archaeology*（美国考古学杂志）86/1(1982): 118－121.
② 谭盼盼、张翠敏、杨军昌：《大连营城子汉墓出土龙纹金带扣的科学分析和研究》，《考古》2019年第12期。
③ Hackens, T. and Winkes, R. *Gold Jewelry, Craft, Style and Meaning from Mycenae to Constantinopolis*（黄金首饰，从迈锡尼岛到康斯坦丁堡的工艺、风格和意涵）. Belgium: Louvain-la-Neuve, 1983.
④ 谭盼盼等，2019年。

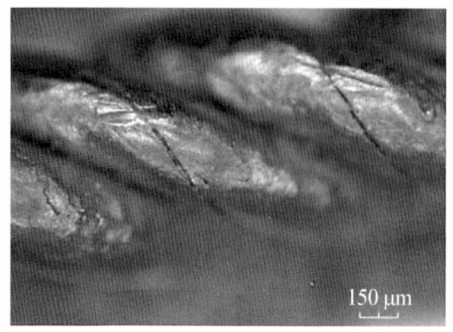

1. 显微镜下的大连带扣上的素丝结构 　　2. 显微镜下的希腊金耳饰上的素丝结构

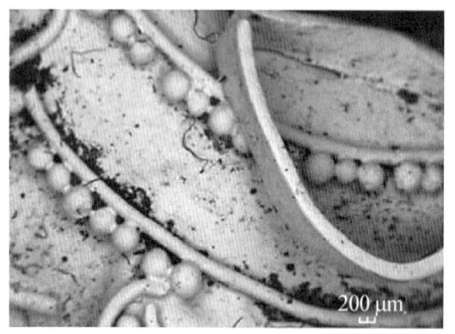

3. 扫描电镜下大连龙纹带扣的显微结构 　　4. 南昌海昏侯墓大马蹄金的赶珠丝局部

图五

三　汉代花丝技术的诸多源流

装饰扭丝的黄金饰品在中国境内最早出现在西北地区的战国晚期墓葬。河北易县燕下都遗址的辛庄头 M30（前4－前3世纪）出土的不少金器都装饰花丝图案，如骆驼纹圆形金饰外缘环绕一周由正、反向扭丝构成的绳索纹（图六，1），驼耳内以绿松石点缀，背后錾刻的记重铭文则表明它们经过中国工匠之手。辛庄头金器中丰富的动物纹题材如双马纹、熊纹、大角野山羊和后肢翻转的怪兽纹，明显体现出与萨彦-阿尔泰草原文化的紧密联系。[1] 甘肃张家川马家塬 M16（前4－前3世纪）出土的一件黄金臂钏（图六，2），两端分别饰

---

[1] 河北省文物研究所：《燕下都》，北京：文物出版社，1996年。

一周麦穗纹,中间凸起的瓦棱纹间也有同样的花丝装饰,其间还镶嵌绿松石和红玉髓等,色彩亮丽。①

1. 河北辛庄头M30出土骆驼纹圆形金饰　　2. 张家川马家塬M16出土黄金臂钏

图六

公元前 2 世纪以降,中国境内出现大量使用外来技术和外来材料——琥珀、玛瑙和红玉髓制作奢华工艺品的证据。江苏大云山汉墓发现的一组错金银嵌宝石铜镇,装饰动物咬斗纹,通体饰错金银纹饰,眼、脸等部位填嵌水滴状的绿松石和玛瑙等。② 动物咬斗纹在汉代诸侯王墓发现的黄金腰带饰中曾风行一时,体现出浓厚的草原文化风格。③ 水滴纹镶嵌则是阿契美尼德王朝金器的典型特征。自公元前 2 世纪开始,花丝装饰在汉代金饰中逐渐增多,踵事增华。朝鲜半岛乐浪遗址石岩里 M9(公元 8 年)发现的黄金龙纹带扣,在边缘环绕一圈扭丝,在与素丝之间填充桥洞丝(图四,3)。主纹饰为七条龙纹,中间一条大龙穿梭于云气之间,以颗粒较大的金珠形成连珠纹龙脊,再以颗粒较小的金珠填充龙身,龙首和龙身等处还有水滴形掐丝镶嵌。其他的细金制品还有江苏盱眙大云山江都王墓、山东莒县和河北满

---

① 早期秦文化联合考古队、张家川回族自治县博物馆:《张家川马家塬战国墓地 2008 - 2009 年发掘简报》,《文物》2010 年第 10 期。
② 南京博物院、盱眙县文广新局:《江苏盱眙大云山江都王陵二号墓发掘简报》,《文物》2013 年第 1 期。
③ Rawson, J.(杰西卡·罗森)"The Han Empire and its northern neighbours: the fascination of the exotic"(汉帝国和它的北方邻国:对异域风情的着迷). In J. Lin (ed.) The search for immortality: tomb treasures of Han China(追寻永恒:汉代中国的墓葬宝藏). New Haven (CT): Yale University Press, pp. 23 - 26, 2012.

城汉墓发现的盘羊纹金饰片和金纽扣,①均采用模压工艺成形,并以扭丝和金珠装饰点缀。出土细金制品的墓葬等级较高,大多为诸侯王墓。在这些细金制品中,以定县和南昌汉墓出土的马蹄金和麟趾金上的花丝形态最为丰富。

具有异域风格的汉代细金制品应有多种文化渊源。由于海昏侯墓马蹄金中的扭丝工艺,最早出现在马家塬战国西戎墓发现的一些金器上,这使一些学者推断汉代诸侯王墓发现的花丝制品与匈奴文化大有关联。②然而,从考古发现来看,匈奴墓中发现的花丝金器极少,为数不多的几件细金制品中,除了杜尔利格纳尔斯的两件多面金珠,还有蒙古诺颜乌拉墓地M22(前1-公元1世纪)出土的金饰,其上装饰花丝图案,与汉代瓦当上的流云纹相似。③与西汉诸侯王墓中的细金制品相比,匈奴墓的细金制品工艺较为粗劣,而且花丝装饰中不见桥洞丝和码丝等精细的设计。《盐铁论》中曾言:"匈奴车器,无银、黄、丝、漆之饰。"④这里指的是车舆的朴质无华,也体现出匈奴黄金工艺的不发达。

值得一提的是,江苏盱眙大云山一号墓(前128年)出土的羊纹金饰,分大小两类,正面有浅浮雕羊首纹,边缘饰扭丝纹,其间装饰金珠,金泡边缘饰一圈扭丝纹,中央以扭丝纹环绕三组小水滴形,原来的镶嵌物已脱落,水滴形镶嵌之间有金珠装饰,呈金字塔形。同墓出土的管形饰,在圆形底座上也有模印动物纹,并在圆柱形銎孔上饰扭丝和金珠。此外,羊纹金饰片还见于河北中山王刘胜墓(前113年),广州南越王墓(前122年),江苏扬州西汉刘毋智墓和山东莒县西汉墓。⑤从装饰题材看,这些金饰上的盘羊纹在新疆巴里坤、河北燕下都战国时期的墓葬中都有发现,有浓厚的草原文化风格,与阿

---

① 南京博物院、盱眙县文广新局:《江苏盱眙县大云山西汉江都王陵一号墓》,《文物》2013年第10期;刘云涛:《山东莒县浮来山西汉城阳国墓葬发掘简报》,《东南文化》2015年第4期;中国社会科学院考古研究所等:《满城汉墓》,北京:文物出版社,1978年。
② 刘慧中、田庄、管群、谭景斌:《海昏侯刘贺墓出土马蹄金、麟趾金意义探析》,《南方文物》2017年第1期。
③ Polosmak, N.V. and Bogdanov, E.S. *Suzukte Mounds, Noin-Ula, Mongolia. Part 1* (Russian)(诺颜乌拉苏珠克图墓葬,第1部分),Novosibirsk: INFOLIO, pp. 45-82,2014.
④ 桓宽著,王利器校注:《盐铁论校注》卷9,中华书局,1992年,第542页。
⑤ 刘云涛,2015年。

尔泰地区的巴泽雷克文化有直接联系。[①] 这批异域风格的黄金制品均以模压工艺成形，一些饰品虽有细微差异，如大云山汉墓和南越王墓的羊形金饰在装饰细节上体现出不同的技术选择，但面貌基本同一，体现出相同的工艺传统。标准化设计是汉代官府制作的典型特征，基本上可以断定这些看起来比较"洋"的器物其实是使用外来工艺的本地制作。[②]

汉代细金制品的与众不同之处，在于赶珠丝和桥洞丝的运用。这两种花丝形态在中国境内非常少见，在地中海和黑海地区却非常流行。赶珠丝是古典时代（前6—前4世纪）和希腊化时代（前4—前1世纪）地中海金器的典型特征，古罗马金饰中较为少见。[③] 希腊前5世纪墓葬中发现的金饰和韦莱卡（Veleka）河附近的色雷斯墓葬（前3—前2世纪）中刻有希腊字母的金牌饰上（图七，1），均以赶珠丝和扭丝作为表面装饰。[④] 其他实例还包括乌克兰大比洛泽尔卡（Velyka Bilozerka）村附近的斯基泰墓葬（前5世纪）出土的一件女神赫拉头像的黄金吊坠（图七，2），女神的发冠上以花丝勾勒出棕榈叶、莲花（忍冬纹）和卷草纹，并在发冠边缘装饰一圈赶珠丝。俄罗斯塔曼半岛出土的一对金耳饰（前350—前300年）（图七，3），以赶珠丝在中心勾勒出细长的花瓣，周围环绕着素丝组成的各式小花，外缘以赶珠丝、麦穗纹和金珠构成繁缛精细的装饰带。[⑤] 黑海地区斯基泰贵族墓中发现的不少精美金器都是希腊金匠的作品，经典之作包括乌克兰第聂伯罗（Dnepropetrovsk）地区奥尔忠尼启则（Ordzhonikidze）附近斯基泰黄金宝藏（前4世纪）中的一件金项圈（图七，4），将花丝技术运用到极致。[⑥] 桥洞丝最早见于意大利托斯坎尼伊特鲁利亚

[①] 西北大学文化遗产学院：《新疆哈密巴里坤西沟遗址1号墓发掘简报》，《文物》2016年第5期；Yang, J. H.（杨建华）& K. M. Linduff（林嘉琳）. "A contextual explanation for 'foreign' or 'steppic' factors exhibited in burials at the Majiayuan cemetery and the opening of the Tianshan Mountain corridor"（对马家塬墓地的"异域"或"草原"风格的情境分析和天山通道的开启）. *Asian Archaeology*（亚洲考古）1 (2013): 73-84.

[②] Liu, Y.（刘艳）. "Exotica as prestige technology: the production of luxury gold in Western Han Society"（他山之石：论西汉社会奢侈黄金制品的制作工艺）. *Antiquity*（古物）91 (2017): 1588-1602.

[③] Ogden, J. *Ancient Jewellery, Interpreting the Past*（古代珠宝，对过去的阐述）. Berkeley: University of California Press, 1992.

[④] Manov, M. "Hellenistic Inscription on a Gold Applique from Sinemorets."（锡内莫雷茨一件黄金牌饰上的希腊铭记）. *Archaeologia Bulgarica*（保加利亚考古）13/2 (2009): 27-30.

[⑤] Reeder, E. D. *Scythian Gold: Treasures from Ancient Ukraine*（斯基泰黄金：古代乌克兰宝藏）. New York: Harry N. Abrams, 1999; Williams, D. and Ogden, J. *Greek Gold, Jewellery of the Classical World*（希腊黄金，古典世界的珠宝）. London: British Museum, 1994.

[⑥] Reeder, 1999.

1. 韦莱卡（Veleka）河附近的色雷斯墓葬出土金饰

2. 乌克兰大比洛泽尔卡（Velyka Bilozerka)村附近的斯基泰墓葬出土黄金吊坠

3. 俄罗斯塔曼半岛金耳饰

4. 乌克兰第聂伯罗（Dnepropetrovsk）地区奥尔忠尼启则（Ordzhonikidze）附近斯基泰黄金宝藏（前4世纪）出土的金项圈（左）和花丝局部（右）

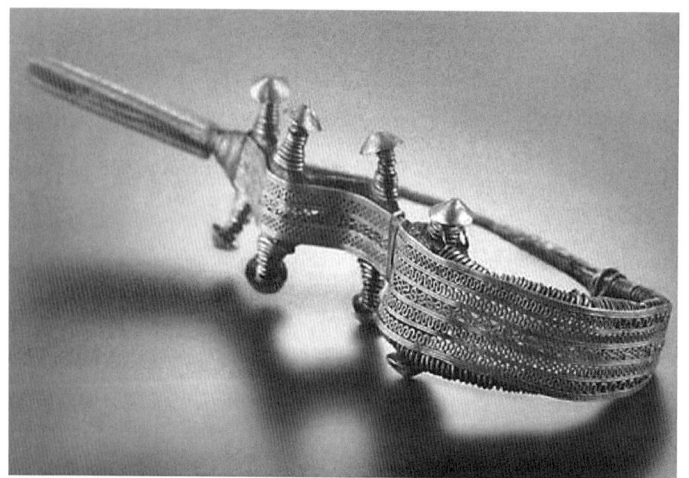

5. 意大利托斯坎尼伊特鲁利亚文明的塔尔奎尼亚(Tarquinia)墓葬出土金饰

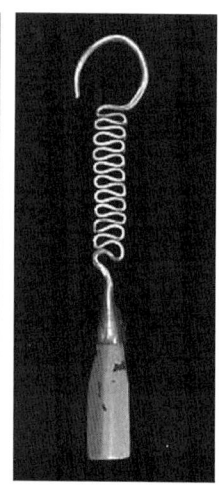

6. 迈依米尔(Maiemer)遗址出土金耳饰

图七

文明的塔尔奎尼亚(Tarquinia)墓葬(前7世纪左右),[1]金饰上满布蜿蜒的花丝(图七,5);在前4—前3世纪希腊金饰中极为流行,如大英博物馆收藏的一件船形耳坠。[2] 与桥洞丝类似的设计也见于中亚哈萨克草原的迈依米尔(Maiemer)遗址(前7—前6世纪)出土的一件镶嵌绿松石的金耳饰(图七,6),由细窄的金条捶打而成。[3]

  汉代金饰中流行的一些装饰题材如带鱼尾的龙,也体现出强烈的希腊艺术风格。汉代的龙常被描绘成长角、尖耳、蛇身、兽足的神兽形象,如新疆焉耆金带扣上的龙纹(图八,1)有着蛇一样的细长躯体、两只尖尖的角和瞪大的眼睛,龙身满布细小的金粟,还镶嵌着绿松石,龙尾状似鱼尾。阿富汗斯坦北部的蒂拉丘地遗址,又称"黄金之丘",黄金刀鞘(图八,2)和舌形金饰(图八,3)上的鱼尾龙纹[4]与希腊艺术中的刻托斯(Ketos)海怪形象(图八,4)颇为相似。[5] 蒂拉丘地遗址位于中西方交流要道,遗址出土了大量精美的黄金制品,融合希腊、中国和波斯的诸多文化因素。[6] 其中不少金饰以花丝和金珠装饰,还有的镶嵌绿松石和其他宝石,遗址年代在公元1世纪左右。[7] 在使用花丝技术上,"黄金之丘"出土的一件金佩饰尤其引人注目(图八,5),一人立于中央,双手分别擒着似龙似马的怪兽前爪,怪兽头部的长角以赶珠丝构成(图

---

[1] Eichhorn, J. M. and Rasche, A. *25,000 years of jewelry from the collections of the Staatliche Museen zu Berlin*(柏林国家博物馆藏25,000年珠宝). Munich: Prestel, 2015.

[2] Ogden, 1994.

[3] Onggaruly, A. *Gold of the Elite of the Kazakh Steppes*(哈萨克草原精英的黄金). Nur-Sultan: National Museum of the Republic of Kazakhstan. Seoul: National Research Institute of Cultural Heritage of Republic of Korea, pp. 320–321, 2018.

[4] Sarianidi, V. *The Golden Hoard of Bactria. From the Tillya-tepe Excavations in Northern Afghanistan*(巴克特里亚黄金宝藏,阿富汗北部蒂拉丘地考古发现). New York: Harry N. Abrams, Inc., Publishers. Leningrad, Aurora Art Publishers, 1985.

[5] Piotrovsky, B. B. "From the land of the Scythians. Ancient treasure from the museums of the USSR 3000 BC–100BC"(来自斯基泰之地,前苏联博物馆的古代宝藏). *The Metropolitan Museum of Art Bulletin*(美国大都会艺术博物馆馆刊)32/5, 1973–1974; Boardmon, J. *The Greeks in Asian*(希腊人在亚洲). London: Thames & Hudson, 2015.

[6] Hickman, J. "Bactrian Gold: Jewelry Workshop Traditions at Tillya Tepe"(巴克特里亚黄金:蒂拉丘地的珠宝作坊). In Aruz, J. and Fino, E. V. (ed.) *Afghanistan: Forging Civilizations along the Silk Road*(阿富汗斯坦:丝绸之路上的文明互汇). New York: Metropolitan Museum of Art, pp. 78–87, 2012.

[7] Antonini, C. S. "On Nomadism in Central Asia"(关于中亚的游牧主义). In Genito, B. (ed.) *The Archaeology of the Steppes: Methods and Strategies, Papers from the International Symposium held in Naples 9–12 November 1992*(草原考古:方法和策略,1992年11月9–12日那不勒斯国际学术研讨会论文集). Istituto Universitario Orientale, Serie Minor XLIV, Napoli, 1994.

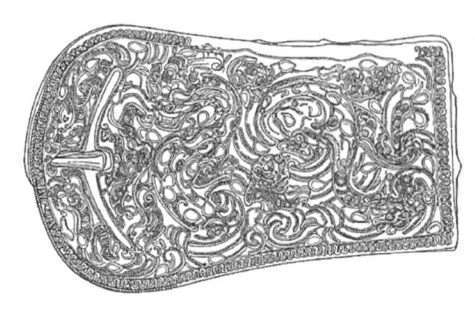

1. 焉耆黄金带扣上的龙纹 　　2. 蒂拉丘地黄金刀鞘上的鱼尾龙纹

3. 蒂拉丘地舌形金饰上的鱼尾龙纹

4. 黑海地区库尔奥巴(Kul-Oba)墓葬金饰上的希腊海兽形象

5. 蒂拉丘地神人擒兽纹金佩饰 　　6. 兽角上的赶珠丝，局部

图八

八,6)。这一实例,再加上海昏侯墓和其他汉代花丝制品的佐证,表明花丝技术最迟在公元 1 世纪就已在中亚和中国流行,而它们出现的年代也许要更早。

希腊文化对汉代艺术的影响,还体现在山普拉墓地(前 100 年左右)发现的丝织品装饰中。山普拉墓地位于塔里木盆地西南、新疆西部丝路重镇和田的东部,M1 出土毛织物上有一位马人(半人半马)向左侧行进,前蹄飞起,正在吹奏长笛,四周环绕着四瓣花,右上角可见翅膀残段(图九,1);下方有一位手持长矛的马其顿卫士,额前束白色发带,面部表现极为成熟精准。[①] 此外,新疆尉犁营盘墓地 M15 发现的红地罽袍上描绘了两对男性形象和对兽、树文,其中男性裸体,身着斗篷,头发卷曲,手执武器(可能是希腊艺术中的丘比特形象)(图九,2)。[②] 这些异域风格的织物也许是对希腊艺术非常熟悉的本地工匠制作的。[③]

如同这些深受希腊艺术影响的外来图像一样,海昏侯墓的细金制品并不是对外来技术的简单借用,而是当地的发展。古希腊的金饰中,花丝一般作为辅助工艺,构成轮廓,便于包镶彩石和其他材料,极少占据装饰工艺的主流。[④] 在古代伊特鲁利亚和希腊金饰中,花丝一般点缀在扁平基体的外缘或内表面,常见圆圈、螺旋形和波浪形的设计,而海昏侯墓马蹄金和麟趾金上的花丝丰富多变,而且工艺极为精细。将纤细的花丝附在马蹄状的基体表面上需要极其高超的焊接技术,因为在加热过程中,细丝很可能会熔掉。

综上所述,海昏侯墓马蹄金和麟趾金中对花丝技术的运用,显然是中西文化交流下的产物。根据无损分析提供的线索,南昌发现的花丝制品使用的焊接工艺与地中海地区不同。在对不同花丝的运用上,也存在着区域性差异。赶珠丝和桥洞丝是地中海黄金工艺中的主流装饰,体现了希腊艺术的强烈影响。这一现象由此引发出更多的问题:为什么要使用如此特殊的花丝

[①] 葛嶷、齐东方:《异宝西来:考古发现的丝绸之路舶来品研究》,上海:上海古籍出版社,2017 年,第 103-106 页。
[②] 葛嶷、齐东方,2018 年,第 107-109 页。
[③] Jones, R. A. "Centaurs on the Silk Road: Recent Discoveries of Hellenistic Textiles in Western China"(丝绸之路上的半人马:中国西部发现的希腊化丝织品). *The Silk Road*(丝绸之路)6/2 (2009): 23-32.
[④] Higgins, R. *Greek and Roman Jewelry*(希腊和罗马首饰). Berkeley and Los Angeles: University of California Press, 1961.

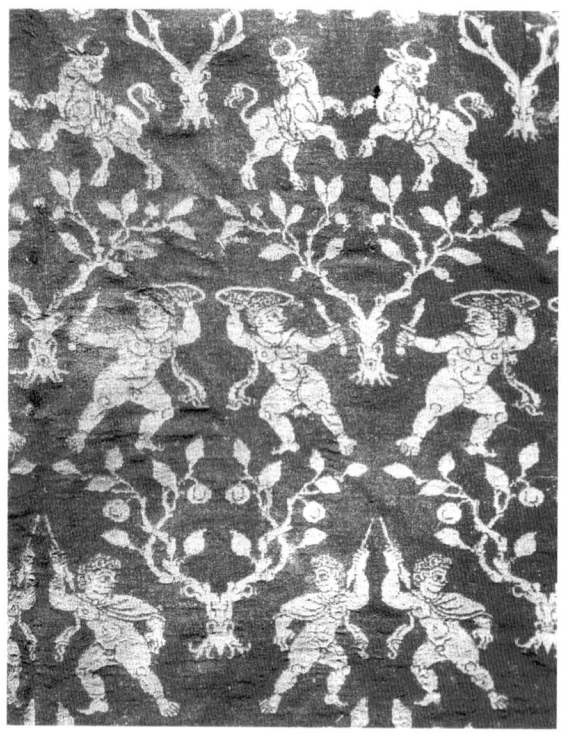

1. 山普拉墓地M1出土的毛织品　　2. 新疆尉犁营盘墓地M15红地罽袍

图九

工艺？这些外来工艺是如何传入中国的？

四　黄金与汉代社会

黄金自古以来就是一种珍贵的金属，仅在社会上层流通。在汉代社会作为法定货币的是铜钱，流通最广，而黄金仅用于贵族之间的赏赐、进贡、馈赠与朝聘。《汉书》曾记载大量的黄金被赠与贵胄权臣，如文帝赐大将周勃黄金五千斤，宣帝赐给霍光黄金七千斤，不胜枚举。[①] 汉文帝时规定，每年八月祭祀宗庙时，诸侯王和列侯还要按封国人口的多少向朝廷进献酎金。公元前112年，武帝以诸侯王所献的酎金成色不好或斤两不足为借口，被削夺爵位者

[①]《汉书》卷40，第2055页；《汉书》卷68，第2947页。

多达106人。① 迄今为止，汉帝国共有十四个省30多个考古遗址出土了一千多枚马蹄金。② 元帝时，西汉政府在蜀郡、广汉两郡（今四川成都）设立工官监造金银器等，"一岁费用达五百万"。③ 西汉时匈奴常侵扰边地，黄金制品往往被作为珍贵礼物与丝帛、漆器和谷物等被汉王朝赏赐给匈奴。④

公元前2世纪之际，作为财富和身份标识的黄金制品在上层社会风行一时。对黄金的使用开始纳入国家礼制，体现出严明的等级制度。河北满城中山王墓发现的两套金缕玉衣，均以金丝连缀，体现出墓主人的尊贵身份。以玉衣殓葬，起源于先秦，在汉代已发展成一套完备的丧葬制度，除了金缕，还有银缕和铜缕玉衣，按材质的高贵低贱，代表着持有者的身份与地位。⑤ 汉人视死如生，高等级墓葬大多精心营造，为死者在另一个世界的生活提供各种慰藉，随葬各种食物、生活用品和礼仪用品，其中也包括标识身份的黄金等奢华工艺品，对永生的追求成为精英物品装饰主流的永恒旋律。⑥

黄金因具有不朽的特性，与汉代社会流行的神仙思想密切相关。《汉书》中曾提及汉人认为黄金具有妙用，用来做成器皿则有延年益寿之效，"祠灶皆可致物，致物而丹砂可化为黄金，黄金成以为饮食器则益寿，益寿而海中蓬莱仙者乃可见之，以封禅则不死，黄帝是也"。⑦ 由文献可知，在汉代社会，大量的金器被赐予贵胄和权臣。遗憾的是，在很多未逃过劫掠的汉墓中，黄金器皿很少保存下来。

马蹄金和麟趾金的由来，历史文献中已有明确记载，与武帝见到的天马、白麟等祥瑞有关。⑧ 马蹄金和麟趾金的数量仅占海昏侯墓出土全部金器的15%，而且在口沿上焊缀精美的花丝，并填嵌琉璃片，华美富丽，显然不是普

---

① 《汉书》卷6，第187页。在公元前1世纪，一斤黄金相当于一万枚铜币。
② Scheidel, W. *Rome and China: Comparative Perspectives on Ancient World Empires*（罗马和中国：比较视野下的古代世界王朝）. Oxford: Oxford University Press, 2009.
③ 《汉书》卷72，第3017页。
④ 《汉书》卷94，第3758页。
⑤ 卢兆荫：《试论两汉的玉衣》，《考古》1981年第1期。
⑥ Pirazzoli-t'Sersteven, M（毕梅雪）. "Death and the Dead, Practices and Images in the Qin and Han, Funerary practices and beliefs in the other world"（死亡和逝者，秦汉时期的葬俗、图像和对死后世界的信仰）. In Lagerwey, J. and Kalinowski, M.（ed.）*Early Chinese Religion, Part one: Shang through Han (1250 BC – 220 CE)*（早期中国宗教，第1部分：商到汉代[前1250年-公元220年]）, Vol. 2. Leiden: Brill, pp. 949–1026, 2009.
⑦ 《汉书》卷25，第1215–1216页。
⑧ 《汉书》卷6，第206页。

通的黄金货币。汉代细金制品中对外来工艺的运用,尤其是希腊艺术风格的花丝装饰,彰显着精湛技艺和新意诠释,别有意趣。在汉代社会,制作奢华黄金制品的技术,尤其是异域风格的工艺或图像,被赋予了文化象征意涵,因为它们与遥远的西方有关。

长期以来,考古学家、文化人类学家和艺术史家一直致力于研究外来的物品、材料与工艺背后的文化意涵。在古代社会中,对域外珍异的所有权常常与深奥的知识联系在一起,意味着威望和权力。[①] 随着丝绸之路的凿通,大量来自异域的奇珍异物进入中国,"闻天马蒲陶则通大宛安息。自是之后明珠文甲通犀翠羽之珍盈于后宫。蒲梢龙文鱼目汗血之马充于黄门。巨象、师子、猛犬、大雀之群食于外囿。殊方异物四面而至"。[②] 具有异域风格的奢华工艺品在汉墓中的发现不胜枚举。西汉诸侯王墓中常见一种黄金带饰,装饰着草原风格的动物咬斗纹,不少是汉地的工匠制作的。至于它们的用途,邢义田曾指出,中原工匠生产的域外风格工艺品,不仅供应草原民族,也供应喜欢殊方异物的本朝王公贵人。[③]

五 天马与汉帝国的西征

公元前 2 世纪晚期,卫青北击匈奴,西汉的疆域北至河套阴山;霍去病出陇西灭居于河西走廊的匈奴部落,以其地设酒泉郡,后有河西五郡。汉朝还不断在西域设郡加强其控制,守境安土,抵御外来游牧民族的侵扰,这些边郡成为丝绸之路上重要的贸易中转站。甘肃省敦煌悬泉置遗址出土的简牍资料(图十,1)保留了大量西域都护府设立后直到西汉末年西域三十多个国家前来长安路过悬泉置停留的珍贵记录,提供了史书上不曾见到的材料,年代从公元前 2 世纪到公元 2 世纪。在诸多外来物中,"天马"赫然出现在这些官方记录中:"元平元年十一月己酉……使甘[延寿]迎天马敦煌郡。为驾一乘

---

① Helms, M. W. *Ulysses' Sail. An Ethnographic Odyssey of Power, Knowledge and Geographical Distance*(尤利西斯之旅,奥德赛权力的民族志,知识和地理距离). Princeton: Princeton University Press, 1988.
② 《汉书》卷96,第3928页。
③ 邢义田:《立体的历史——从图像看古代中国与域外文化》,台北:三民书局,2014年。

传,载御一人。御史大夫广明下右扶风,以次为驾,当舍传舍,如律令。"①甘肃省博物馆中那件著名的马踏飞燕铜像(公元2世纪)被认为描绘的正是"天马"的形象(图十,2)。②

简牍资料显示,在公元前1世纪至公元1世纪期间,悬泉置曾有大量的外国货商、使团和货物涌入。异国情调的马匹,连同骆驼和其他奢华工艺品,成为入华朝贡和贸易往来的主要来源。各国的使团和客商纷至沓来,其中包括由71人组成的大宛(费尔干纳)使团和来自大夏、大月氏和康居的其他使团。简文中记载的西域国家包括鄯善、且末、莎车、疏勒、于阗、皮山、渠勒、精绝和拘弥等,不一而足。③ 除了王公贵族,一些外国客商也被纳入了正式的朝贡访问。④ 公元前72-前71年,匈奴被汉朝击败,失去了对丝绸之路的控制。公元前68年,安息(帕提亚)和大宛(费尔干罕)开始向楼兰派遣使者。《史记》描述了从大宛以西至安息的诸国虽说着不同的语言,但他们习俗相似、语言相通,并且都"擅市贾",尤以大宛"饶汉物"。⑤

在各色各样的贸易物品中,马匹深受西北边地游牧人群的珍视。悬泉汉简中曾记载了羌族之间关于马匹所有权的一起纷争:"移护羌使者移刘危种南归责藏耶毗种零虞马一匹 黄金耳(珥)县(悬)青碧一、会月十五日、已言决。"⑥简文中所言的马匹有青碧黄金马饰。有意味的是,"青碧"一词作为装饰技法,同样出现在故宫博物院收藏的一件东汉青铜酒樽(图十,3)的铭文中:"建武廿一年,蜀郡西工造乘舆一斛承旋,雕蹲熊足,青碧闵瑰饰。"这件直筒形酒樽器身下有三只熊状矮足,承盘也有三熊足,均镶嵌有水滴状的绿松石和红玉髓等,并用极细的阴线刻画表现毛发,通体鎏金。汉代的工官铜器往往物勒工名,铭文中除了记录器物的制造年代、机构、器名、体量、形貌和工艺特征,其中"青碧"可与熊足上的水滴状绿松石镶嵌相对应。水滴状的彩石镶嵌是阿契美尼德金银器装饰的典型特征,这一装饰风格公元前2世纪左右

---

① 胡平生、张德芳:《敦煌悬泉汉简释粹》,上海:上海古籍出版社,2001年,第104页。
② Kleiner, F. S. *Gardener's Art throughout the Ages* (15th edition)(加德纳艺术通史[第15版]). Boston: Cengage Learning, 2018.
③ 张德芳:《西北汉简中的丝绸之路》,《中原文化研究》2014年第5期。
④ 葛承雍:《敦煌悬泉汉简反映的丝绸之路再认识》,《西域研究》2017年第2期。
⑤ 《史记》卷123,第3160-3162页。
⑥ 胡平生、张德芳:《敦煌悬泉汉简释粹》,上海:上海古籍出版社,2001年,第159页。

在中国非常流行,而此时黄金开始成为社会上层艺术品的主流,成为财富和威望的象征。[①] 值得注意的是,与悬泉汉简中的"青碧"对应的实物,在山东省曲阜九龙山汉墓和江苏盱眙大云山西汉诸侯墓都有发现(图十,4)。

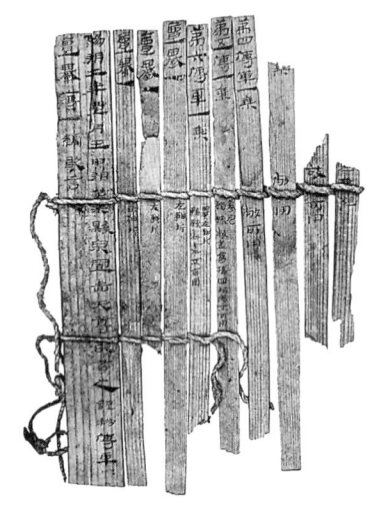

1. 悬泉置出土的汉代简牍
2. 甘肃武威出土的"马踏飞燕" 
3. 东汉青铜酒樽 
4. 曲阜九龙山汉墓银马饰 

图十

以贵金属用作马饰最早出现中国北方诸国,大约公元前4—前3世纪之际,金银马饰在边地的繁盛应与西北地区游牧邻国的密切交往大有干系。在河北易县燕下都辛庄头M30出土的黄金马饰具有浓厚的草原风格,有些

---

① Bunker, E. C.（艾玛·邦克）"Gold in the Ancient Chinese World: A Cultural Puzzle"（古代中国世界的黄金:文化拼图）. *Artibus Asiae* 53 (1993): 27–50.

刻有汉字铭文,表明可能为本地产品。在古代中国,车马是身份地位的标识。入汉,以黄金饰车马已成为社会上层的风习,"黄金琅勒……华輯明鲜"。① 盱眙大云山汉墓出土的银车马饰上不但有错金纹饰,还镶嵌水滴状的玛瑙和绿松石。② 当时最受时人青睐的是来自域外的舶来品,汉武帝时身毒(印度)曾进献白玉、玛瑙和琉璃制成的马具,"自是长安始盛饰鞍马,竞加雕镂,或一马之饰直百金",③可见任何外来风格,一旦受到欢迎,马上就会引起仿效。

既然来自域外的奇珍异物在汉代社会十分风靡,希腊文化成为汉代装饰的主要来源之一也不足为奇。杰西卡·罗森(Jessica Rawson)早已指出,汉代盛行的卷草纹也许源自希腊艺术。④ 随着亚历山大东征,希腊文明从公元前4世纪开始向东传播,其影响力扩展到波斯和印度,甚至连亚洲草原的游牧族群也深受熏染。亚历山大大帝逝世以后,他的大批将士仍驻留在大夏和希腊西北部的城市。希腊-巴克特里亚以及希腊化的斯基泰军队通过塔里木盆地到达中国,并在其南部的喜马拉雅山脉北部建立了殖民地。即使在最后一个希腊化王国覆灭以后,希腊艺术传统仍存在金属器、纺织品和珠宝艺术中,继续主导该地区的主流审美倾向。⑤ 前3至公元2世纪,大夏商人以在地中海地区以从事金银器贸易闻名,他们的足迹远至中国和印度。⑥ 因此,从公元前3世纪到公元1世纪初,希腊文化在中亚的影响力持久而深远。当汉朝开始西征前往中亚寻求大月氏等同盟来抵御匈奴时,中国和大夏、大宛、贵霜以及其他中亚地区的希腊化城邦开始建立了广泛的联系,丝绸之路上的贸易和文化交往逐渐繁盛,新技术、新观念随着外来的马匹、金银制品源源不断的进入中国。

汉朝和域外的文化交流是双向的,西汉南越王墓发现的阿契美尼德风格银盒,以及帕尔米拉古墓发现的东汉时期的葡萄纹织物和大量的汉字铭文锦

---

① 《盐铁论》卷6,第350页。
② 南京博物院等,2013年。
③ 向新阳、刘克任:《西京杂记校注》,上海:上海古籍出版社,1991年,第78页。
④ Rawson, 2012.
⑤ Bordman, J. *The Diffusion of Classical Art in Antiquity*(古代古典艺术的传播). London: Thames and Hudson, 1994.
⑥ Christopoulos, L. "Hellenes and Romans in Ancient China (240 BC – 1398 AD)"(古代中国的希腊人和罗马人). *Sino-Platonic Papers*(中原论文)230 (2012): 1 – 79.

残片,都是中西文明互鉴的物质体现。① 经由丝绸之路长途跋涉而来的往往是奢华工艺品,人群和物品的流动与往来,常常伴随着技术、知识的交流和艺术与观念的传播。蒂拉丘地发现的大量制作精细的黄金制品中,有不少以珠化和花丝作为装饰,还镶嵌绿松石,以小爱神骑于海豚上为造型的黄金扣饰,体现出地中海文明和贵霜艺术的强烈影响,(图十一,1)② 黄金靴扣上的童子马车形象则是典型的中原文化传统(图十一,2)。③ 这些混合多种文化特征的物品,为异域风情的新颖设计在社会身份建构过程中所起到的重要作用提供了实证。

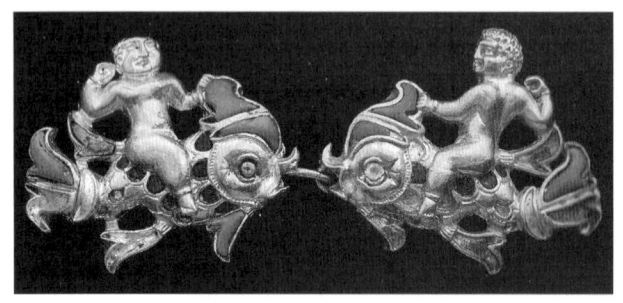

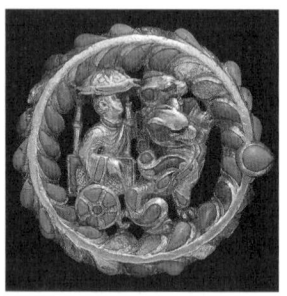

1. 小爱神骑于海豚上为造型的扣饰,蒂拉丘地三号墓出土　　2. 黄金靴扣上的童子马车形象

图十一

六　结　语

相关的考古资料和历史文献都表明,汉廷对天马和来自遥远国度的物品的喜好导致了几个世纪以后中国的统治精英对域外珍异的持久兴趣。尽管

---

① Nickel, L(倪克鲁). "The Nanyue Silver Box"(南越王银盒). *Arts of Asia*(亚洲艺术)43/3(2012): 98-107; Zuchowska, M. "'Grape Picking' Silk from Palmyra: a Han Dynasty Chinese Textile with a Hellenistic Decoration Motif"(帕尔米拉的"摘葡萄"丝织品:一件装饰希腊化题材的中国汉代纺织品). *Swiatowit*(华沙大学考古学院年刊)12/53A (2014): 143-162.

② Hickman 2012. Belaňov, P. "Ancient Adornments of Central Asia Influenced by the Greek Jewllery of the Classical and Hellenistic Period"(古典和希腊化时代希腊珠宝影响下的中亚饰品). *Studia Hercynia*(古典考古研究所杂志)20/1(2016): 111-126.

③ Leidy, D. P. "Links, Missing and Otherwise: Tillya Tepe and East Asia"(联系、缺失与其他:蒂拉丘地和东亚). In Aruz, J. and Fino, E. V. (ed.) *Afghanistan: Forging Civilizations along the Silk Road*(阿富汗斯坦:丝绸之路上的文明互汇). New York: Metropolitan Museum of Art, pp. 112-133, 2012.

来自域外的影响很早就已渗透到中国艺术,但对西方的官方兴趣肇始于西汉时期。当公元前2世纪汉廷派遣使团西至大宛寻找可以对抗匈奴的盟友,中原王朝首次和中亚地区的希腊化王国有了直接的联系。南昌海昏侯墓和其他诸侯王墓发现的黄金制品使用的花丝、珠化等外来细金工艺,以及一些特定的装饰题材,体现出与中亚草原的游牧族群,甚至远至地中海地区的广泛联系。在以后的几个世纪,金银器、丝绸、漆器等奢华工艺品,与其他物种、材料经由丝绸之路不断传入中国、中亚诸国和地中海世界,还有一些新的知识、技术与观念。

借助科技考古的分析结果,本研究指出汉代的花丝制品是采用外来技术的本土制作。海昏侯墓的马蹄金、麟趾金上的花丝采用了金—银合金焊料,与蒙古、朝鲜半岛以及地中海地区的细金制品常使用铜盐焊接法不同。这一发现,为了解细金制品相关的新技术和新观念是如何传播到中国境内这一问题提供了重要线索。一般而言,花丝的形态和装饰风格可通过观察器物的表面形貌特征摹仿而成;而对复杂焊接技术的掌握,却要通过技艺的传授,必须与工匠有直接联系。海昏侯墓细金制品上的花丝体现出强烈的希腊文化影响,应为欧亚大陆上黄金工艺的技术传播与文化交流下的产物。公元前2世纪以后,随着丝绸之路的开通,中西交流更趋广泛,出现越来越多的异域风格的黄金制品,这与统治阶层对域外珍异的喜好,和当时流行使用黄金饰品来标示身份和地位有关。汉代的黄金制作中,这些外来的工艺和装饰并不是简单的借用和模仿,也有创新和发展,并逐渐与本土的审美风尚和信仰体系相结合。

Contacts between the Han Empire and the Hellenistic World: Rethinking the Gold Filigree Work of the Tomb of Marquis Haihun

Liu Yan

With an increasing demand for luxury gold during the Han period (206

BCE – 220 CE), exotic techniques and materials were used to create elite objects fashioned in styles that reflected contact with foreign lands. Here a group of gold artefacts recently excavated from the royal Western Han tombs in central China, is discussed, with a focus on the decorative techniques of hoof-shaped gold and other artefacts. In previous studies these objects were considered to be either emblems of immortality in Chinese tradition or clan symbols of the Xiongnu people. Drawing from archaeological record and epigraphic evidence, it is argued that the filigree work from the royal Western Han tombs can be attributed to the influence of Hellenistic art. The portable XRF analysis shows that the Han period filigree works were made of refined gold, while microscopic (optical and scanning electron microscopy) examination indicates that the twisted wire of the Dalian dragon buckle was produced with strip-twisting technique that was very common in the Hellenistic jewelry. The interdisciplinary study of prestige gold provided a new interpretive framework for understanding trans-cultural contact between Han China and the Hellenistic world. The contextual analysis of the gold artefacts with foreign features presented in the current paper shows that the quest for exotica along with the desire for "heavenly horses" among the ruling elites acted as the driving force that led to an unprecedented extent of imperial expansion of the Han court in Central Asia, as well as the establishment of a vast trading network during the first century BCE.

山形枝灯与钱树：考古所见汉代神仙观念的地域性表达

宋 蓉

（北京联合大学考古研究院）

山形枝灯是指一类造型象山、装饰繁复的大型陶明器，多见于黄河中下游地区的新莽至东汉时期墓葬，也有研究称其为百花灯或连枝灯。钱树是一类常见于东汉至蜀汉时期墓葬中的随葬明器，主要分布在以川渝为中心的西南地区，因其树状的造型和方孔圆钱的装饰而得名。[①] 这两类明器结构精巧，造型装饰充满想象，常为研究者所关注。尤其钱树，自上世纪初彭山崖墓发现以来，围绕其名称、起源、内涵与功能已有广泛探讨，出现了祈福求财之钱树，通天之桃都、建木、通人、神之萨满式神树等等不同的观点。[②] 近年，也有学者注意到枝灯与钱树在造型和图像上的关联，有研究侧重其题材的相似性，提出二者应是功能近似的同类明器；[③]也有研究从使用者身份、器物功能等方面论证二者实为并行但独立的两类器物。[④] 已有成果极大丰富了我们对

[①] 钱树之名不见于文献，最早由冯汉骥先生提出，除枝叶普遍满饰铜钱形纹样，彭山崖墓出土的树座上还刻画了从摘钱人、竹竿打钱人和挑钱人的形象。参考南京博物院编：《四川彭山汉代崖墓》，文物出版社，1991年，第36－37、91页。

[②] 俞伟超：《东汉佛教图像考》，《文物》1980年第5期；于豪亮：《钱树、钱树座和鱼龙蔓延之戏》，《文物》1961年第11期；邱登成：《汉代钱树与汉墓仙化主题》，《四川文物》1994年第5期；周克林：《摇钱树：西南地区汉人的引魂升天之梯》，《四川大学考古专业创建四十周年暨冯汉骥教授百年诞辰纪念文集》，四川大学出版社，2001年，第362－375页；霍巍：《四川汉代神话图像中的象征意义》，《华夏考古》2005年第2期。

[③] 张茂华：《"摇钱树"的定名、起源和类型问题探讨》，《四川文物》2002年第1期。

[④] 何志国：《论摇钱树与多枝灯的关系》，《考古》2010年第1期。

枝灯与钱树的认识，但其研究的侧重基本均集中在造型、装饰等单纯的器物层面，对出土背景的关涉甚少。虽有研究开始关注使用者身份、分布时间、地域等墓葬信息，却将山形枝灯与另一类青铜或釉陶质地的树形枝灯混为一谈。此二型枝灯虽均有"百枝交布"的造型及"虽夜犹昼"的照明效果，但属性、意涵实则迥异。其中，与钱树儿近同时流行的随葬明器山形枝灯更具对比研究的意义。基于此，本文将从山形枝灯的分析着手，探讨其器形装饰特征、属性内涵。进而结合钱树的相关研究成果，从器物结构、图像题材以及墓葬规模、随葬品组合、摆放、随葬功能、寓意等方面进行二者的比较分析。

一　山形枝灯的器型与器名辨析

山形枝灯的造型主体为形态相同、尺寸依次递减的2-5件豆形灯上下叠置，顶层豆盘为主灯盏，其余各层为承盘，承盘边沿插接灯枝或贴塑灯盏（图一）。[①] 也有的只留底层承盘，将中间层承盘弱化为数周凸棱，灯枝聚集插接于凸棱之上（图二）。[②] 山形枝灯整器造型高大，通高多在1米左右。器表装饰华美，通体彩绘，高大的底座常模印层层叠错的半圆纹样，营造出山峦起伏的意象，其间贴塑各式人物、动物图像。除此之外，汉代墓葬中还常见一类以长柄豆形灯为主体，环绕豆柄插接弧形长灯枝的青铜或釉陶枝灯。这类枝灯底座矮小，灯枝层层叠叠向四周伸展，造型似树，并且有的灯盏边沿还饰有树叶形的风挡，着意表现出树的细节（图三）。[③] 为与山形枝灯区分，本文称其为树形枝灯。[④] 整体造型上，山形与树形两类枝灯存在区别，但从灯具的角度，二者均是以上下分层、向四周伸展的灯枝来组织设置灯盏提升照明效果。另外，有的山形枝灯，如涧西七里河M1所出，底层承盘之上的部分与青铜树形枝灯结构如出一辙（图二）。若从出现时间论，青铜树形枝灯可追溯至战国中山王墓中的十五枝灯，远早于山形枝灯。山形枝灯受其影响应是完全

---

① 周原博物馆：《陕西扶风县官务汉墓清理发掘简报》，《考古与文物》2001年第5期。
② 洛阳博物馆：《洛阳涧西七里河东汉墓发掘简报》，《考古》1975年第2期。
③ 广西壮族自治区博物馆：《广西贵县罗泊湾汉墓》，文物出版社，1988年，第43页、图版二二。
④ 本文的研究对象山形枝灯仅有陶质一种，故省去质地直接称其为"山形枝灯"。文中略有涉及的树形枝灯材质有青铜和陶质两种，铜灯出现早，有实用性，使用规格高，陶灯出现晚，大多器表施铅釉，是仿铜灯的随葬明器，器物属性迥异，不可混谈，为表述清晰特加质地称为"青铜树形枝灯"。由此带来了"山形枝灯"与"青铜树形枝灯"名称形式的不统一，为免歧义，特加以说明。

图一　陕西扶风官务村 M1 出土山形枝灯

有可能的。

　　相关研究中,树形枝灯多是据材质及灯枝的数量被称为"铜/釉陶＊(连)枝灯",如盱眙大云山 M1 出土的青铜五枝灯、望都 M2 出土的绿釉十二连枝灯。山形枝灯的名称则不尽统一,有"枝灯"与"百花灯"等不同称呼,以下结合文献对其名称稍做辨析。"枝灯"与"百花灯"均见于文献。枝灯之名出现较早,最早见于《西京杂记》,"咸阳宫异宝"篇记录了秦宫中的青玉五枝灯,"高七尺五寸。作蟠螭,以口衔灯,灯燃,鳞甲皆动,焕炳若列星而盈室焉"。"赵昭仪遗飞燕书"篇则记载了另一件西汉宫廷中的青铜七枝灯,"赵飞燕为皇后,其女弟在昭阳殿,遗飞燕书曰'今日嘉辰,贵姊懋膺洪册,谨上襚三十五条,以陈踊跃之心:金华紫轮帽……七枝灯'"。[1] 可见,枝灯乃是宫廷珍宝,名称秦汉时期已有。"百花灯"之名出现较晚,初见于宋代成书的

---

[1] （晋）葛洪撰,周天游校注:《西京杂记》,三秦出版社,2006 年,第 62、140 页。

图二　河南洛阳涧西七里河 M1 出土山形枝灯

图三　广西贵港罗泊湾 M1 出土青铜树形枝灯

《锦绣万花谷续集》，卷八记"王朗秦故事曰：百花灯树，正月朔朝贺，殿下设于三阶之间……"。此则典故源自唐代徐坚编撰的《初学记》，不过，唐人书中不见"百花灯树"，而是写作"百华灯树"。"百华灯"则可上溯至成书年代更早的《晋书》，卷二十一《礼志》中有"魏武帝都邺，正会文昌殿，用汉仪，又设百华灯"。从文中的描述看，这里的百华灯也为汉时宫廷使用的高规格灯具，与《西京杂记》所记"枝灯"相类。考古发现的枝灯不论树形还是山形，多重灯枝上下交错，有"枝灯"百枝交布之形，燃火，十余灯盏同明亦有"百华灯"月照星明虽夜犹昼之景。由此可见，"枝灯"与"百华灯"应不过是同物异名而已。

至于"百花灯"，除《锦绣万花谷续集》，宋元之后它更多的是出现在上元节的记载中。如《方舆胜览·福建路·福州》记载福州自唐代先天年起，每逢上元节，官府和城内寺庙"皆挂灯毬、莲花灯、百花灯、琉璃屏及列置盆燎。惟左右二院,灯三或五,并径丈余,簇百花其上,燃蜡烛十余炬对"。清代小说《红楼梦补》中也有宝玉与众人扎百花灯庆上元节的情节,湘云为此"剪了满桌的五色碎绢"。从这两则文献的内容看,上元节的百花灯应是一种五彩灯笼,与本文所述山形枝灯相去甚远。

二 山形枝灯的功能分析

目前发现的山形枝灯有二十余件,主要分布在以汉代两京为中心的黄河中下游一带,始见于新莽时期,流行于东汉各期,基本均出自中等规格的砖室墓。各地所出制作精粗不一,装饰繁简有别。两京地区出土的山形枝灯大多形体高大,装饰华美,灯座及承盘装饰纹样丰富。如新莽时期的陕西扶风官务村M1:14,通体彩绘,器高105厘米,底座自上而下分三层贴塑28组人物和动物形象,三层承盘外沿插接24枚凤鸟形灯枝,其中12枝顶端承托灯盏(图一)。又如东汉晚期的洛阳涧西七里河M1:95,器高85厘米,底座白地施朱墨绘云纹,分四层堆塑大量人物、动物纹饰,承盘内塑一龟背承灯柱,灯柱插接两层,每层四枚曲枝灯盏,曲枝上塑羽人、柿蒂、卧蝉,灯盏装饰镂空叶形风挡,主灯盏为口含珠的展翅凤鸟(图四)。幽冀地区出土的山形枝灯在器形和装饰上则相对粗疏。景县大代庄M1:24,灯枝、灯盏相连弱化为细长的喇叭形,底座纹样数量少,制作粗,均为模印泥片而非立体陶塑(图五)。[①]

山形枝灯在墓葬中的位置及摆放方式,各地所出并无区别,基本均位于多室墓的前室,与案、盘、耳杯等饮食明器组合放置。洛阳涧西七里河M1保存完好,清晰而完整地呈现了山形枝灯在墓内的景象。该墓前室西侧砌有砖台,正中放置陶案,案上列三排耳杯及一枚圆盘;东南角放置山形枝灯,其周置一组乐舞百戏俑;西南角置羊头(图六)。有研究认为墓中陶案前的空间是为墓主人而留,是以空置的座位象征供奉的主体。[②] 从排列位置看,山形枝灯

---

① 衡水地区文物管理所:《河北景县大代庄东汉壁画墓》,《文物春秋》1995年第1期。
② Lukas Nickel, "Some Han Dynasty Paintings in the British Museum", Artibus Asiae, Vol. 60, No. 1 (2000), pp. 59-78;巫鸿:《无形之神:中国古代视觉文化中的"位"与对老子的非偶像表现》,载巫鸿著,郑岩、王睿编,郑岩等译:《礼仪中的美术:巫鸿中国古代美术史文编》,生活·读书·新知三联书店,第509-522页。

图四　洛阳涧西七里河 M1 出土山形枝灯细部

位于陶案旁，当是祭奠仪式的重要组成部分。周边乐舞百戏表演构成的场面热闹欢愉，与铜礼器所展现的隆重庄严截然不同，当有其特殊寓意。在汉晋文献记载的祀神、求仙仪式上多有乐舞环节。如《汉书》记哀帝建平四年"其夏，京师郡国民聚会里巷阡陌，设张博具，歌舞祠西王母"。① 《西京杂记》收录的"戚夫人侍儿言宫中事"言"十月十五日，共入灵女庙，以豚黍乐神，吹笛击筑，歌上灵之曲，既而相与连臂，踏地为节，歌赤凤凰来"。② 从整体造型上看，山形陶枝灯旨在营造山的意象，特别是模印着山川峰峦的高底座，起伏的山峦间还有各式充满想象的动物，龙、虎、猪、羊、熊、獬豸、鹿、蝉、兔、雉、狐、猴、犬等等。它们都是古人想象中神仙世界里的祥瑞。《山海经》里对狄山、广都两座神山的描写也是"爰有百兽，相群爰处"。③ 除动物纹，底座和承盘之上还有或吹奏、抚琴、歌唱，或斗兽、骑乘、御龙的人物形象，他们头梳高髻，

---

① 《汉书·五行志》。
② （晋）干宝撰，汪绍楹校注：《搜神记》卷二"贾佩兰"，中华书局，1979 年，第 24 页；（晋）葛洪撰，周天游校注：《西京杂记》卷三"戚夫人侍儿言宫中事"，三秦出版社，2006 年，第 146 页。
③ 郝懿行笺疏：《山海经》，上海古籍出版社，2015 年，第 248、390 页。

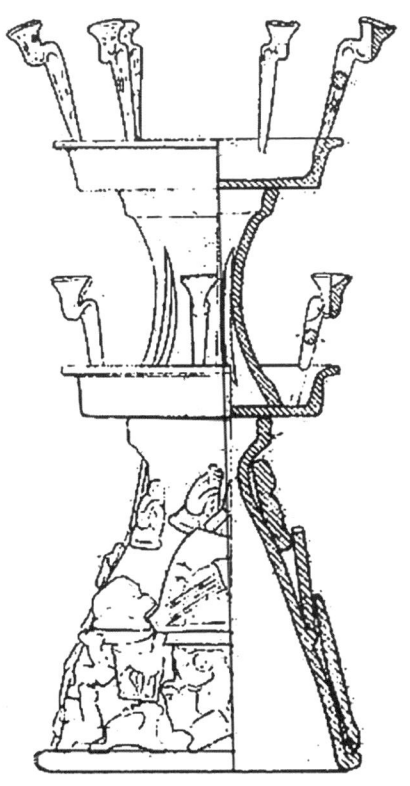

图五　河北景县大代庄 M1 出土山形枝灯

赤裸上身,下着短裤,以非凡人的装扮显示出仙人的身份。《山海经》中的昆仑之丘,《列子·汤问》中的岱舆、员峤、方壶、瀛洲、蓬莱,古人幻想中的神山无不是"所居之人皆仙圣之种"。[1] 可以说,山形枝灯以象山的造型以及瑞兽、仙人图像的装饰,在墓葬中立起了一座世人想象中的圣境仙山。七里河 M1 中围绕枝灯摆放的伎乐俑以及案前空位,或许正是一场"歌乐鼓舞以悦诸神"的祝祷仪式,令墓主人得以魂归仙山通往神仙世界。古人的仙山迷恋由来已久,战国时代关东的燕、齐都曾使人入海求神山。秦汉统一之后,秦皇、汉武的求仙封禅,更使得对仙山崇拜在民间广为流传。山形枝灯始于新莽,从时间看,它的出现与仙山崇拜应有关联。

[1]　《列子·汤问》,载杨伯峻撰:《列子集释》卷第五,中华书局,1979 年,第 147–192 页。

196　早期中国研究（第4辑）

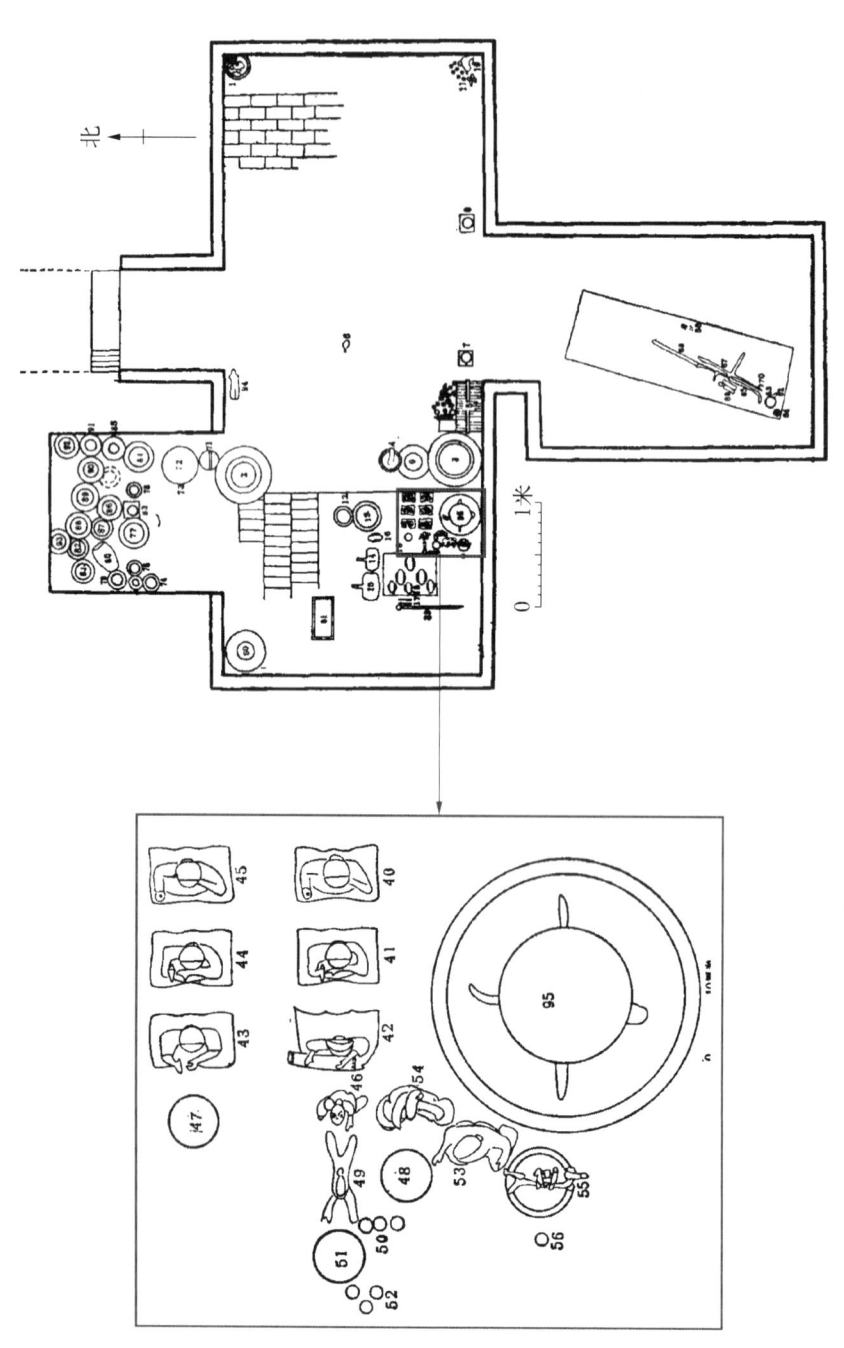

图六　洛阳涧西七里河 M1 中山形枝枝灯的摆放

三 山形枝灯与钱树的比较分析

相较于山形枝灯，钱树的考古发现更为丰富，分布以川渝地区为中心，在周邻的云贵、陕南和甘青等地也有零星发现。[1] 随葬钱树的墓葬大多集中在东汉时期，个别可晚至三国蜀汉。[2] 钱树的结构大体统一，均是由底座与枝干两部分组成。底座为釉陶或石质，顶端设孔插接青铜树干，围绕树干再铸接上下交错、四散展开的青铜枝叶。钱树的装饰种类繁多，青铜枝叶除满饰铜钱形纹样，往往还铸有西王母、羽人、骑乘人物、伎乐、瑞兽、植物花果等其他各式图像。钱树的树座造型多样，有研究将其分为山形、神兽形、人物动物山峦组合形和佛像座四类；[3] 还有研究细分出了蟾蜍、玉兔、辟邪、熊、虎、盘龙、龟蛇蟾蜍组合以及山形等八类。[4] 不过，归纳其题材仍不外乎仙人、神兽、祥瑞花草之类汉代集体意识中的神仙世界元素。关于钱树的属性是随葬明器还是墓主生前所用祭器，已有研究辨析了明器说的合理性。[5] 本文也赞同明器说，主要原因有二，一是钱树底座大多为釉陶质地，不具实用性，是汉代专用于随葬明器的材质；二是钱树的纹饰题材及制作工艺也均与同时期随葬明器相近。钱树更像是专为埋葬制作而非人世间实际所用。综上可知，钱树是与山形枝灯大致同时代的随葬明器，并且二者的装饰中都集合了大量当时人所共识的神仙世界元素。以下将从器物和墓葬背景两个层面对其进行比较分析。

器物的图像题材方面，仙山、羽人、龟、熊、辟邪、龙、虎、车骑、伎乐等是山形枝灯与钱树都惯常使用的内容。除此，西王母、佛像以及铜钱纹则为钱树所独有。装饰技法上，钱树底座多浮雕，枝叶多铸接，而山形陶枝灯底座和灯枝上均以贴塑为饰。树枝和灯枝一为青铜质一为陶质，材质不同装饰技法随之而异。而树座与灯座均为陶质，它们之间的差异可能就需要在两地制陶工艺传统中寻找原因了。若对比两地出土的其他各类随葬明器，以上两种偏好

---

[1] 艾素珊：《东汉时期的钱树（上）》，《民族艺术》2006年第2期。
[2] 江玉祥：《关于考古出土的"摇钱树"研究中的几个问题》，《四川文物》2000年第4期。
[3] 贺西林：《东汉钱树的图像及意义——兼论秦汉神仙思想的发展、流变》，《故宫博物院院刊》1998年第3期。
[4] 巴家云、李军：《关于摇钱树起源及内涵的研究》，《中国钱币》2000年第4期。
[5] 何志国：《论摇钱树与多枝灯的关系》，《考古》2010年第1期。

随处可见。由此也可看出，山形枝灯和钱树应均为当地本土出产而非异地输入。

器物的造型结构方面，钱树树座顶端留孔插接树干以及树干分节插接枝叶的方式，与山形枝灯设多层承盘并在盘沿插接灯枝的方式不尽相同，倒是与青铜树形枝灯灯柱与灯枝的连接方式颇为近似。如山东招远大宋家东汉墓出土的青铜九枝灯（图七），[①]围绕灯柱的灯枝向四方展开，与钱树树枝的组合形式非常相近。又如重庆云阳风箱背M1出土的青铜五枝灯，灯座铸成羽人御辟邪的立体造型（图八），[②]与四川达县三里坪M4出土的钱树树座采用了相同的主题，只是三里坪M4钱树的石雕树座将羽人雕刻在了辟邪的身侧（图九）。[③] 整体造型上，青铜树形枝灯和钱树均象树。年代更早的广汉三星堆、荆州天星观M2也有树形器物的发现。《山海经》中"扶桑""建木""若木"的传说更是影响深远。如同对仙山的迷恋，古人的观念中可能也早已形成了对神树的崇拜。作为照明器具，青铜树形枝灯四散展开的灯枝巧妙地实现了广设灯盏提升亮度的功能需要，而树状造型加之通明的烛火又在室内营造出了理想世界的幻境，可能即是神树崇拜的产物。有关钱树的起源，有研究认为三星堆祭祀坑中的青铜神树是其最早模式。[④] 不过，已有大量研究从枝叶造型、结构的差异以及巨大的年代缺环，

图七　山东招远大宋家东汉墓出土青铜树形枝灯

[①]　《烟台文化志》编纂委员会：《烟台文化志》，人民出版社，1999年，第207页。
[②]　四川大学历史文化学院考古系、四川大学考古学国家级实验教学示范中心、重庆市文物局、云阳县文物管理所：《重庆云阳风箱背一号汉墓》，《考古学报》2018年第4期。
[③]　张明扬、任超俗：《达县三里坪4号汉墓清理简报》，《四川文物》1997年第1期。
[④]　赵殿增、袁曙光：《从"神树"到"钱树"——兼谈"树崇拜"观念的发展与演变》，《四川文物》2001年第3期；邱登成：《汉代摇钱树与汉墓仙化主题》，《四川文物》1994年第5期；谭继和：《三星堆神禖文化探秘》，《四川文物》1998年第3期。

山形枝灯与钱树：考古所见汉代神仙观念的地域性表达　199

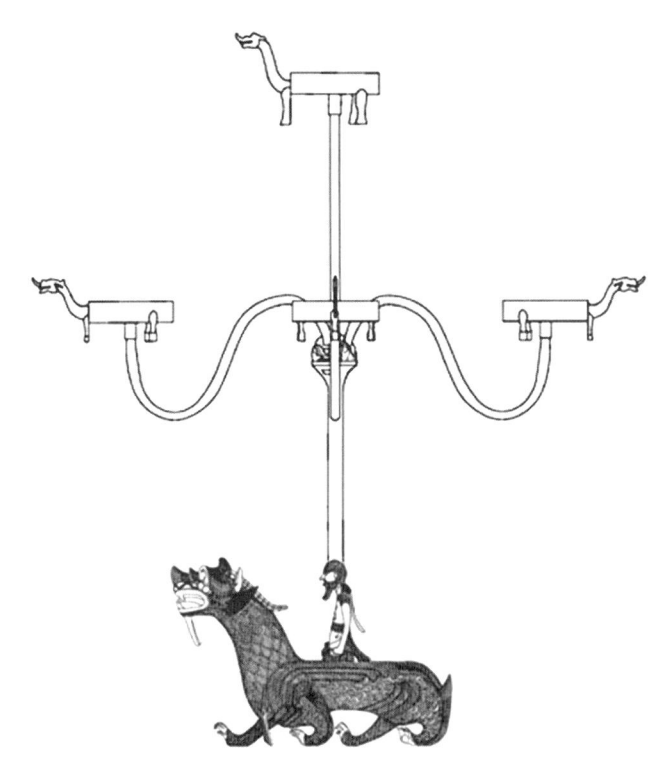

图八　重庆云阳风箱背 M1 出土青铜树形枝灯

图九　四川达县三里坪 M4 出土钱树座

认为不宜将其直接联系。① 钱树盛行的东汉时期,也是青铜树形枝灯逐渐破除随葬等级限制的时期,不再专属王侯,民间社会有了更多机会见识这种宫廷异宝。而此时的青铜枝灯已历经了三百余年的发展,成形、装饰等方面的工艺臻于成熟,为钱树所借鉴亦非不可能。特别是对比东汉时期的钱树与青铜树形枝灯,如上文已论及的招远大宋家村东汉墓所出,其灯柱、灯枝的结合方式、排列形式与绵阳何家山 M2 中的钱树颇有近似之处(图七、图十)。②

关于钱树的使用规格,已有研究透过对钱树铭文的分析,得出"随葬钱树之人,生前身份至多是县令级别的中级官吏,或有一定社会地位的当地大姓,也有部分平民阶层"的认识。③ 钱树器形高大,上半部以青铜为之,青铜乃是贵重之物,墓主人即使一介平民,当也具备一定经济实力。从文化属性看,钱树均出自砖室墓和崖墓,这两类墓葬均

图十　四川绵阳何家山 M2 出土钱树

属汉文化系统,并被认为与汉移民有着密不可分的关联。④ 由此可知,钱树的随葬主要集中在富裕的官绅商贾之中,墓主人或为中原汉移民或是已完全接受了汉文化的原住民。如前文所述,山形枝灯均出自中等规格的砖室墓,由 2 间主墓室及 1－2 间侧室组成。墓主人也是有身份地位的官吏或有经济能力

---

①　贺西林:《东汉钱树的图像及意义——兼论秦汉神仙思想的发展、流变》,《故宫博物院院刊》1998 年第 3 期;何志国:《摇钱树内涵溯源》,《中华文化论坛》2000 年第 4 期。
②　何志国:《四川绵阳何家山 2 号东汉崖墓清理简报》,《文物》1991 年第 3 期。
③　何志国:《论摇钱树与多枝灯的关系》,《考古》2010 年第 1 期。
④　罗二虎:《四川汉代砖石室墓的初步研究》,《考古学报》2001 年第 4 期;罗二虎:《四川崖墓的初步研究》,《考古学报》1988 年第 2 期。

的商贾。目前已有的发现中仅天津武清鲜于璜墓规模稍大,根据墓碑铭文所记,墓主人生前官至雁门太守,官秩高于钱树的使用者。不过整体而论,钱树与山形枝灯大体上是流行于同一阶层的。

有关钱树的象征意义,已有的研究多聚焦器物造型与装饰,论证各有所长,观点莫衷一是。钱树作为专属丧葬的明器,它在墓室中的组合方式、摆放位置也是分析其内涵的重要依据。随葬钱树的墓葬多有不同程度的破坏,从保存状况稍好的绵阳何家山 M2 和昭通桂家院子 M1 看,其墓内空间规划明显受到了中原汉墓的影响,墓室前部均设有陶案、耳杯、盘等饮食明器,墓室后段放置棺椁,明确区分出了祭祀空间与埋葬空间。这两座墓葬中的钱树均摆放在陶案旁侧,何家山 M2 中的两件钱树一前一后置于案旁东侧,[1]桂家院子 M1 中的钱树也位于陶案东侧,[2]均处于祭祀空间之内,有祈愿祝祷之功用。与前文所述山形枝灯在墓中的摆放位置与方式基本相同,二者的随葬功能应大体相当。

综上可见,山形枝灯与钱树在器物属性、流行时间、使用群体及随葬功能方面具有较多共性。二者的出现与延续时间虽略有早晚,但盛行时代均集中于东汉,使用者都是有一定经济能力的富裕人士。它们在墓室的祭祀空间内与摆放齐整的案、盘、耳杯等祭奠明器以及案前空留的虚位共同构成了某类祈愿祝祷仪式的场景。然而,二者的流行区域却无交集,似乎各地都在以自己的方式表达着对这场仪式及其背后观念的理解。

四 地域特性表达

从山形枝灯的装饰细节看,不仅与钱树有着不同的地域表达,其内部不同分布区之间也有差异。位于分布中心的两京地区,山形枝灯的覆盆形高底座上模印山川峰峦,再贴塑人物、动物图像,营造出仙人、瑞兽汇聚山林的仙山氛围。构图上,连绵起伏的山峦与其间穿行的动物以及姿态各异的人物彼此均衡,不分主次,它们共同构成了仙山意象。类似构图形式的仙山图景也常出现在两京地区西汉晚期之后流行的其他随葬明器上。如长安汉墓流行

---

[1] 何志国:《四川绵阳何家山 2 号东汉崖墓清理简报》,《文物》1991 年第 3 期。
[2] 云南省文物工作队:《云南昭通桂家院子东汉墓发掘》,《考古》1962 年第 8 期。

的铅釉陶壶、樽等器腹部即常模印有这类仙山图像(图十一)。① 洛阳烧沟汉墓随葬的铅釉陶博山炉炉盖上山峦形镂孔,人兽相搏,蛇伸曲其间,亦是此番仙山景致。②

图十一 陕西西安方新村 M22 出土釉陶樽

  东汉时期,山形枝灯逐渐向东流传至幽冀地区。保存较为完好的几例,如河北景县大代庄 M1 和天津武清鲜于璜墓出土的山形枝灯,其底座图像常以端坐的男子为中心构图。中心男子为正面坐像,袖手、凭几端坐,形象高大,男子身旁左右各有一矮小的侧面人像,周边其他人像也明显小于男子像,整体构图主次分明,形成了一幅以正面男子为核心的图景(图十二)。③ 简报中多认为正面男子的形象为墓主像。然而,对比同时期周邻地区出土的汉画像石,不难发现石刻画像中的东王公、西王母像也常采用类似的构图和表现形式。如山东嘉祥宋山、洪山画像石,戴胜的西王母和着冠的东王公均为正面像,凭几端坐正中,身旁左右各有一恭侍的侧面人像(图十三)。④ 尤其宋山画像石中从人物构图到人物衣着、手执之物、动作姿态均与大代庄 M1 山形枝灯底座上的男子像相似。有研究注意到了东汉画像石中神仙人物像与墓主画像的关系。陈履生认为大量的墓主形象难以与东王公、西王母形

---

① 西安市文物保护考古所等编著:《长安汉墓》,陕西人民出版社,2004 年,第 156－157 页。
② 洛阳区考古发掘队:《洛阳烧沟汉墓》,科学出版社,1959 年,第 137 页。
③ 衡水地区文物管理所:《河北景县大代庄东汉壁画墓》,《文物春秋》1995 年第 1 期;天津市文物管理处考古队:《武清东汉鲜于璜墓》,《考古学报》1982 年第 3 期。
④ 山东省博物馆等编:《山东汉画像石选集》,齐鲁书社,1982 年,图 186、181。

象分辨。① 郑岩的研究则进一步指出，墓室画像中的正面墓主像是受西王母画像影响而产生的。并认为这一影响带来的变化在南北朝时期才得以完成。此前由于中国传统中缺乏偶像崇拜，加之长久以来又视画像为灵魂的象征，直到东汉时期的墓主像仍多为传统的侧面像形式。② 据上述分析，大代庄M1、鲜于璜墓等幽冀地区所出山形枝灯底座图像中的正面男子形象当为神仙像而非墓主像。另外，从灯座图像的整体布局看，大代庄M1山形枝灯底座图像中，一众伎乐位于正面人像的旁侧和上方，与石刻画像中墓主形象居上、乐舞百戏居下的构图正相反，似乎这位端坐的男子不是在观看表演，而是以其安详自在的姿态与伎乐共同呈现了一派歌舞升平，如此的祥和图景正应和世人对神仙世界的想象。

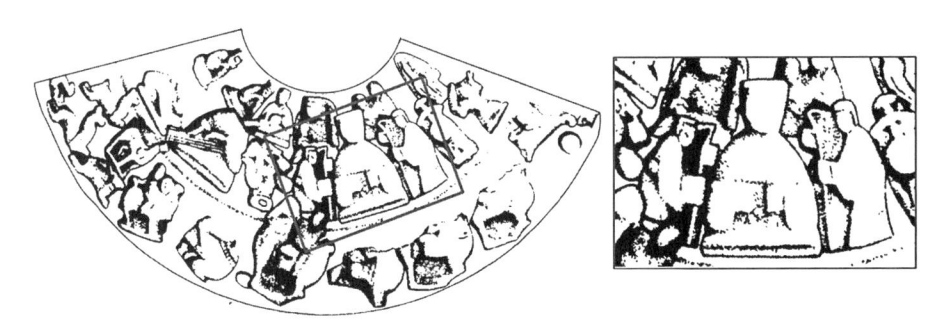

图十二　河北景县大代庄M1出土山形枝灯底座展开图及细部

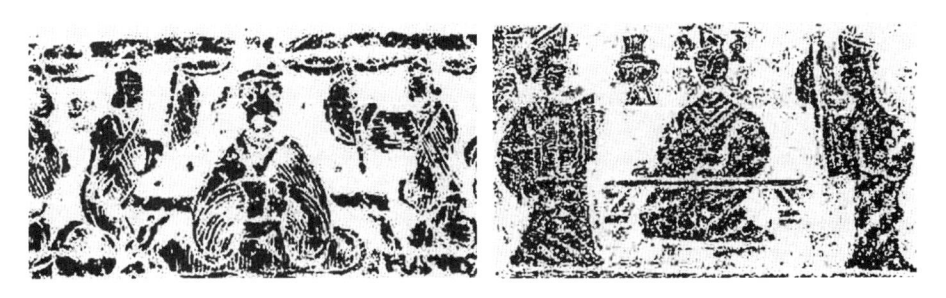

图十三　山东嘉祥宋山（左）洪山（右）画像石

---

① 陈履生等：《汉代神画中两对主神的形象系统与模糊性特征》，《南京艺术学院学报（美术与设计版）》1985年第3期。
② 郑岩：《墓主画像研究》，《中国汉画学会第九届年会论文集》，中国社会出版社，2004年，第254－279页。

钱树装饰中的仙山、瑞兽、羽人是汉代仙界图像的通用元素,从中原到边疆,从器物到画像流行甚广。除此之外的钱树西王母、佛像则极具川渝地域特色。其中,钱树西王母像均为正面坐像,附饰龙虎及华盖、天门等其他图像(图十四)。这与其他地区所见西王母像,多单独人物正面安坐形象明显不同,如上文所列嘉祥洪山画像石中的西王母,就只见西王母凭几端坐,不见龙虎、华盖(图十三)。有研究指出,此类带有附饰的西王母图像是川渝地区的特色,除钱树外,在画像砖、画像石棺等各类墓葬图像中广为流行(图十五)。① 钱树上的佛像,不论如彭山夹江 M166 所出塑于釉陶树座,还是如绵阳何家山 M1 铸于枝干,佛的形象均是右手施无畏印,左手握衣端坐(图十六)。② 有研究认为四川地区流行的这类钱树佛像,从整体造型构图而言,处于主尊地位,

图十四　何家山 M2 钱树西王母像

图十五　四川彭山双河崖墓出土画像石棺

---

① 王苏琦:《四川汉代"龙虎座"西王母图像初步研究》,《四川文物》2005 年第 2 期;罗二虎:《汉代画像石棺》,巴蜀书社,2002 年,第 46 页。
② 南京博物院编:《四川彭山汉代崖墓》,文物出版社,1990 年,彩版 1;何志国:《四川绵阳何家山 1 号东汉崖墓清理简报》,《文物》1991 年第 3 期。

图十六　四川彭山夹江 M166(左)、何家山 M1 出土钱树佛像(右)

取代了此前钱树上的西王母像,而这一变化正体现了四川地区早期佛教流传中的传播方式与佛道关系。[1] 这种端坐施无畏印的佛像除铸于钱树,还被雕刻于当地崖墓的门楣之上,如乐山麻浩 I 区一号崖墓中后室门楣正中以及柿子湾 I 区 1 号崖墓中后室和左后室门楣正中上均雕刻有这类高肉髻,具项光,身着通肩衣,右手施无畏印的佛坐像(图十七)。[2] 宿白先生认为,四川地

图十七　四川乐山麻浩 M1(左)、柿子湾 M1(右)门楣石刻佛像

[1] 霍巍:《中国西南地区钱树佛像的考古发现与考察》,《考古》2007 年第 3 期。
[2] 唐长寿:《乐山崖墓和彭山崖墓》,电子科技大学出版社,1994 年,第 72-73 页。

区出土的这类早期施无畏印佛像,是说佛法论道、施与众生安乐无畏的动的形象,与长江中下游地区所出禅定坐佛像静的形象明显不同。[1] 由此可见,无论钱树佛像还是钱树西王母像都具有鲜明的川渝本地特性,是佛教初传时期佛道融合的反映,也表现出当地神仙信仰体系的多元化。

五 结 论

概言之,兴于黄河中下游的山形枝灯与盛行川渝的钱树,都是集中流行于东汉官绅商贾之中的随葬明器。二者均为汉代民间信仰中"魂神升天"观念的产物,寄托着生活富足的人们对死后归处的美好幻想。虽然山形枝灯与钱树造型意象有别,但在结构工艺方面可能都存在对青铜树形枝灯的借鉴。分布地域上,山形枝灯所营造的"仙山"与钱树所塑造的"神树"一东一西互不重合,分别表达了中原与西南社会集体意识中的神仙世界。在具体图像的刻画上,两京、幽冀和川渝三地都极具地域特性。无论是山形枝灯塑造的祥和的山林圣境,亦或东王公仙境,还是钱树呈现的佛道多元化天界,世人将对死后魂神升天的渴望凝聚于墓葬之中,而各地均以极具本土化的表达诠释了"神仙世界"的景象。

附记:本文据 2019 年 9 月"汉阳陵与汉文化研究"学术研讨会发言增补而成。本文得到北京联合大学校级科研项目"北京及周边地区墓葬的考古学研究"资助,项目编号 SK70202003。

---

[1] 宿白:《四川钱树和长江中下游部分器物上的佛像———中国南方发现的早期佛像札记》,《文物》2004 年第 10 期。

Comparative Study of the Painted Multi-branched Lamp and the Money Tree

Song Rong

    Both Painted Multi-branched Lamps and Money Trees are common funerary objects in the tombs of the Eastern Han Dynasty. The Painted Multi-branched Lamps are popular in middle and lower reaches of the Yellow River, and the Money Trees are mainly distributed in the southwestern region with Sichuan and Chongqing as the center. They all have exquisite shapes and gorgeous decoration, and there are a lot of fairyland patterns in the image theme. Through the comparative analysis of the characteristics of Lamps and Money Trees and the background of the tombs, this paper concludes that both the Painted Multi-branched Lamps and Money Trees are affected by the Bronze Multi-branched Lamp in the structural process. They are all special utensils for funeral, which were popular in the middle-class. The Painted Multi-branched Lamp and the Money Trees are all products of the influence of immortal idea. The understanding of the fairyland everywhere has distinctive local characteristics.

玉石器管钻技术的动态模拟实验研究[*]

黄可佳 王雪

(北京联合大学考古研究院)

一 引 言

古代制作玉石器，往往在制作流程的较后阶段进行穿孔加工作业。穿孔的工艺技法有很多种，常见的包括实心钻和空心钻，而后一种技法即我们通常称作的管钻法，是最常见、最有特色的方法之一，它是人类在玉石器精细化加工进程中很重要的技术进步。关于管钻技法的研究，多集中于研究金属工具出现前的管钻，研究的方法和途径多样，有形态推测、微痕观察、实验考古等等。至于管钻法钻孔的工具，研究者普遍认为使用竹管比较合理，骨管由于表面过于光滑，不易下钻。佟柱臣先生认为管钻法出现在大汶口时期，用竹管沾水加砂，这样钻成的孔洞很直，并认为管钻只钻掉一圈，因而更快更省力。[①] 北京市玉器厂制玉小组在研究管钻工艺时发现，在管钻过程中，竹管壁会逐渐磨损变薄，造成割槽的剖面呈弧形，结果也会造成孔壁上口较大，下口较小现象，如果双面对钻还会在孔壁上形成"台阶"。[②]

---

[*] 本文为国家社会科学基金项目"汉水中游史前磨制石器的生产和流通体系研究"的阶段性成果，批准号 20BKG001。
① 佟柱臣：《仰韶、龙山工具的工艺研究》，《文物》1978 年第 11 期。
② 北京市玉器厂技术研究组：《对商代琢玉工艺的一些初步看法》，《考古》1976 年第 4 期。

林华东、[1]黄宣佩、[2]汪遵国、[3]王明达、[4]邓聪、[5]黄建秋、[6]钱宪和与方建能、[7]张敬国与陈启贤、[8]席永杰[9]等学者对管钻工具和工艺特征也都进行过探讨。管钻钻头很可能是竹管或金属管制成，史前是否有金属管钻钻头是对古代玉石器管钻工艺研究的一项重要分歧，林巳奈夫先生曾提出一些管钻的钻槽应该是金属筒的痕迹，虽然目前得不到考古材料的支持，但并不代表不存在。[10]

管钻工艺的相关研究虽然较多，但这一技术我们还远没有达到真正的彻底了解，尤其是一些技术细节问题，学界多处于推测阶段。而且，早期对管钻法的模拟实验，主要关注对钻孔后痕迹的观察比较，实验数据的记录多数并不详细，对整个钻孔过程的形态变化观察和操作体验的记录还不够，也很少探讨古代匠人在钻孔过程中对工具和方法的选择策略及原因。为了更详细记录实验数据，并观察实验过程中不同阶段所遇到的钻孔效率和困难，进而了解古人钻孔工艺的具体过程，我们设计了本实验，尽量做到在动态模拟实验过程中注意实验数据的测量和记录的准确性。

二 实验样品和方法

1. 样品

（1）玉材的选择

此次实验想要完成竹管管钻钻孔过程，对于玉料的选择并没有太严苛的

---

[1] 林华东：《论良渚玉器的制作工艺》，《东方文明之光——良渚文化发现60周年纪念文集》，海南国际新闻出版中心，1996年，第379页。

[2] 黄宣佩：《齐家文化玉礼器》，《东亚玉器》第一册，香港中文大学中国考古艺术研究中心，1998年。

[3] 汪遵国：《良渚文化玉器综论》，《东亚玉器》第一册，香港中文大学中国考古艺术研究中心，1998年。

[4] 王明达：《介绍一件良渚文化玉琮半成品——兼谈琮的制作工艺》，《史前琢玉工艺技术》，台湾博物馆，2003年。

[5] 邓聪：《东亚史前玉器管钻技术试释》，《史前琢玉工艺技术》，台湾博物馆，2003年。

[6] 黄建秋等：《良渚文化治玉技法的实验考古研究》，《史前琢玉工艺技术》，台湾博物馆，2003年；该文又收入黄建秋：《史前考古学方法与实践》，生活·读书·新知三联书店，2014年。

[7] 钱宪和、方建能：《史前玉器的制造工艺技术》，《史前琢玉工艺技术》，台湾博物馆，2003年。

[8] 张敬国、陈启贤：《管形工具钻孔之初步实验——玉器雕琢工艺显微探索之二》，《玉文化论丛1》，文物出版社、众志美术出版社，2006年。

[9] 席永杰、张国强：《红山文化玉器线切割、钻孔技术实验报告》，《北方文物》2009年第1期。

[10] 林巳奈夫：《中国古玉器总说》，吉川弘文馆，1999年。

要求,为了方便玉石器的固定,选择了一块较平整的不规则形状岫岩玉为钻孔玉器。该块岫玉主要矿物成分为蛇纹石,硬度为5.5左右,颜色分布不均匀,由白、浅绿、暗绿、褐绿构成。

(2) 钻具的选择与制作

竹管是此次实验的主要工具,选取两支长度相仿,一粗一细的竹管作为工具,其中一号竹管作为主管起到摩擦钻孔的作用,一号竹管长51厘米,直径为4厘米。二号竹管作为辅助工具起到杠杆的作用,其长度为30厘米,直径为3.5厘米。通过麻绳的上下缠绕,拖拉二号竹管带动一号竹管做高速旋转运动。

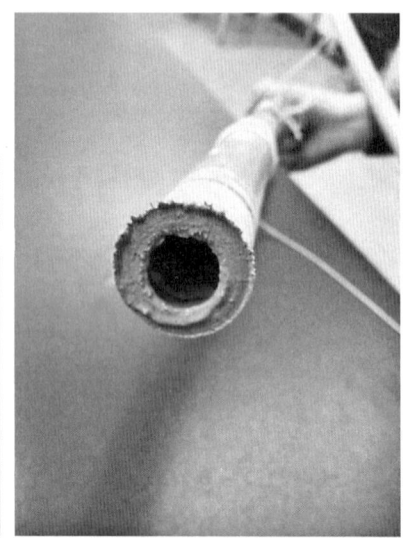

图一 工具的选择及钻孔后竹管的平面形态

(3) 解玉砂和水

本次实验选用普通建筑用黄砂。将选好的建筑用砂淘洗干净,确保把泥土全部洗掉。

 2. 实验方法

将绳子分别固定在竹管两端,以一根竹管作为主管为玉石器钻孔,另一根竹管作为杠杆,通过拉动其运动来带动主管高速旋转,主管上将绳子上下顺逆时针旋转。实验进行过程中注意不断加砂蘸水。实验具体步骤分解如下:

固定：将钻孔的玉料固定在桌子上，本实验借助钳工常使用的固定器来固定。

定圆心：在玉料面上选取一个合适的圆心做出标记。

安放竹管：将竹管圆心与玉料上标记的圆心对准固定在同一点。

旋转钻玉：前后拉动二号竹管让一号竹管做高速旋转运动。

加砂蘸水：旋转过程不断加砂蘸水，使玉料表面保持湿润并有砂。

为了便于观察和记录钻孔内的形态，并方便测量，我们在不同的实验阶段，用牙科石膏倒入钻孔，保存不同阶段的孔径形态。对钻孔形态随时加以照相记录。

三　实　验　分　析

由于初次实验，技术方面无法和制玉的熟练工匠相比，工具方面也无法达到最佳状态，因此耗费了大约 11 个小时才将玉器上的孔钻透（见图二、三）。技巧和熟练度上的不足，虽有影响，但大体无碍我们对工艺的初步观察。通过仔细观察实验数据（图表一），可以发现，管槽耗损与时间变化并没

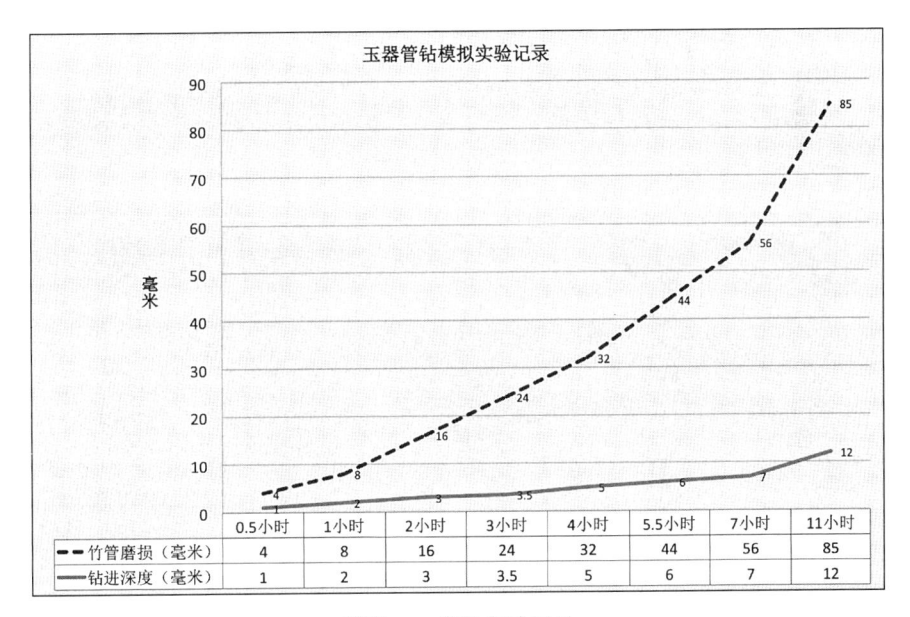

玉器管钻模拟实验记录（毫米）

	0.5小时	1小时	2小时	3小时	4小时	5.5小时	7小时	11小时
竹管磨损（毫米）	4	8	16	24	32	44	56	85
钻进深度（毫米）	1	2	3	3.5	5	6	7	12

图表一　模拟实验记录

有呈一定比例变化,这可能与实验过程中我们对砂水以及旋转速度的把控有关系。依靠徒手竹管管钻不能很好地控制力度和速度,影响了实验结果。竹管原长度51厘米,管钻后剩余42.5厘米,损耗8.5厘米。玉料厚度1.2厘米,管钻后剩余的钻芯较小。

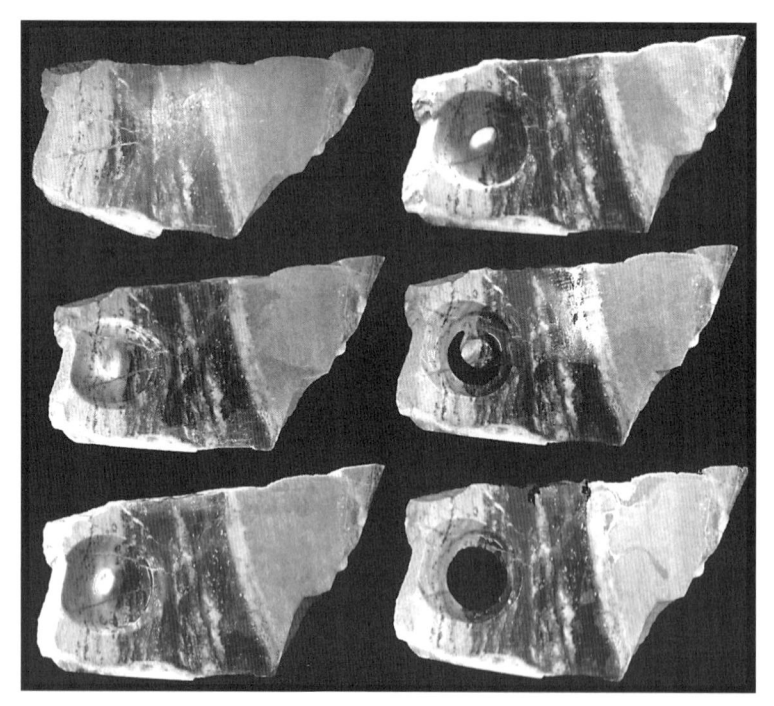

图二　管钻模拟实验钻孔过程

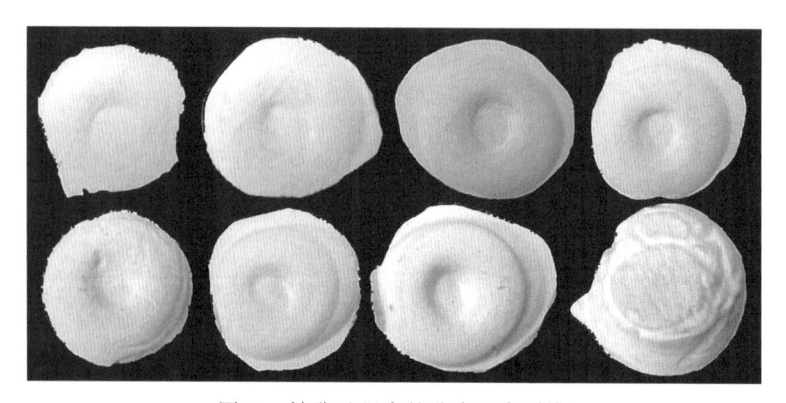

图三　钻孔过程中的孔内石膏脱模

在实验开始后,我们感到遇到的最大困难是如何将竹管与玉料接触面固定。手持钻杆开始钻孔的初期,是钻孔最困难的阶段。在这一阶段,由于所钻的玉器表面是平面,比较光滑,钻管在左右拉弓的过程中,由于用力不均,极易滑动。同时,竹管的滑动,解玉砂无法有效的停留在玉器与钻杆的接触面上,造成钻孔效率不高。

黄建秋先生在模拟实验中曾提出过这一困惑,开始钻孔时如何在光滑的玉材上固定钻头,只有当固定住钻头或者已经在玉材上钻出浅坑后,钻孔才会变得顺利。[①]

最初钻孔时,如何增加钻具与接触面之间的摩擦系数,是钻孔成功的关键。我们在史前石器的钻孔边缘有时会发现零星琢制所形成的麻点,这些麻点打破石器表面的磨光面,说明这种琢制行为发生在石器磨光之后,不是在石器制作阶段为制作石器细坯而进行的琢制,推测是在钻孔处进行的预处理,目的是增加粗糙度,便于钻具旋钻。不过类似的孔缘粗糙麻点,在玉器钻孔旁并不常见,多见于对表面美观度要求不高的石器上,经常出现在实心钻孔的边缘。玉器钻孔如何解决这一问题,应该还应有别的途径。

为了解决这一困难,我们的解决方案是,尝试在玉器表面粘接固定一个厚度两厘米左右的木块,在木块上钻一个与钻管大小相似的孔,这样钻管可以直接插入木孔中,起到一种固定钻管头部的功能,在拉杆的过程中它不易左右摇晃,稳定性好了很多。同时,在木块孔内加解玉砂和水,解玉砂不易流失,都储存在木块孔洞内,这样钻孔的效率会高很多。为了更好固定钻杆,使其不易轻易摆动,将此类固定槽粘接在玉器上,是一种固定方法。我们推测还可能有一种方法,可以专门制作一个操作台,上用悬轴臂固定钻杆,使其不至于左右晃动,此方法我们在清代的玉作图中还可以见到。虽然目前还没有这类玉器加工辅助设备的考古发现,我们认为直接固定于玉器上的木槽制作比较简单,可能更适合管钻技术还不十分成熟的史前阶段。在实验开始阶段,我们没能有效的解决钻杆滑动这一问题,造成钻管左右晃动,效率减低,钻出的孔不规整。管钻法比实心钻法效率高是由于它需要钻掉的玉石数量小,但如果不能有效控制晃动造成的误差,则效率大大降低。这次实验中所

---

① 黄建秋:《史前考古学方法与实践》,生活·读书·新知三联书店,2014年,第104页。

得的钻芯甚小，是由于技术不熟练，工具设计不够、不精巧所致。

另外，就管钻效率而言，管钻至玉料中下部阶段时，钻孔速度比较缓慢，耗费时间长，我们感觉效率有下降的趋势，特别是当部分区域已经钻透的情况下更是如此。其原因我们推测是钻孔到一定深度，空间变小，解玉砂和钻管之间的摩擦力增大，容易阻塞钻管的运动。当钻透部分区域时，由于解玉砂外漏，造成效率也会降低许多。在这个阶段，比较好的办法是将玉芯用木锤敲掉，可节省很多不必要的时间。在史前玉器单面管钻的背后，往往会有断茬的存在，这是钻至一定程度后敲掉钻芯提高效率的一种办法。类似技巧也出现在片切割玉器的过程中，我们曾做过这方面的实验，当用木片切割玉器到一定深度后，进度也有变慢的趋势，这时只需要将未切割的部分敲掉即可。出于对效率的考虑，如果玉材较厚，当钻至一定深度后，效率变低，比较合理的方法是从另一面的相对位置对钻，即我们通常所说的双面管钻。单面管钻适用于比较薄的玉器钻孔，而双面对钻更适用于比较厚的玉料。因为竹管钻进不太深时，因摩擦而产生的玉石粉废料容易排出，也易于加砂蘸水，但是当深度超过玉料厚度的一半时，这种单面管钻的方法速度会非常慢，钻进速度遇到一个非常大的瓶颈期，很难将其钻透，不如双面对钻节省时间。双面管钻无论如何也无法准确与另一面的钻孔精确对应，会有错位，反映在孔内是有一个小凸棱的存在，这一圈凸棱如果后期没有打磨，多数情况下留有敲断后产生的断茬。

在使用普通竹管进行管钻，由于不容易控制，容易造成孔径的偏差，孔芯有时会有左右歪斜的情况。这种状况可能与技术不熟练有关，如果技术熟练，此偏差可大大降低。观察钻孔本身，我们发现孔壁有十分明显的大螺旋纹，每一道螺旋纹应代表着一个阶段钻管的偏离。大的螺旋纹之间则相对比较光滑，犹如抛过光一般，这是解玉砂反复长时间蹭磨所造成的（图四）。钻芯表面的痕迹与钻孔类似，也是有大的螺旋纹，螺旋纹中的细纹在显微镜下观察也比较光滑（图五）。在使用普通河砂作为解玉砂的情况下，砂的硬度和玉器相差不大，钻孔的效率不高，钻孔痕迹往往比较光滑，形成光滑的大螺旋痕迹。普通解玉砂与我们见到的使用现代金刚石解玉砂快速旋转形成的螺旋纹不同，后者不仅细密、规整，同时有较多一次性蹭磨所形成的玉器表面白茬痕迹。我们没有实验硬度更高的解玉砂，推测效率要更高，但在孔径处留

图四　管钻孔径的显微观察

下的细微划痕会更明显。

　　值得注意的是孔壁和钻芯横剖面的形态。钻孔时竹管来回摆动,钻孔上部由于摩擦的时间长,损耗最多,下部损耗少,因此呈现出孔剖面和钻芯横剖面都近似呈梯形。此梯形剖面的形成,不是如北京玉器厂所认为的是由于管壁磨损所致,实验用的竹管钻头侧壁并未磨损变薄,损耗主要产生在竹管钻具的横截面上。如图六所示意,钻孔的剖面不是呈规整的倒梯形,而是呈现出侧边缘向外凸的情况。钻芯横剖面也不是规整的梯形边,呈现微内凹。这是由于竹管在空腔内旋转时,带动管内外边缘的解玉砂,形成一个摩擦面,钻管的摆动,该摩擦面向空腔的两侧掏蚀,造成空腔略呈圆弧状,形成的梯形横截面有的会略带弧度。孔壁的形态也与玉石材本身的质地有关,当硬度较

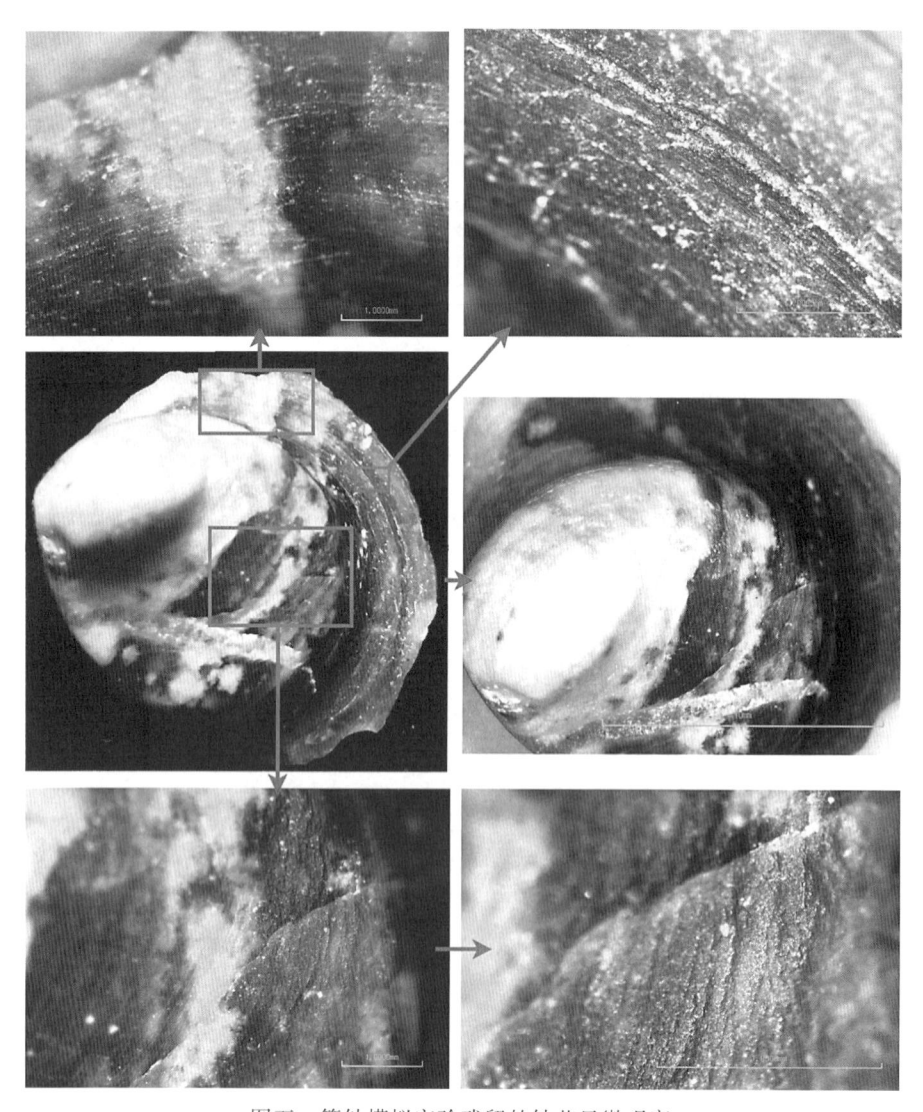

图五　管钻模拟实验残留的钻芯显微观察

低、颗粒较细时,钻管向下钻进容易,下钻速度较快,会使得孔壁相对较直,反之,则会造成钻头因推进困难而出现左右摇摆,造成对玉石材孔内周壁的侧力增大,孔壁更易出现内凹的现象。

由于竹管相对较软,在竹管横切面的纹理和纤维空隙在湿润的情况下,比较容易附着解玉砂,解玉砂也易于被粗糙的竹管横切面带动,钻孔效率会高许多。已有学者做过实验表明,骨管的横切面比较光滑,无法有效附着解玉砂,因此无法作为管钻钻具。但竹管管钻也有缺点,它极易磨损,通过本实验可知,这种损耗的比率还比较高。古人在进行竹管管钻时,钻若干孔后,需要不断更换钻管,不同钻孔间的大小误差容易出现。为更换竹管方便,也许会造成钻具相对简单,不利于技术的改进。这种情况在使用金属管钻工具使用后,得到有效改进。

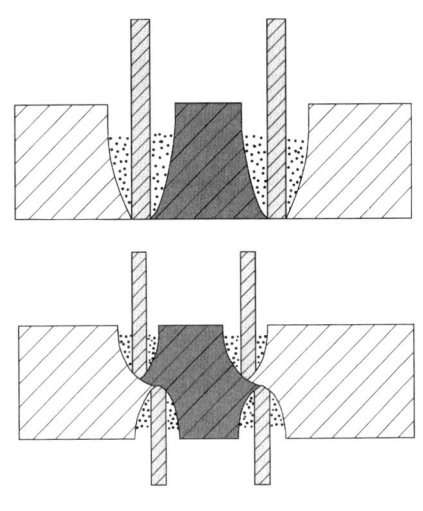

图六 竹管单面管钻和双面管钻示意图

对比观察竹管和现代金属管的单面、双面钻效果,两者的区别表现在孔径形态、钻芯形态、孔内痕迹几个方面。金属管钻形成的孔径比较竖直,孔芯同样也比较垂直,金属管本身有较薄的厚度,在管钻过程中磨损不多,因此钻出的孔芯损耗少。使用金属管钻,在速度较快和解玉砂硬度高的情况下,所形成的钻痕通常比较细密、平行规律分布。

四 对管钻技术相关问题的一些讨论

古代专业制玉工艺世代传承,技术高超,今人所做的模拟实验,远远不能达到古人的技术水平,但某些结果可以为我们观察古代钻孔工艺提供部分帮助。通过上面的实验,我们大体对金属管钻和竹管管钻有了初步了解。

目前学界关于何时出现金属管钻技法存在较大争论,这里挑选出两件制作痕迹保留比较明显的良渚玉器与实验后的玉器做比较。

观察图七良渚玉器图片,其下图所示玉璧孔部保留有比较明显的断茬,系管钻后期敲掉钻芯所致。在断茬的内侧,还保留半圈断断续续的管钻印痕,为我们了解当时的管钻钻具壁的厚薄提供了很好的线索。此印痕十分规整,壁厚1-2毫米,保留的钻深约有2毫米。通过实验可知,这么窄的印痕似非竹管钻孔痕迹,这么大的孔径,其对应的竹管钻具本身有一定的厚度,它残留的钻痕的宽度不可能达到此窄细的精度。图七上图是另一件采集自良渚瓶窑的玉器,是一件为制作玉琮的半片管钻残留,从中可清晰观察到钻孔的加工痕迹。这件良渚残玉琮断面上布满粗细大体均一的旋痕,陈启贤认为是孔钻透后使用大型燧石核掏搅扩孔所形成的痕迹,而在工作停止面上排列晶粒状凸点与长凹槽旋痕现象,是管状工具带动解玉砂单向旋钻造成的。①我们认为,该双面管钻钻孔壁垂直,在壁上有非常细密平行的螺旋纹,显示在加工过程中,管钻钻具摆动的幅度非常之小。而且此孔较大,如果使用竹管,所需管径甚大,钻孔时的技术要求也会高许多。我们观察了大量良渚时期的玉器,多数还是有明显的竹管钻孔的痕迹存在,但上述两件玉器上的痕迹表明,已经开始使用铜管作为钻具的可能性是存在的。特别是在良渚晚期出现大量多节长玉琮,对管钻的要求更高,如果用竹管可能已经满足不了钻深的需求。

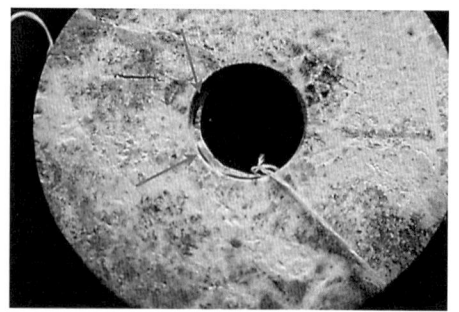

图七　良渚玉器管钻痕迹

相比较于实心钻法,管钻法作用于玉材只限于管的厚度,在钻的过程中损耗玉料少于实心钻法,同时节省了人力,是一种钻孔精细化的加工方法。管钻技法的发明,与玉料切割工艺的发展历程近似。早期工匠在去除多余玉料时,多使用打制技法,打制成粗坯虽然比较容易,但后期磨制修整所费时间更多,对珍贵玉料的损耗也较多,而使用片切割或线切割工艺,节省玉材,同时造型的美观程度也大大增加。采用管钻技法,也可以节省玉料,提

---

① 陈启贤:《良渚玉雕工艺痕迹显微研究》,良渚博物院编著:《瑶琨美玉:良渚博物院藏良渚文化玉器精粹》,文物出版社、众志美术出版社,2011年,第66-68页。

高效率,还可孔径美观。由于史前玉材的珍贵,管钻法遗留下来的下脚料,包括各种尺寸大小的钻芯,会被再次利用,有的再次钻孔做成小玉璧,有的将中间穿孔,改制加工成玉管,甚至对钻芯本身的收藏在史前墓葬中也比较常见。

对于玉石器实验考古而言,由于很少有早期玉器加工设备的考古发现,只能依靠玉器成品或半成品上残留的痕迹来推测当时的加工设备和加工技术。与考古研究中经常使用的归纳法不同,通过实验考古的方式,对古代玉器加工工艺的复原过程,是一种假设检验的演绎法研究过程。模拟研究中会涉及很多实验变量的选择,包括玉材的种类和硬度、熟练程度、竹管、解玉砂、钻孔工具组合、技术等,每一个大的变量都会包括若干小的次级变量。仅仅依靠一次模拟实验,是很难全面复原古人的玉器加工工艺和技术,我们这里的玉器管钻模拟实验,只是希望能通过实验,尝试提出一种工艺的可能,主要是想知道在钻孔的过程中古代工匠会有何选择策略,同时希望对我们理解和解释考古发现的玉器钻孔痕迹有所帮助。

附记:本文的模拟实验做于2013年,近些年学术界也不断有类似的钻孔实验,但很多钻孔的细节问题,至今没有得到彻底解决。本模拟实验虽然有很多瑕疵,但在钻孔中发现的一些现象和问题,至今还有讨论的价值,因此将旧文整理出来供学界参考。

On Dynamic Simulation Experiment of Tube Drilling Technology on Jade and Stone

HUANG Ke-jia   WANG Xue

It is a key technology for the ancients to drill hole on jade and stone in the processing of jade and stone. Tube drilling is one of the relatively mature technologies of drilling holes. By means of experimental archaeology, we use bamboo tube to simulate the technology of drilling on jade and stone, record the experimental process in detail, observe the trace of drilled hole and drilled core after drilling, dynamically recover the efficiency of the ancients in different stages of tube drilling and possible solutions to difficulties in drilling.

苏美尔文明与中原
文明的比较探索

何 驽

(中国社会科学院考古研究所)

一 苏美尔文明与中原文明比较研究的意义

今天地中海以东的伊拉克、伊朗、叙利亚一带,古代属于美索不达米亚地区,有两条孪生河流——底格里斯河与幼发拉底河,孕育了苏美尔、巴比伦尼亚和亚述等多个文明,自公元前3500年至公元前500年,共繁荣了三千年。其中,苏美尔文明不仅是两河流域最早的文明(公元前3500年至公元前2004年),而且是世界最早的文明之一。[①] 苏美尔文明创造了许多成就,在人类文明史上具有里程碑式的意义,使苏美尔文明在世界历史中占有极为重要的一席之地,对后来的希腊、罗马文明甚至其他欧洲文明,有着极为深远的影响。

中国黄河中游地区庙底沟文化至龙山时代(公元前3500年至公元前1900年),从东亚地区多元文明起源"满天星斗",发展到中国文明核心在中原地区特别是豫西晋南地区的文明核心区的"月明星稀",中原文明诞生,成为中国文明核心形成的起点,奠定了许多延绵至今的中国文明的特征、制度、观念和基因。尽管中原文明与苏美尔文明分别地处欧亚大陆的东西两端,两个文明成就、特点、道路模式的对比分析,非常有助于从整个欧亚大陆的视

---

① [美]斯蒂芬·伯特曼著,秋叶译:《古代美索不达米亚社会生活》,商务印书馆,2016年。本文关于美索不达米亚文明的资料皆引自该书。

角,更深刻地认识东西两端文明的多样性及其各自的历史背景、环境条件,以及对世界文明的贡献。

二　苏美尔文明与中原文明的差异

1. 苏美尔文明的成就与特点概述

公元前3500年,苏美尔人来到底格里斯河与幼发拉底河下游定居,开始了灌溉农业生活。城市化首先在乌鲁克出现(公元前3750年至公元前3150年),随后是捷姆迭特·那色(公元前3150年至公元前2900年)。城市里早先定居的苏美尔人占尽良田和灌溉渠网之利,成为"地主",后来的移民则只能从"地主"租佃土地耕种或向"地主"出卖劳力。由是,先定居的"地主"成为城市的"公民"(citizens),后来的移民没有公民权,导致社会分层,社会开始复杂化。

坚固的城墙保护着居民区、店铺、神庙、宫殿和行政中心,农业、手工业与艺术的专业化,促进了商业的繁荣,使城市聚集了巨大的财富,城邦雏形诞生,文明曙光初现。

这一时期,青铜冶金术在日用工具、生产工具和武器方面普遍使用。滚筒印在标志财产所有权并在商业中发挥重要作用。

两河流域象形文字在公元前3300年前后出现,在公元前2400至公元前1800年间演变成为早期楔形文字,用于记账、统计、管理、铭功、契约、盟誓等。

苏美尔城邦的统治权,经历了由神权向军权和王权过渡的过程。苏美尔城邦最初的统治者是高级祭司恩(en),系神权统治。城市的政治、宗教、行政、经济中心都在神庙。庙前的广场通常就是市场。后来,随着城市事务的复杂化,出现了一个官职恩西(ensi),意为"统治者",专门管理城市市政、法律、社会、商业和贸易甚至军事。此时政教开始分离。而城邦遇到战争时,长老会顾问团或公民大会临时任命卢伽尔(lugal,意为"伟大的人"),作为军事首领,军权与战争休戚相关,并不固定,也就是说尚无真正意义上的军权。然而,假如战争危机反复出现,"伟大的人"的军权便会固化,成为真正统治的权力。高级祭司、统治者和伟大的人,都有可能演变成为真正的国王,神权、军权、王权合流,但需要代表某位天神统治人间,要由当地重要的神庙宣布他是从天庭委派下来的,这就是所谓的君权神授。苏美尔王权的三个象征物是王冠、宝座和权杖。

大约公元前3000年早王朝时期,与神庙分离的宫殿出现,规模宏大。城邦的行政官员由神庙的各级祭司、审判员、书吏、军队长官、宫廷管理人员等构成。实物赋税和徭役赋税是城邦财政主要的来源。苏美尔以商品经济为经济基础,因而社会有着浓厚的契约精神,特别重视法律,保留的乌鲁卡基那(公元前2350年)、乌尔纳木(公元前2100年)和李必特-伊什塔尔(公元前1930年)三部法典,是世界上最早的法典,虽然这些法典是国王制定的,披着神威秩序的外衣,但仍体现出难能可贵的法律精神。

苏美尔信仰多种多样的专职众神,其中最主要的有丰产女神 Inanna,天神 An,实际地位高于天神的地神 Enlil,智慧与创造力的水神 Enki,唯缺祖先神。各城邦都会挑选某个神作为城市的守护神,特殊对待,建造最大的神庙。神庙广场祭祀,普通市民可以参加。祭祀仪式繁文缛节,严格程式化,但是世俗功利主义和个人主义的本质,导致其未能成为整个社会的行为规范,实质上就是贿神保佑自己。苏美尔的神庙建筑有两种形制。一种为平地起建的大房子,中央厅堂带两翼连间。另一种就是著名的塔庙(Zigguratu),意为"顶峰"或"高地",是用砖砌的多层平台式大型建筑。最早的塔庙位于艾利都,年代为公元前2100年。

苏美尔的乐器十分发达,有鼓、青铜铃、叉铃、长笛、排箫、号角、竖琴、七弦琴、琵琶、响板等,用于祭祀、宴饮、班师、庆典、丧礼。约公元前三千纪中叶的乌尔王墓中曾出土9张七弦琴和3张竖琴,但没有迹象表明已经形成礼乐制度。

2. 中原地区文明成就与特征概述

约公元前3300年,中原地区和关中地区的庙底沟文化开始社会复杂化,出现了河南灵宝西坡这样的大型中心聚落。灵宝西坡环壕聚落40万平方米,有室内面积200余平方米的大房子,墓地里有长5米的大墓,还有一些中小型墓葬。[1] 李新伟先生根据墓圹面积和随葬品数量以及参考大口缸、象牙

---

[1] 中国社会科学院考古研究所、河南省文物考古研究所:《灵宝西坡墓地》,文物出版社,2010年。

器和玉石钺的身份等级指示性,将西坡墓地墓葬分为四个等级,社会分层与复杂化明如观火[①](表一)。

表一 灵宝西坡墓地玉石钺出土情况表

墓 号	等 级	性 别	年 龄 段	玉 钺	石 钺
M8	I	男	40左右	1	
M17	I	不明	成人	2	1
M34	II	女	14-16	2	1
M31	II	女	45左右	1	
M11	II	女,幼儿	成年,幼儿3左右	3	
M6	III	女	40左右	1	
M9	III	男	14-16	1	1
M22	III	女	16-20	1	
M24	III	男	45-50		1
M30	III	男	35-40	1	

然而,引人注意的是,一级大墓随葬品既不十分丰富,质量也不很高,随葬陶器组合为冥器化日用陶釜灶、钵、杯、小壶,同苏美尔的乌尔王陵豪华随葬天壤之别,且看不出多少宗教气氛。

同苏美尔王权表征器物王冠、宝座、权杖不同,中国学术界普遍将玉石钺作为军权和王权的象征物。[②] 西坡第一至第三级墓葬中,均有随葬玉石钺的墓葬,且随葬玉石钺的墓主男女皆有。这表明庙底沟文化社会复杂化的机制,神权的影响十分有限,军事因素很可能起到了很大作用。由是李伯谦先生认为西坡代表的中原地区进入了以王权为主的古国时代。[③] 仔细分析,西坡墓地玉石钺随葬反映出来的军权,还是能够反映出来庙底沟文化军权的一些特点。

---

① 中国社会科学院考古研究所、河南省文物考古研究所:《灵宝西坡墓地》,文物出版社,2010年,第293-298页。
② 李伯谦:《张家港市东山村崧泽文化早中期大墓的启示》,《文明探源与三代考古论集》,文物出版社,2011年,第58页。
③ 李伯谦:《中国古代文明演进的两种模式——红山、良渚、仰韶大墓随葬玉器观察随想》,《文明探源与三代考古论集》,文物出版社,2011年,第43-54页。

西坡墓地发掘庙底沟文化墓葬34座,随葬玉石钺墓葬10座,约占墓葬总数29.4%。墓葬分为4个等级,其中Ⅰ-Ⅲ等级均有玉石器随葬,约占墓葬等级的75%(表一)。足见西坡墓地随葬玉石钺的概率还是比较高的。西坡环壕遗址面积约40万平方米,居址核心建筑F105室内面积204平方米,F106室内面积240平方米,我们认为西坡遗址无疑为铸鼎原地区庙底沟文化中心聚落,西坡墓地埋葬成年男女和少男少女,因此很可能是西坡聚落精英的家族墓地,且集中在墓地发掘区的北片区,南片区M1、M2、M7、M3、M4、M32、M33均未随葬玉石钺。换句话说,西坡墓地很有可能是军事贵族的家族墓地。

从随葬玉石钺墓葬的等级分布看,Ⅰ级墓葬占20%,Ⅱ级墓葬占30%,Ⅲ级墓葬占50%。这种金字塔式的分布,与西坡墓地各等级墓葬数量,也从Ⅰ级到Ⅳ级呈金字塔式分布有关:Ⅰ级3、Ⅱ级6、Ⅲ级10、Ⅳ级15座。这意味着,西坡墓地作为军事贵族家族墓地,除第Ⅳ等级墓葬不享有随葬玉石钺的权利外,其余三个级别均有权利享有随葬玉石钺。

西坡墓地10座随葬玉石钺墓葬中,女性墓主5人,男性墓主4人,性别不明成年人1位,女性随葬玉石钺者占随葬玉石钺墓葬总数的50%,男性约占40%,性别不明者占10%。且随葬玉石钺最多者为Ⅱ级女性墓葬M11,随葬玉钺3件。尽管如此,由于1座性别不明成年人墓葬随葬玉石钺,对男女性别比影响权重很大,故而也不宜武断地认为女性随葬玉石钺比男性多,但至少可以判断男女性随葬玉石钺比例没有差别。

西坡墓地随葬玉石钺墓主除成年人外,还有M34为14-16岁少女,M9为14-16岁少男。这二位少男少女,不堪军事重任,不可能靠自身赢得军事权力,应当是从父辈继承军事权力的"封荫"。犹如美国阿拉巴马州蒙德威尔遗址(Moundville)IB级高等级墓葬有儿童墓葬,这些儿童被认为是自打出生就从父辈那里继承了高等级。[1]

那么,如何正确认识玉石钺所象征的军权在西坡社会中所处的地位? 正如伦福儒所强调的那样,要得到等级社会更易理解的图景,必须对社会的丧

---

[1] Colin Renfrew, Paul Bahn. *Archaeology: Theories, Methods and Practice*. 6th, edition. Thames & Hudson, 2012, pp. 208.

葬习俗进行整体认识。① 李新伟先生综合分析认为,西坡墓地等级主要以墓圹的规模为重要的划分标准,大口缸虽可作为高等级社会身份的标志物,但数量不多。② 第Ⅰ级墓葬3座,其中2座为男性,1座M17性别不明,足见西坡墓地社会地位最高者以男性为主。其中M8男性墓主随葬玉钺1件,M17性别不明的墓主随葬玉钺2、石钺1件。这已经明确表明,西坡社会的最高社会地位的人,也就是男性领导人,确实已经掌握军权。那么,第Ⅱ至Ⅲ级墓葬中随葬玉石钺的女性和少年,并非因他们的卓越军事才干实际掌握军权,而是由于他们与男性领导人的亲缘关系,通过"封妻荫子"而得到随葬玉石钺的特权。玉石钺演化为西坡社会军事贵族家族荣耀的标志物。

西坡墓地玉石钺随葬情况分析表明,玉石钺均未开刃,非实用兵器,而是礼兵。黄河中游地区的庙底沟文化时期,玉石钺确实可作为军权象征物,这与苏美尔文明的王冠、宝座、权杖作为王权象征物,有着明显的区别。与美索不达米亚王权必须得到神权的认可略有不同,西坡社会的军权与神权的关系并不密切。西坡墓地宗教礼仪色彩最突出的就是Ⅰ级大墓随葬的陶大口缸腹部的朱砂彩绘条带,及其口部涂朱砂的封口麻布,具体宗教含义不明。而复杂葬仪包括部分墓向日落方向、封泥填墓室、墓室木盖板、盖板覆盖麻布等,都明显是对死者的关照,或者说是对墓主灵魂的关照。

与西坡墓地宗教色彩不浓相呼应,西坡居址核心的大房子也不能确定为神庙类建筑。西坡居址发掘清理庙底沟文化大房子F102、F104、F105、F106四座,均呈五边形半地穴式。

陈星灿先生分析过包括西坡遗址大房子在内的庙底沟期仰韶文化五边形大房子的结构,参考台湾民族志资料,推测这些大房子的功能是集会所,是部落集会、举行祭祀活动的地方。③ 其说可从。

西坡这几座大房子,建筑面积和使用面积都巨大,建筑面积从98平方米至516平方米,使用面积从68-240平方米(表二)。半地穴式,窄门道,具有

---

① Colin Renfrew, Paul Bahn. *Archaeology: Theories, Methods and Practice*. 6th, edition. Thames & Hudson, 2012, pp. 207.

② 中国社会科学院考古研究所、河南省文物考古研究所:《灵宝西坡墓地》,文物出版社,2010年,第293-298页。

③ 陈星灿:《庙底沟期仰韶文化"大房子"功能浅析》,《考古学研究》(九)下册,文物出版社,2012年,第587-611页。

较好的封闭性,加之大空间,确实适于秘密集会。尤其是 F105 居住面上用朱砂涂朱,室内柱础石顶部朱砂涂朱,墙壁柱洞底部都有朱砂。

表二　西坡大房子统计表

编　号	形　状	建筑总面积	室内面积	门道朝向	居住面遗物
F102	五边形	98 m²	68 m²	127°	无
F104	五边形	106 m²	83 m²	210°	陶盆 1
F105	五边形	516 m²	204 m²	110°	无
F106	五边形	296 m²	240 m²	24°	无

五边形半地穴式房子,建筑技术比四边形和圆形房子更困难,而墙角的利用方便程度不及四边形。所以包括西坡大房子在内的庙底沟文化五边形大房子,作为建筑有些不甚合理的结构,之所以做成五边形,应当出于一定的象征意义或特殊功能。比如说,所有五边形房子的门道,都开在五边形尖顶端,于是门道的指向性也就是五边形大房子的指向性,应当有一定的意义。正如墨西哥奥卡萨谷地蒙特阿尔班遗址(Monte Alban)II 期(公元前 200 - 公元 150 年)的五边形金字塔 J 号建筑,复杂的黑暗而狭长的密室顶部,用条石倾斜覆盖,以求与五边形尖角轴线相符合,指向西南。天文学家安东尼·艾文尼(Anthony Aveni)和建筑学家霍斯特·哈唐(Horst Hartung)经观测判定,该 J 号建筑尖角指向御夫座一等星五车二(Capella)。[1] 遗憾的是,西坡五边形大房子的指向性方位角各异,分别为东南 127°、西南 210°、东南 110°、东北 24°(表二),在缺少远处对应地标资料和相关的天文学研究分析的情况下,很难判断这些大房子指向性的确切意义。

根据上述分析,我们初步认为包括西坡大房子在内的庙底沟文化五边形大房子的功能,很可能是以社区聚会为主、宗教仪式为辅的公共建筑,虽然类似美索不达米亚神庙集宗教、政治、行政、经济甚至教育功能于一身,但是政治与行政功能为首要,宗教仪式为次要,因此不能界定为"神庙"。

此外,庙底沟文化以彩陶艺术为载体,向四外辐射文化影响力,韩建业先

---

[1] Michael D, Coe. *Mexico: From the Olmecs to the Aztecs*. Fourth edition. Thames and Hudson, 1982, pp. 84 - 85.

生认为文化的"中国"形成，是有中心、有主体的超稳定的多元一体结构，有着以农为本、稳定内敛、整体思维、祖先崇拜等基本特质。[1] 我们进一步认为，黄河中游地区虽然也同苏美尔一样，以农为本，但是以小农自然经济为主要基础，而不是以商品经济为基础，[2]这又有异于苏美尔社会。

公元前第三千纪苏美尔城市出现，城邦国家形成。而黄河中游地区的庙底沟文化尽管有西坡这样的大型中心聚落，但无一能够称之为"城市"的聚落。中原地区的史前城市，形成于庙底沟文化之后的约一千年。

黄河中游地区经过了近千年的发展，在约公元前2300年至公元前1900年之间，出现了城市，并作为邦国的都邑，如晋南临汾盆地的陶寺城址，豫西环嵩山地区的登封王城岗、禹州瓦店、新密新砦等。其中陶寺城址都城功能区划最为齐备，在陶寺中期（公元前2100年至公元前2000年）完成了宫城-外郭城双城制都城模式的构建。[3] 宫城内除了王居住与行政办公的宫殿之外，可能有祖庙建筑。

陶寺城内居住着君王、贵族、官员、手工工匠、普通居民，即使是有血缘关系的王族内部，也分为贵族统治阶级和平民被统治阶级，不像苏美尔社会那样是一个公民社会却存在奴隶阶级。

除了家庭手工业外，陶寺中期的工官管理手工业石器和制陶工业，集中在中期外郭城内南部手工业区，是计划经济下的商品生产。其中，彩绘陶生产主要供陶寺贵族丧葬器用或宫廷礼仪；石器加工业主要出产襄汾大崮堆山变质砂岩石镞，被政府作为军工产品外销。[4] 这些与苏美尔以市场为导向的商品生产[5]大相径庭。

陶寺中期开始出现最早的汉字。中期贵族墓IIM26随葬骨耜"辰"字即"农"字刻文，标明官职，说明汉字的发明主要用于行政管理而不是商业活动和缔结契约。陶寺邦国的王权依然以玉钺为标志，同时加入了

---

[1] 韩建业：《早期中国：中国文化圈的形成和发展》，上海古籍出版社，2015年。
[2] 何驽：《黄河流域史前商品经济及其考古指标和相关问题试析》，《李下蹊华——庆祝李伯谦先生八十华诞论文集》，科学出版社，2017年，第157-177页。
[3] 何驽：《陶寺考古：尧舜"中国"之都探微》，《帝尧之都·中国之源——尧文化暨德廉思想研讨会文集》，中国社会科学出版社，2015年，第63-123页。
[4] 何驽：《陶寺遗址石器工业性质分析》，《三代考古》（七），科学出版社，2017年，第448-459页。
[5] 何驽：《陶寺遗址ⅡM26出土骨耜刻文试析》，《考古》2017年第2期，第97-102页。

可以测定地中和制定历法的圭尺作为权柄。圭尺不是权杖,却可作为权杖的替代物。

陶寺文化石磬、陶鼓、鼍鼓、木柷、铜铃等组成礼乐制度的表象,王者居中和礼乐教化的意识形态,抑制了社会的法律精神。虽然《尚书·舜典》有云"象以典刑",但缺乏考古证据和出土文献证据。

陶寺虽无青铜器,但是红铜铸造礼仪用器开创了中国铜礼器的先河,包括铜盆口沿、铜朔望月轮、铜铃、铜环、铜蟾蜍、铜璧形器等,都可能与宗教礼仪有关系,走出了与苏美尔青铜工具和武器不同的青铜文明之路。

陶寺都城大型的国库,表明陶寺邦国也有国家赋税制度,实物税收很可能是粮食。

陶寺王权的宗教特征不甚明显,但是掌握着祭天、祭地、祭祖三大宗教祭祀权力,仅限于贵族和精英,有别于苏美尔神庙广场上的公共祭祀,而且天尊地卑,祖先德配于天,而不像苏美尔文明,各城邦有自己特殊的主神,神权在社会政治与经济生活中占有特别重要地位。

陶寺中期王墓 IIM22 随葬圭尺有"地中"夏至晷影标准刻度,表明"地中"观念已经出现,成为"王者居中"、天下观等正统政治意识形态的思想基础。[1] 美索不达米亚的神庙或塔庙,或可被称为"天地根基之屋",却没有明确的"地中"这样的宇宙观和排他的正统意识形态,更没有表里山河的天下观。苏美尔的城邦,在意识形态上也不需要"大一统"的"天下观"来支撑。

三、苏美尔文明与中原文明差异的主要原因

苏美尔文明与中原文明的上述差异,究其根本原因在于两个文明的经济基础完全不同。苏美尔文明以发达的商品经济为基础。美索不达米亚主要的资源是丰富的水资源和肥沃的土壤,所以是农业和种植业的良好之地。但是美索不达米亚也缺乏许多重要资源,如建筑石料与木材、金、银、铜、锡、铁等。这些资源的极度匮乏,刺激了对外贸易的繁荣和商人阶层的兴起,用美

---

[1] 何驽:《陶寺圭尺"中"与"中国"概念由来新探》,《三代考古》(四),科学出版社,2011年,第85-119页;何驽:《陶寺考古初显尧舜时代的"天下观"》,《中国社会科学报》2015年6月5日A05版。

索不达米亚的农产品和纺织品去换取当地缺乏的商品。显然,地理环境促使美索不达米亚人选择了商品经济基础。在此基础上形成的文明,显现出许多特征,如神权与王权和军权同等重要,契约精神和法律精神尤为突出,贸易记账与契约催生了文字和滚轴印章很早出现,神庙与市场的结合产生了城市。各个城市为了生存和保护自己的经济利益而发展出城邦。

与美索不达米亚形成对照的是,中原地区地处黄土高原前缘的华北平原,水土资源比较优渥,是发展农业的沃土。而中原地区史前土木建筑技术传统,不依赖石材,不过度依赖建筑木材,因此对这两大类中原不甚丰富的资源没有特别大的需求。龙山时代,铜冶炼铸造技术才引入中原,所以在二里头文化青铜技术爆发式飞跃之前,中原地区对铜资源的需求也很小,更不需要金、银、铁、锡等。

尽管中原地区缺乏玉料资源,但是作为礼仪用器,需求量也十分有限,可以通过有限的贸易获得。而且庙底沟文化和庙底沟二期文化时期,玉器文化始终很不发达。到陶寺文化中期,玉器才一度繁盛起来,而其来源主要来自同石峁集团的贸易。[①] 总之,中原地区史前时期始终未能形成旺盛的商品贸易和强大的市场需求,因此以市场为导向的商品经济一直没有发展起来。尽管曾经在关中地区出现过西安杨官寨庙底沟文化专业制陶聚落,存在着制陶商品市场,但是中原地区一直以小农自然经济为基础。[②] 分散的小农自然经济基础虽很容易自给自足,但是极易受到商品经济社会、游牧经济社会的袭扰和冲击甚至掠夺,以及频仍的自然灾害,不堪一击。面对这些威胁,中原地区人只有屈从于强势的王权和军权的领导,凝聚成复杂社会,以抵抗天灾人祸,才能生存和发展。中原文明发明的"地中"意识形态,强化了集权的伦理,使中原最早的国家一出现便是邦国,而不是苏美尔文明那样碎裂化的城邦体制。从天、地、祖先大祀和宗法制度衍生出来的中原礼制,以陶、玉、铜礼器为物化载体,不仅规范社会人的行为,更成为分层社会组织的框架,淡化了宗教、法律和契约精神,以致中原文明同苏美尔文明道路大为异趣,可称之为世

[①] 何驽:《华西系玉器背景下的陶寺文化玉石礼器研究》,《南方文物》2018年第2期,第36—50页。

[②] 何驽:《黄河流域史前商品经济及其考古指标和相关问题试析》,《李下蹊华——庆祝李伯谦先生八十华诞论文集》,科学出版社,2017年,第157—177页。

界文明发展史当中的"中国模式"。

（本文部分内容曾以《说说苏美尔文明与中原文明》为题,刊登于《中国社会科学报》2019 年 8 月 19 日,收入本辑时做了较多修改和补充分析）

A Comparative Study of Sumer Civilization and Central Plain Civilization

He Nu

Institute of Archaeology, Chinese Academy of Social Science

Based on comparing the characteristics about the Sumer Civilization to the Central Plain Civilization, one can realize that the Sumer lived on the commercial economy, so that the religious power was same significant as the throne and the military power. The contract and law cognition were very striking in Sumer. Trade counting and contracts triggered the invention of the writing system. Column seals emerged very early. The temples and markets composed the cities. Each city developed the city state to protect its own benefits and life. Contrasted, the Central Plain Civilization established on the Subsistence farming economy, invented the "Earth Center" ideology, enforced the power of centralization, in turn to form the monarchic states (*Bang Guo*). Deriving from the cults of the heaven, earth, and ancestors, as well as kinship system, the ritual institutions conveyed by ceramic, jade, and copper or bronze vessels, not only regulated the community behaviour, but worked as framework of social hierarchies, so that to undermine the religious, legislation, and contract spirits. It caused the Central Plain Civilization stepped on a path differing from the Sumer, which could be considered as the "Chinese Paradigm" in global civilizations.

后　　记

　　2020年是充满了变数和震荡的一年,新冠疫情使很多工作都不能顺利开展,但是居家办公、保持社交距离的工作、生活方式,也在某种程度上提高了工作效率,使得《早期中国研究》第4辑得以面世。

　　本辑中收录的文章所涉时间跨度大,空间分布广,严格来讲并没有一个集中的主题,但基本未脱离"早期中国"的范畴。其中杰西卡·罗森、夏玉婷、刘艳三位作者的文章,皆已经发表外文,中文版在国内是首发。杰西卡·罗森和夏玉婷的文章都是由我翻译的,断断续续,耗时两年有余。刘艳的文章则是在英文版的基础上,由其本人做了比较多的改写,以适应国内的出版习惯。为了行文流畅,也方便读者阅读,我们尽可能地翻译了文中的地名、人名,地名以通行的译名为准,人名的翻译则根据不同情况,有的汉学家有自己的中文名,如高本汉,则使用其中文名;没有中文名而有通行的中译名者则使用该译名;没有通行译名者则使用音译或不译。

　　感谢诸位先生在收到稿约之后,第一时间提交了论文,并且在出版日期一拖再拖的情况下,仍能表示理解,毫无怨言。

　　感谢上海古籍出版社的吴长青先生,一直关注本辑的进展。责任编辑张亚莉女士为本辑的出版付出了很多时间与精力,不但一一核对引文出处,而且校正了一些翻译错误,体现出极高的专业素养和职业精神。

　　感谢北京联合大学考古研究院各位领导与同仁的支持,特别是陈悦新教授帮助约稿,并多方沟通、协调,保证了本辑终能在世事纷扰中付梓。

张　经
2020年12月

征 稿 启 事

《早期中国研究》是由北京联合大学考古研究院主办的学术刊物,定期结集出版,现诚邀海内外学者赐稿。

文稿内容以与早期中国研究相关的原创学术论文及译文为主,主要包括中国先秦考古学文化分期和谱系、中国先秦考古学文化的区系格局及其演变、文化上早期中国的内涵与特质、文化上早期中国的形成与发展、早期中国与自然环境、早期中国与文明起源、早期中国与古史传说等方面,可涉及考古学、历史学、人类学、民族学、社会学、语言学、生物学、地理学、地质学等诸多学科。

稿件具体要求:一般以 5 000—20 000 字为宜;来稿请附中英文摘要(300 字左右)、关键词(3—5 个)和作者简介;译文需取得原作者及原出版机构授权。

本刊不收取版面费,一经刊用,即付稿酬,并寄送样刊 2 本。

电子邮件投稿地址:changming@buu.edu.cn

联系人:贾昌明

编辑部地址:北京市海淀区北土城西路 197 号北京联合大学考古研究院

邮编:100191